Geschichte
der
Architektur

Mit Textbeiträgen von Stefan Breitling, Elke Dorner, Andrea Dreher,
Markus Hattstein, Friedrich Wilhelm Krahe, Günter Külzhammer,
Iris Lautenschläger, Katrin Bettina Müller, Katja Reissner

Zeichnungen von Christina Melhose

Herausgeber: Peter Delius
Redaktion, Layout: Ulrike Sommer
Design: Peter Feierabend

Printed in Germany
ISBN 3-8331-1403-7

10 9 8 7 6 5 4 3 2 1
X IX VIII VII VI V IV III II

Jan Gympel

Geschichte der Architektur

VON DER ANTIKE BIS HEUTE

KÖNEMANN

Inhalts-
verzeichnis

-2900 bis 540

ANTIKE UND FRÜHES CHRISTENTUM

Baukunst im alten Ägypten 6
Klassisches Griechenland und Hellenismus 8
Architektur des Römischen Reichs 12
Frühchristlich-byzantinische Architektur 14

622 bis 1600

ISLAM

Von Mohammed bis zum Ende Granadas 16
Die große Zeit der Osmanen 18

750 bis 1250

ROMANIK

Karolingische und ottonische Baukunst 20
Hochromanik unter Saliern und Staufern 24
Alternativen zur kaiserlichen Baukunst 26

1130 bis 1500

GOTIK

Die klassische Kathedralgotik in Frankreich 30
Die Gotik in England 36
Die Gotik in Deutschland 37
Die Gotik in Italien 39

1420 bis 1620

RENAISSANCE

Florenz und die Frührenaissance 42
Hoch- und Spätrenaissance (Manierismus) 45
Die Renaissance nördlich der Alpen 48

BAROCK

1600 bis 1780

Entstehung des Barock in Italien 52
Schlösser und Gärten in Frankreich 56
Der Barock in Deutschland und das Rokoko 58
England und der Trend zum Klassizismus 61

KLASSIZISMUS

1750 bis 1840

Aufklärung und Revolutionsarchitektur 62
Klassizismus als Staatsarchitektur 65

HISTORISMUS UND INGENIEURARCHITEKTUR

1840 bis 1900

Historismus 70
Ingenieurarchitektur 75
Die Schule von Chicago 94

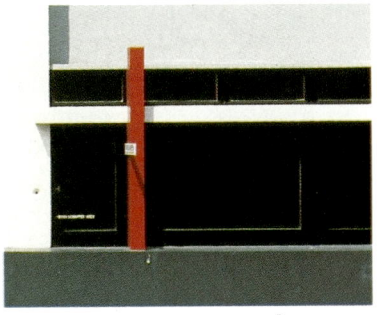

1. HÄLFTE 20. JAHRHUNDERT

1900 bis 1945

Die Suche nach einer neuen Form 80
Internationaler Stil oder Rationalismus 88

2. HÄLFTE 20. JAHRHUNDERT

1945 bis heute

Der Triumph der modernen Architektur 96
Skulpturales Bauen 101
High-Tech-Architektur 104
Postmoderne 105
Dekonstruktion 108
Tendenzen 110

Begriffsregister 112, Namenregister 116
Abbildungsnachweis 120

Die Entwicklung der Grundlagen

ANTIKE UND FRÜHES CHRISTENTUM

2900 v. Chr.–540 n. Chr.

BAUKUNST IM ALTEN ÄGYPTEN 2900–700 v. CHR.

Bauen – Grundbedürfnis und sozialer Akt

Den „Ur-Schaffenden" („archi-tekton") nannten die alten Griechen den Baumeister: Die Architektur gilt als „Mutter" der bildenden Künste, denn Malerei oder Bildhaurei entwickelten sich häufig im Zusammenhang mit Gebäuden, etwa in Form von Wandgemälden oder *Friesen*. Selbst die magisch-kultischen Höhlenmalereien dienten als Schmuck einer Wohnstatt.

Das Bauen erfüllt anders als alle anderen Kunstgattungen zuallererst das menschliche Grundbedürfnis nach Sicherheit: Gebäude bieten Schutz vor der Witterung und wilden Tieren. Deshalb kann man den Zeugnissen der Bautätigkeit auch kaum entgehen: Wo Menschen leben, gibt es Häuser, Hütten, Zelte. Aber natürlich spielen beim Bauen auch seelische und geistige Bedürfnisse eine Rolle: Die „eigenen vier Wände" und das „Dach über dem Kopf" trennen die Menschen von der sie umgebenden Umwelt und schaffen eigene, menschliche Dimensionen. Bauen verändert auch den Außenraum: Der Hof, das Dorf und die Stadt sind künstliche Umwelten, der Natur abgerungen. Daher läßt sich viel über das Denken und Fühlen der für ein Gebäude Verantwortlichen daraus ablesen, wie sie das Verhältnis von Innen- zu Außenraum gestalten: Besteht die Gebäudehaut aus dicken Mauern oder Glaswänden? Zeigen Portale, Freitreppen, Vorhöfe oder Zäune eine Öffnung oder Distanzierung?

Noch andere Fragen stellen sich stets: Wer läßt bauen? Wer führt die Bauten aus? Für wen und für welchen Zweck wird gebaut? In welcher Form und mit welchen Materialien? Nicht jeder Bau ist ein Repräsentationsbau, der mit Größe, Masse, Stil und Schmuck beeindrucken will. Aber jeder Bau repräsentiert den Geist seiner Zeit oder zumindest den seines Bauherrn und des Architekten. Und er repräsentiert, mehr als jede andere menschliche Schöpfung, die gesellschaftlichen Verhältnisse: Bauen ist ein sozialer Akt, der fast immer in aller Öffentlichkeit stattfindet und viel kostet, also abhängig ist von den Macht- und Vermögensverhältnissen. Aufwendige Bauten spiegeln daher wider, welche Personen oder Zwecke den herrschenden Gruppen einer Gesellschaft gerade wichtig sind.

So ist es kein Zufall, daß die Geschichte der Architektur, des verfeinerten, durchdachten Bauens, wesentlich von Sakralbauten geprägt ist. Wie die Historie zeigt, bedient Religion die vielleicht wichtigsten seelischen Grundbedürfnisse der Menschen: dem Dasein einen (höheren) Sinn zu verleihen, das Unbegreifliche und Unerträgliche zu erklären, für ungesühnte Untaten eine höhere Gerechtigkeit in Aussicht zu stellen und im Angesicht des Todes Trost zu spenden mit der Aussicht auf Weiterleben, Wiedergeburt oder Auferstehung.

Parallel zu den Gebäuden für Menschen entstanden also Wohnstätten für Gottheiten – ihrem Stellenwert gemäß dauerhafter und prächtiger gestaltet als für die Sterblichen.

ÄGYPTEN:

Altes Reich (2850–2052 v. Chr.): Der Pharao ist absoluter erblicher König, zunächst Inkarnation des Falkengottes Horus, seit der 4. Dynastie Sohn des Sonnengottes Re. Während der Pyramidenzeit (3.-6. Dynastie) entstehen die berühmtesten Pyramiden, die Sonnenreligion wird Staatsreligion. Hieroglyphenschrift und Kalender.

Mittleres Reich (2052- um 1570 v. Chr.): Einigung Ägyptens durch Mentuhopet II. von Theben. Bau großer Tempelanlagen in Karnak, dem Sitz des Reichsgottes Amun.

Neues Reich (1570-715 v. Chr.): Ägypten wird führende Großmacht, Feldzüge nach Asien und Nubien, größte Machtentfaltung unter Königin Hatschepsut, größte Ausdehnung des Reiches unter Thutmosis III. Riesige Tempelbauten in Karnak, Luxor, Abu Simbel.

Spätzeit (715-332 v. Chr.): Alexander d. Gr. erobert Ägypten (332).

GRIECHENLAND:

Um 560 v. Chr.: Peisistratos richtet in Athen die großen Dionysien mit musischen Wettkämpfen und Theateraufführungen ein.

490 v. Chr.: Schlacht bei Marathon, Sieg Athens über die bisher unbesiegten Perser, Aufstieg Athens zur politischen Großmacht

477 v. Chr.: Gründung des Attischen Seebundes als Schutz gegen die Perser.

443-429 v. Chr.: Zeitalter des Perikles: Athen ist „dem Namen nach Demokratie, in Wirklichkeit aber Monarchie des ersten Mannes".

431-404 v. Chr.: Peleponnesischer Krieg endet mit Hegemonie Spartas; das Perserreich geht als endgültiger Sieger aus den weltweiten Machtkämpfen hervor.

336-323 v. Chr.: Alexander der Große zieht nach Indien: Weltherrschaftsgedanke, Ausbreitung der griechischen Kultur.

Sinnliche Freude im Umgang mit Marmor: Die Venus von Milo.

ROM:

um 750 v. Chr.: Gründung Roms.

218 v. Chr.: Hannibal zieht über die Alpen gegen Rom.

45 v. Chr.: Julius Cäsar Alleinherrscher im Römischen Reich.

27 v. Chr.: Kaiser Augustus übernimmt als vom Senat bestätigter „Princeps" die Herrschaft.

54: Nero wird Kaiser.

70: Eroberung und Zerstörung Jerusalems durch Titus.

79: Vesuvausbruch in Pompei.

161-180: Marc Aurel röm. Kaiser.

313: Toleranzedikt von Mailand sichert den Christen Religionsfreiheit und Gleichberechtigung zu.

330: Byzanz wird nach Umbenennung in Konstantinopel christliche Hauptstadt des Kaiserreichs.

391: Christentum wird zur Staatsreligion des Römischen Reiches; Verbot aller heidnischen Kulte.

Weithin sichtbar stehen die drei *Pyramiden* der Pharaone Mykerinos, Cheops und Chephren am Rande der Wüste in der Nähe des heutigen Kairo. Ungeheure Steinmengen wurden unter enormem technischem und gesellschaftlichem Aufwand über die kleine Grabkammer des Pharao getürmt. Solch ein Bau dauerte oft ein ganzes Lebensalter; Hunderte von Arbeitern wurden in der Nähe des Bauplatzes angesiedelt, und viele verloren beim Versetzen der tonnenschweren Steine ihr Leben.

Es entstand ein Stufenbau, der zugleich ein Abbild der Gesellschaftshierarchie war und als unzerstörbarer Garant für die ewige Gültigkeit der ägyptischen Kultur allen vor Augen stand. Das Bewußtsein von der Ewigkeit des Todes führte zu einem aufwendigen Totenkult als einem Hauptbestandteil der ägyptischen Kultur. Die Grabbauten der Ägypter liegen alle auf der West-Seite des Nils, dort, wo das kostbare, fruchtbare Schwemmland aufhört und wo über der lebensfeindlichen Wüste die Sonne untergeht. Zu jeder Pyramide gehört ein Totentempel mit eigener Priesterschaft, in dem das Andenken an den Pharao gepflegt wurde.

Sonnenstrahlen aus Stein

Wie bei den anderen frühen Hochkulturen der Menschheit hat auch von den Wohnstätten des alten Ägyptens kaum etwas die Zeiten überdauert. Geblieben sind vom Alten Reich nur die zu Kultzwecken dienenden Grabmäler.

Die Existenz Ägyptens war abhängig vom Nil. Seine Jahr für Jahr wiederkehrenden Überschwemmungen hinterließen eine Schicht aus fruchtbarem Schlamm, wirkten also nicht verheerend, sondern lebensspendend. Von diesem steten Kreislauf wurde das Weltbild der Menschen, die an dem ruhigen Strom lebten, bestimmt: Der Tod galt als Übergang in eine andere Lebensform, die man jedoch nur für möglich hielt, wenn der Körper unversehrt blieb. So wurden auf dieses Ziel größte Anstrengungen verwandt, die größten natürlich für den Pharao, den als Gott betrachteten König: Dem toten Leib entfernte man Gehirn und Eingeweide, präparierte ihn dann (so entstanden die berühmten Mumien), legte unter anderem Nahrungsmittel ins Grab und schmückte die Wände des Opferraums, für den Fall, daß der „Nachschub" ausgehen sollte, mit Reliefs von Ernte- und Opferszenen. Nach den immer gleichen Vorgaben des Ritus wurden um diesen Opferraum herum, der immer am westlichen Hochufer des Nils über der jeweils tief im Fels verborgenen Grabkammer lag, oft weitere Zimmer angeordnet, damit der Tote keine seiner gewohnten Bequemlichkeiten entbehren mußte. Häufig bildete man dabei mehr oder weniger genau Häuser, Paläste oder auch Stadtanlagen nach, in denen der Verstorbene gelebt hatte.

So entstand für das Grab des Königs Djoser in Sakkara um 2780-2680 v. Chr. ein Abbild des Pharaonenpalastes von Memphis, ein kompakter Block mit geböschten Wänden aus Kalkstein oder Ziegeln. Auf Djosers Mastaba, wie diese Blockgräber genannt wurden, setzte man jedoch noch fünf weitere, immer kleiner werdende Rechteckblöcke, bis der Turm rund sechzig Meter hoch war. Womöglich sollte dies einer stärkeren Sicherung des Grabs (und damit der Ungestörtheit des Körpers) oder auch der besseren Hervorhebung in der Landschaft dienen. Daß die Königsgräber fortan zu Monumenten wurden, dürfte aber vor allem in dem Bestreben zu religiöser Symbolik begründet liegen: die Stufenpyramide als versinnbildlichte Treppe, auf der der tote Pharao in den Himmel steigt.

Im Laufe des 3. Jahrtausends v. Chr. begann man, die Könige als Söhne des Sonnengottes Re anzusehen, die Sonnenreligion wurde Staatsreligion. Die *Pyramiden* – nun mit quadratischem Grundriß und glatten Außenwänden, wie jene von Giseh – waren zu leuchtenden Pfeilen geworden, mit einer schimmernden Kalksteinschicht überzogen und einer goldenen Spitze (beides überdauerte die Zeiten nicht): Symbole der gebündelten Sonnenstrahlen, auf denen der Pharao dem Glauben nach zu Re emporfährt.

Deir el-Bahari, Totentempel der Hatschepsut, Oberägypten, 18. Dynastie, um 1500 v. Chr.

Der monumentale Totentempel der Pharaonin Hatschepsut liegt gegenüber der alten Hauptstadt Theben auf dem westlichen Ufer des Nils und fügt sich in die Gebirgslandschaft seiner Abbruchkante ein. Die Mittelachse der Anlage nimmt diejenige des Amun-Heiligtums von Karnak auf und zeigt so die enge Verbundenheit von Königin und Gott. Die eher bescheidene Grabkammer und die gewaltigen Pfeilerhallen sind in den Fels geschlagen. Sphinx-Alleen, Wasserbecken, *Pylone* und Baumreihen begleiteten ehemals den langen Weg über Rampen und Terrassen zum eigentlichen Tempel. Dessen Kernbau, die Pfeilerhalle, ist mit Reliefs zur Reichsgeschichte und dem Leben der Königin geschmückt.

Baufreude mit Achsen und Säulen

Räume, deren Deckenlast zu groß war, als daß die Wände sie allein hätten tragen können, wurden zu Beginn des Alten Reichs mit einfachen Vierkantpfeilern ohne *Basis* und *Kapitell* abgestützt. Während der sog. Pyramidenzeit in der 2. Hälfte des 3. Jahrtausends v. Chr. begann man jedoch, statt dieser Säulen zu verwenden, die Lotus, Papyrus oder Palmen nachempfunden waren. Diese Formgebung, die nicht konstruktive, sondern kultische Gründe hatte und Majestät und Ewigkeitswert repräsentieren sollte, sollte typisch werden für die Bauten des antiken Ägypten. Im baufreudigen Neuen Reich, das 1570 gegründet wurde und bis 715 v. Chr. bestand, dominierten dann auch *axial* ausgerichtete Kultstätten mit großen Säulenhallen, wie man sie bereits in den Anlagen von Deir el-Bahari findet.

Betrachtet man die Prozessionstempel im Niltal vor den Felswänden westlich Thebens, von denen die Amuntempel in Luxor und Karnak am berühmtesten wurden, so scheinen die religiösen und philosophischen Anschauungen der entwerfenden Architekten vom Fluß und der ihn umgebenden Natur geprägt gewesen zu sein: Den Eingang umschlossen gebösschte Tortürme, sog. *Pylone*, wie die Felswände den Nil. Davor standen *Obelisken* und Kolossalstatuen, dahinter gelangte man in einen von Säulenhallen umgebenen Hof und schließlich durch eine Vorhalle in den großen Säulensaal, dessen dichtgedrängte Pfeiler mit ihren Pflanzenkapitellen an die Nilhaine erin-

nerten. Den Abschluß bildete ein schmaler, tiefer Raum (das „Allerheiligste"), in dem ein Bild des Gottes stand, dem der Tempel als Wohnort dienen sollte (die in die Felsen gehauenen Tempel waren im wesentlichen gleich gegliedert). Wohlhabend, wie das Neue Reich lange war, wurden zu Ehren der Gottheit immer mehr Vorhöfe und *Pylone* vor die bestehenden gebaut. Die Prozessionen, die über diese stetig verlängerten Achsen schritten, wanderten damit auch aus ihrer Zeit immer weiter in die große Vergangenheit ihres Landes, dessen herausragende Rolle in der Entwicklung der Menschheit spätestens mit der Eroberung durch Alexander den Großen im Jahre 332 v. Chr. ihr Ende fand.

KLASSISCHES GRIECHEN-LAND UND HELLENISMUS 800–30 V. CHR.

Jenseits des Mittelmeers

In enger Verbindung mit Ägypten stehend, entstand um 2000 v. Chr. auf der anderen Seite des Mittelmeers die kretische Kultur, von der vor allem die unbefestigten Paläste in Knossos und Phaestos erhalten sind. Diese wenigen Reste einer einst blühenden Kultur machen im übrigen besonders deutlich, daß wir uns ohne die Erkenntnisse der Archäologie und einer Menge eigener Vorstellungskraft kaum ein Bild von der Baukunst vergangener Epochen machen könnten, denn kein antikes Bauwerk ist vollständig und im Ori-

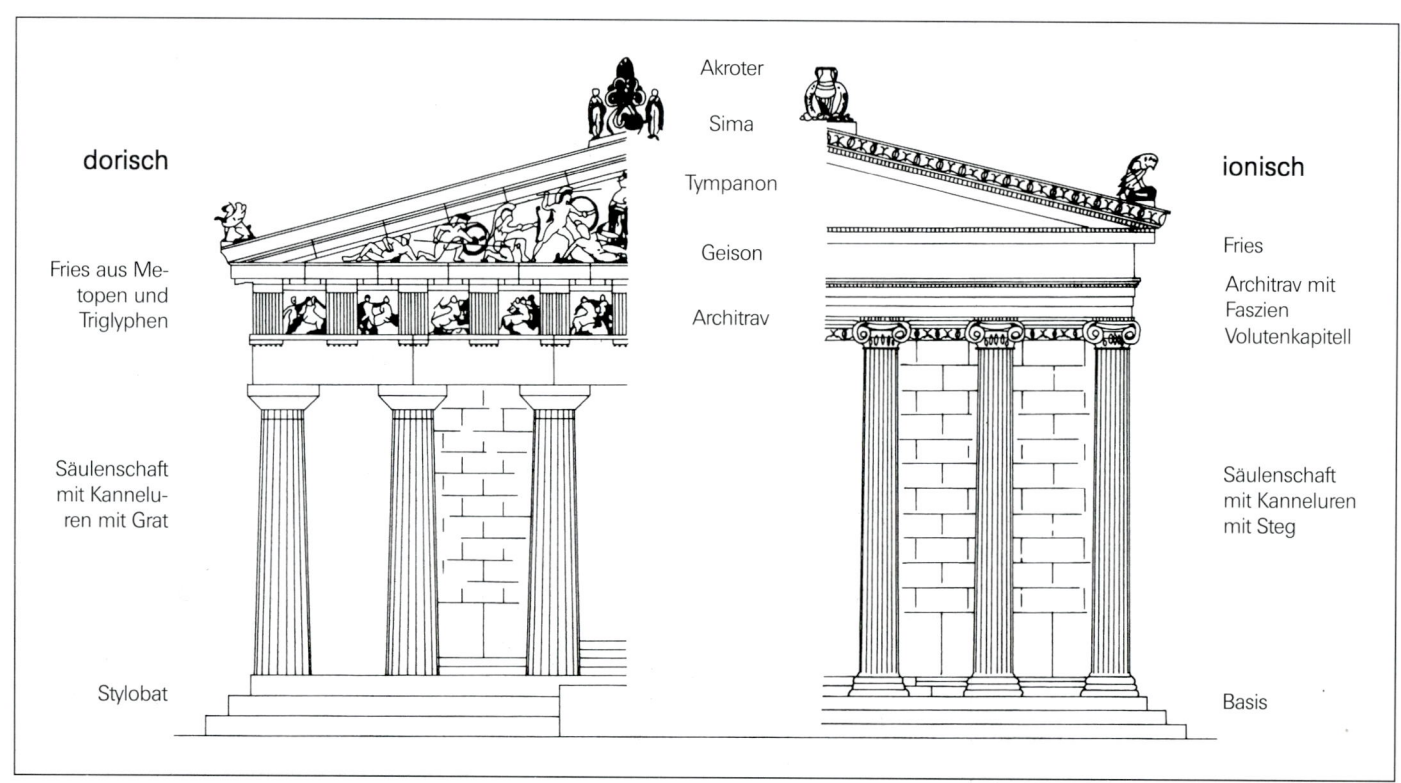

dorisch

Fries aus Metopen und Triglyphen

Säulenschaft mit Kanneluren mit Grat

Stylobat

Akroter
Sima
Tympanon
Geison
Architrav

ionisch

Fries
Architrav mit Faszien
Volutenkapitell

Säulenschaft mit Kanneluren mit Steg

Basis

ginalzustand erhalten. Dies gilt ebenso für die sich seit etwa 1600 v. Chr. auf dem griechischen Festland entwickelnde mykenische Kultur, deren wichtigste Bauten die Burgen in Mykene und Tiryns waren. Etwa ab 1200 v. Chr. eroberten die Dorer den Peloponnes, die Inseln der Ägäis und die Westküste Kleinasiens (der heutigen Türkei). In ihre Kultur fügten sie sowohl kretische als auch mykenische Elemente ein.

Dies wurde besonders deutlich, als sich um 800 v. Chr. eine gesamtgriechische Nationalidentität mit gemeinsamen Mythen, Kulten, Festspielen (Olympia) und einheitlicher Architektur zu bilden begann. Ihr wichtigster Bautypus war neben dem ebenfalls als Weihestätte dienenden Theater der Tempel. Wie die Ägypter im Neuen Reich verstanden die Griechen ihn als Wohnhaus eines Gottes, dessen Statue im nur Priestern zugänglichen Inneren aufgestellt war. Um diesen *Cella* genannten Kernbau hervorzuheben, wurde er zunächst einseitig, später oft auch allseitig mit einer aus Holzpfosten gebildeten Ringhalle umgeben. Ein überkragendes Dach schützte die Pfosten und die Lehmziegel, die die fensterlose Cella bildeten, vor Regen. Dennoch konnten die Bauten der Witterung nicht trotzen und so ersetzte man sie durch neue mit Steinsäulen und Quadern. Damit wurde der Steinbau wiedergeboren, den es seit mykenischen Zeiten nicht mehr gegeben hatte.

Offenkundig nahm man auch stilistische Anleihen bei dieser Kultur: So könnte beispielsweise die dorische Säule und insbesondere ihr *Kapitell* von der Abbildung auf dem Löwentorrelief des Palasts von Mykene beeinflußt worden sein. Allerdings verjüngten die Dorer ihre Säulen nicht wie die dort gezeigte „kretische" nach unten, sondern nach oben wie die Ägypter, mit denen spätestens seit dem 7. Jh. v. Chr. Kontakte bestanden.

Mäßigung und menschliches Maß

Die Technik des Steinbaus mußte dennoch völlig neu erlernt werden. In Ägypten wie in anderen Hochkulturen war die Baukunst Geheimwissen gewesen. Die Verbreitung eines einheitlichen griechischen Tempelstils über den gesamten Mittelmeerraum resultierte aus einer Konstruktionsweise, die nachvollziehbaren mathematischen Gesetzmäßigkeiten folgte. So war dieses Wissen quasi frei zugänglich – dem höchsten Ideal im Denken des „klassischen" Griechenlands folgend: der Freiheit des Individuums. Dem entsprach auch die Organisationsform des Stadtstaates, der Polis. Im Rahmen von Volksversammlungen konnten die Bürger – zu denen Frauen, Kinder und Sklaven nicht zählten – die Vorgänge innerhalb der Stadt beobachten und beeinflussen. Statt bei Söldnerheeren und einer eigenständigen Priesterschaft lagen die Verteidigung der Stadt und die

Löwentor von Mykene, Akropolis, Befestigungsmauer mit Löwenrelief, um 1250 v. Chr.

Den Zugang zur Burg von Mykene, dem Sitz des griechischen Königs Agamemnon, der in der Ilias des Homer genannt wird, ziert eine der ältesten Monumentalplastiken auf europäischem Boden. Auf dem gewaltigen Entlastungsdreieck über dem Türsturz flankieren zwei aufgerichtete Tierleiber symmetrisch eine nach unten verjüngende Säule. Sie künden heraldisch von der kriegerischen Macht der mykenischen Adligen.

Epidauros, Theater, um 350 v. Chr.

In einer architektonischen Überhöhung des Ortes fügt sich das Halbrund der marmornen Sitzbänke in die Steigung eines Hanges ein. Man hat ein großartiges Panorama über die Bühnengebäude hinweg nach Süden in die Landschaft des Peloponnes. In enger Naturverbundenheit saß man ursprünglich unter freiem Himmel auf der Erde. Die monumentale steinerne Cavea – die Tribüne mit ihren konzentrisch ansteigenden Sitzstufen – ist erst im Laufe der Zeit entstanden. Anders als die späteren römischen Theater verzichtet das griechische Theater auf aufwendige Bauten.
Die Aufführungen waren eine religiöse Handlung im Dienste des Gottes der Lustbarkeit, Dionysos. So gehört das Theater in Epidauros zu einem großen Heiligtum des Heilgottes Asklepios, in dem Kranke göttliche Hilfe bei ihrer Genesung fanden. In der kreisrunden, mit Platten belegten Orchestra agierte zunächst nur der Chor, zu dem ab dem sechsten Jahrhundert auch Schauspieler auf die Scene – die Bühne – traten. Das Bauwerk bot etwa 14 000 Zuschauern Platz. Zur Dämpfung des Widerhalls sind unter den Sitzen tönerne Gefäße eingebaut, die zu der ausgezeichneten Akustik beitragen.
Der römische Architekturschriftsteller Vitruv scheint sein Schema für Theaterbauten von diesem Bauwerk abgeleitet zu haben.

Paestum, Poseidon-Tempel (Hera-Tempel 2), 460–450 v. Chr.

Einer der schönsten und am besten erhaltenen *dorischen* Tempel überhaupt ist der sogenannte „Poseidon-Tempel". Mit zwei anderen bildet er das Zentrum der Stadt Paestum, einer griechischen Kolonie in Süditalien. Wie die Weihgaben zeigen, war der Tempel nicht dem Meeresgott Poseidon, sondern der Götter-Mutter Hera geweiht.

Mit dem dorischen Tempel haben die Griechen ihr ganz auf *Tektonik* und Proportionierung basierendes, klassisch-humanistisches Bauideal verwirklicht. Alle Architekturteile sind logisch und in ihren Maßverhältnissen aufeinander bezogen. Das Bauwerk steht *rundplastisch* auf einem dreistufigen Unterbau, der Krepis. Die *Cella* wird von 6 x 13 freistehenden Säulen umschlossen (Peripteros). Die tragenden und die lastenden Bauelemente sind klar unterschieden, die stämmigen aufstrebenden Säulen tragen den schweren horizontalen *Architrav* mit seinem Triglyphen- und Metopenfries. Dieser lagert auf rechteckigen Platten – den Abaki – auf, die den Echinus, den runden Wulst, der den Kopf der Säule bildet, gleichsam zusammendrücken. Der Poseidon-Tempel ist ein Werk der hohen Klassik.

gute Beziehung zu der Gottheit, die sie schützte, in der Hand eines jeden.

In einer derart auf die Emanzipation des Menschen bedachten Welt – die ihren hehren Idealen natürlich nicht in jedem Fall gerecht wurde – scheint es konsequent, daß die Proportionen der Gotteshäuser keine abstrakten Größen, sondern dem menschlichen Körper abgewonnene Erfahrungswerte waren. Auf ihn bezogen sich die Elemente des *dorischen* Tempels, und zwar sowohl die der einzelnen Form als auch die der Einzelelemente zum Ganzen. Die so erreichte Harmonie und Klarheit gilt bis heute als vollendet und vorbildlich. Die klare *Tektonik* geht auf die ursprüngliche Ausführung in Holz zurück und wurde durch eine möglicherweise von den Ägyptern inspirierte farbige Gestaltung noch unterstrichen. Wie Kraftlinien betonen die *Kanneluren* an den Säulen deren Funktion als Lastträger und heben sie vom glatten *Cella*-Mauerwerk ab. Ebenso geschickt vermittelt das dorische Kapitell mit seiner Kombination aus wulstförmiger Scheibe und flachem Quader vom runden *Säulenschaft* zum eckigen *Architrav*.

Das allmähliche Schwinden der Klarheit

Nur Göttern war es erlaubt, über der Menschensiedlung auf der „Akropolis" („Haupt der Stadt", Burgberg) zu leben. Am berühmtesten war schon in der Antike die Akropolis von Athen mit ihren beiden Haupttempeln Parthenon und Erech-

theion. Sie stellte einen Höhe-, in gewisser Weise aber auch den Endpunkt der klassischen griechischen Baukunst dar: Während der Tempel ursprünglich ein rein auf die äußere Wirkung bedachter Bau war mit einer schlichten *Cella*, die Laien unzugänglich blieb (der Altar stand vor dem Gebäude, meist im Osten), scheint der Panathenäenfries an der Außenwand der Parthenon-Cella den Besucher zumindest bis in die den Tempel umlaufende Säulenhalle hineinzuziehen. Auch das Cella-Innere wurde architektonisch differenzierter, indem man es mit einer dreiseitigen Säulenreihe ausgestaltete, die auch hinter dem Götterbild entlangführte. Die gleichzeitige Verbreiterung des Mittelschiffs erlaubte ungewöhnliche Ausmaße für diese Statue.

Im Apollontempel von Bassae, als dessen Architekt wie beim nur wenig älteren Parthenon Iktinos gilt, umläuft ein skulptierter *Fries* sogar die inneren Cellawände. Die Seitenschiffe sind hier ganz verschwunden, die Säulen dicht an die Wände gerückt und mit diesen durch kurze *Mauerzungen* verbunden. Letztere waren notwendig, um die Cellawände abzustützen, die hier tragende Funktion übernommen hatten. Die Säulen waren also nur noch Schmuck und genaugenommen gar keine Säulen mehr, sondern nur noch eine Verkleidung der Mauerzungenenden. Dekoration trat an die Stelle der Betonung der Konstruktion. So steht in diesem Tempel die älteste bekannte *korinthische* Säule: Ihr allseitig mit stilisierten

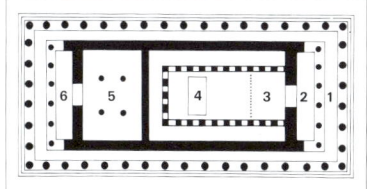

Die Akropolis in Athen: Ansicht der Gesamtanlage, Karyatiden der Korenhalle (Erechtheion) und Grundriß des Parthenon mit **1** Ringhalle, **2** Vorhalle, **3** Cella, **4** Kultbild, **5** Parthenon, **6** Rückhalle

AKROPOLIS

„Der Parthenon, diese schreckliche Maschine, macht alles im Umkreis von 3 Meilen zu Staub", schrieb Le Corbusier, als er 1911 die Akropolis von Athen besuchte. Der Tempel der Schutzgöttin der Stadt, ganz aus weißem pentelischem Marmor errichtet, ist das berühmteste aller griechischen Bauwerke. Ganz raumgreifender *rundplastischer* Körper, ist er für viele Jahrhunderte zum Inbegriff von reiner Architektur geworden. Nach der Zerstörung durch die Perser 480 v. Chr. sorgte Perikles für den Wiederaufbau der Gebäude auf der Akropolis. Der berühmte Bildhauer Phidias übernahm die künstlerische Gesamtleitung; als Architekten des Parthenon werden Iktinos und Kallikrates genannt. Hätte nicht ein venezianisches Geschoß 1687 das türkische Pulvermagazin im Parthenon getroffen, wäre er fast vollständig erhalten geblieben.

Das Gebäude hat enorme Ausmaße: Statt sechs Frontsäulen hat der Parthenon acht, statt der zwei Säulen des *Pronaos* stehen hier sechs Säulen vor den Anten der *Cella*. Im dorischen Stil erbaut, entspricht der Parthenon doch in vielem nicht dem Kanon. Um das von Phidias geschaffene Standbild der Athena Parthenos, der jungfräulichen Athena, besonders zur Geltung zu bringen, ist die Cella ungewöhnlich verbreitert. Das Kultbild umstand ein zweigeschossiger Säulenkranz. Der abgetrennte westliche Teil der Cella ist das eigentliche „Jungfrauengemach" mit vier im Quadrat eingestellten Säulen, die eine hölzerne *Kassettendecke* trugen. Die Cella-Wände umläuft in einer Höhe von 12 Metern ein Fries, der den Festzug zu den Panathenäen zeigt, das Hauptfest der Göttin Athene, an dem die Bürger der Stadt auf die Akropolis zogen, um der Göttin ein neues Gewand darzubringen und ihrer mit Prozessionen, einem Opfermahl und Wettkämpfen zu gedenken. Der Fries befindet sich heute größtenteils im British Museum in London. Am Parthenon sind wohl zum ersten Mal alle jene Korrekturen und architektonischen Feinheiten zu beobachten, die einem klassischen griechischen Bau so lebendige Dynamik verleihen. Keine Linie ist ganz gerade, sondern bekommt durch eine kaum wahrnehmbare Krümmung größere Spannung. Der Stylobat, die oberste Stufe, auf der die Säulen stehen, hat in der Mitte eine einem Tausendstel seiner Länge entsprechende Aufwölbung. Um den Eindruck der Starrheit der Fassaden zu vermeiden, sind die Säulen und Innenwände leicht nach innen gekippt. Zusätzlich haben die sonst geraden Säulenschäfte eine Schwellung, die Entasis genannt wird und die gleichsam die getragene Last ablesbar macht.

Daß die griechischen Tempel am Ende des fünften Jahrhunderts längst nicht mehr die als unheimlich empfundene Allmacht der Götter verkünden, sondern die Größe und Schönheit des Menschen, zeigt noch klarer eine weitere Baugruppe auf der Akropolis: das Erechtheion. Genannt nach einem sagenhaften König von Athen, verzichtet dieser Bau auf jedes ideale Grundriß-Schema. Statt dessen werden für den Entwurf die verschiedenen Ansichten, also das Erleben des Betrachters maßgebend.

In der südlich anschließenden Korenhalle tritt die menschliche Gestalt sogar direkt an die Stelle des tragenden Architekturteiles. Statt der Säulen tragen frei einherschreitende Mädchengestalten das Gebälk. Diese Karyatiden sind oft kopiert worden und sind besonders im Klassizismus zu einem etwas formelhaften Bekenntnis zur Verbundenheit von Mensch und Architektur verwendet worden.

Akanthusblättern geschmücktes *Kapitell* verschleiert die Funktion des Tragens vollständig. Ansonsten sind in Bassae, wie auch im Schatzhaus des äußerlich *dorischen* Parthenons, vor allem *ionische* Säulen zu sehen.

Mehr und mehr setzte sich die ionische Ordnung, die in Kleinasien und der Ägäis entstanden war, in ganz Griechenland durch. Schon die dorischen Säulen waren mit der Zeit immer höher und schlanker geworden, bei den ionischen, die von Anfang an eine grazilere Gestalt besaßen, schritt dieser Prozeß fort. Die feinere *Kanellierung* mit den Zwischenstegen, die Aufteilung des *Architravs* in drei horizontale Streifen, die Einrollungen (*Voluten*) an den *Kapitellen*, die nicht wie in der dorischen Ordnung hart auf den Architrav stießen, sondern diesen durch ihre Kissenform fast schweben ließen – alles war im ionischen Stil eleganter, dekorativer und repräsentativer. Das Artemision in Ephesus (um 450 v. Chr. vollendet), einer der ersten und bedeutendsten ionischen Tempel, besaß ein doppeltes *Peristyl* mit 96 Säulen und eine tiefe Eingangshalle mit fast ägyptischem Säulenwald.

Pont du Gard, Römischer Aquädukt (275 m lang, 49 m hoch), Gard-Tal bei Remoulins (Südfrankreich), Ende 1. Jahrhundert v. Chr.

Der fast vollständig erhaltene Aquädukt führt die Wasserleitung für Nîmes mit einer dreigeschossigen Bogenkonstruktion über das Flußbett des Gard. Ganz oben liegt der mit wasserfestem Putz ausgekleidete Kanal, in dem das Wasser aus den Bergen durch Tunnel bis zu den Verteilerstellen floß, die die Stadt versorgten. Die Herrschaft der Römer gründete sich zu einem wesentlichen Teil auf ihre Ingenieurleistungen. Ihre Straßen und Bauten für die Wasserwirtschaft sind zugleich eine Demonstration der Macht ihrer Verwaltungsorganisation und ihrer technischen Kenntnisse.

Hellenistischer Pomp

Nach dem Peleponnesischen Krieg (431-404 v. Chr.) geriet das klassische Griechenland in eine wirtschaftliche und politische Krise, aus der es die Makedonierkönige auf zwiespältige Weise befreiten: Aus seinem Königreich im Norden Griechenlands kommend, überrollte Philipp II. das Land; sein Sohn Alexander übertraf noch dessen Pläne zur Einigung aller Griechen und der Eroberung Kleinasiens und schuf ein Reich, das bis an die Grenze Indiens reichte. Das Imperium brachte den Griechen Wohlstand und eine kulturelle Vorherrschaft über den gesamten Orient. So wurde auch die griechische Baukunst verbreitet – oder das, was von ihr noch übriggeblieben war.

Die Vorliebe für überhöhte Effekte und pompöse Treppen griff immer weiter um sich. Die Verbindung der früher streng getrennten Elemente Säule und Wand zu Halbsäulen, die aus den Mauern herauswachsen, wurde zur typischen Fassadengliederung im Hellenismus. Waren die Wohnhäuser einst nach innen gewandt und von fast ärmlicher Schlichtheit, so gab es nun prächtige Paläste, kolonnadengesäumte Straßen, Standbilder wohlhabender Bürger und pompöse Gräber.

Der emanzipierte Mensch im klassischen Griechenland hatte Tempel gebaut, die ihm keine vorgegebene Schauseite aufzwangen, die also die Freiheit des Betrachters achteten. Die nun immer mehr inszenierte Architektur sollte dagegen für Überwältigung sorgen. Doch wenn auch Übersteigerung und Pomp unleugbare Zeichen für den Niedergang und Verfall der einst blühenden Kultur waren, so ist die Vollkommenheit griechischer Baukunst bis heute Bestandteil der Architektur, wie mehrere „Wiedergeburten" zeigen.

Doppeltes Erbe

Schon früh war Rom unter den Einfluß der griechischen Kultur geraten. Die einst vermutlich aus Kleinasien nach Norditalien eingewanderten Etrusker hatten die Hügelsiedlungen am Tiber überhaupt erst zu einem Gemeinwesen verbunden und ihm seinen Namen – Rom – gegeben. Im 3. vorchristlichen Jahrhundert, bereits stark hellenisiert, waren sie dann Rom unterlegen, das seine Herrschaft in jener Zeit auf Griechenland und Kleinasien ausdehnen konnte.

Die Griechen dort, von den Stadtstaaten im Mutterland, das die Römer am Anfang des darauffolgenden Jahrhunderts eroberten, kaum abhängig, hatten schon früh eine Architektur entwickelt, die den klassischen Vorbildern nur bedingt folgte. Womöglich unter etruskischem Einfluß tendierten sie zu *Axialität* und Gigantismus und häuften teilweise mehrere Tempel an einem Platz an – wie beispielsweise im sizilianischen Selinunt.

Während der Herrschaft des Kaisers Augustus mündete dieses doppelte Erbe in eine eigenständige römische Kunst- und Architekturform, die über 400 Jahre Bestand hatte. Das ingenieurtechnische Können der Etrusker im Straßen-, Brücken- oder Tunnelbau vervollkommnete man ebenso wie ihre Fähigkeiten im Gewölbebau. Die Elemente der klassisch-griechischen Architektur sanken hingegen endgültig zu reiner Dekoration herab, wie etwa am Colosseum, an dem die Säulenordnungen stockwerksweise dem tragenden System der Bogenreihungen vorgeblendet waren.

Colosseum, Rom, geweiht 80 n. Chr.

Nach der Ermordung des Kaisers Nero ließen die Flavier auf dem weitläufigen Gelände der neronischen Villa an die Stelle eines Sees ein riesenhaftes Amphitheater für Gladiatorenkämpfe und Tierhetzen erbauen. Es war das erste steinerne Amphitheater in Rom und ersetzte die sonst üblichen provisorischen Holzkonstruktionen. Ein ausgeklügeltes Treppensystem, ähnlich den heutigen Stadien, ermöglichte die schnelle Räumung jedes einzelnen Ranges. Der Eintritt war frei. Jede Bevölkerungsgruppe bekam ihrem sozialen Rang entsprechend Plätze zugewiesen.

Der ganz aus Travertin bestehende äußere Mauerring hat mit vier Geschossen eine Höhe von 50 Metern. Die Halbsäulen auf den Pfeilern zwischen den Bögen tragen im untersten Geschoß toskanische Kapitelle, im darauffolgenden ionische und darüber korinthische. Diese Staffelung der klassischen Säulenordnungen ist später besonders im Palastbau der Renaissance wichtig geworden.

Nicht zufällig wurde das schon im Hellenismus sehr beliebte *korinthische Kapitell* in Rom bevorzugt verwendet. Um es noch prachtvoller zu machen, erweiterte man es zum *Kompositkapitell*, bei dem über dem Akathusblattkranz reich verzierte *Voluten* prangen. Typisch wurden auch rechtwinklig vorspringende, *verkröpfte Gesimse* über funktionslosen, vor die Fassade gestellten Säulen.

In der Stadtplanung orientierte man sich ebenfalls an den regelmäßigen Straßenrastern der etruskischen Städte und griechischen Kolonien, ergänzte dieses System jedoch durch eine Nord-Süd- und eine Ost-West-Achse. Nahe der Kreuzung dieser beiden Hauptstraßen entstand das Forum, eine Weiterentwicklung der griechischen *Agora*, die das Zentrum des öffentlichen Lebens in der Polis war. Die Römer machten daraus einen geschlossenen Platz, um den meist axial öffentliche Gebäude wie die vor allem als Markt- und Gerichtshalle genutzte *Basilika*, Triumphbögen oder Tempel gruppiert waren – letztere wie bei den Etruskern auf hohem Sockel mit Freitreppe an der Eingangsseite, während die rückwärtigen und seitlichen Cellawände ungegliedert blieben oder mit Wandsäulen dekoriert wurden.

Der Städtebau zeigte sich zudem in prächtigen Theatern, Stadien und Thermen und im Villenbau, der dem Privatbereich mit Gärten, aufwendigen Terassenanlagen, Säulenhallen und Vorbauten, die teilweise bis ins Meer reichten, einen wichtigen Rang einräumte. Das starke Anwachsen der städtischen Bevölkerung machte zudem Wohnsilos erforderlich: der Massenbau entstand.

Ausdruck von Macht und Expansionsdrang

Für Rom war Architektur Ausdruck von Herrschaft. Überall ließ die Regierung öffentliche Gebäude zu zivilen Zwecken von der Armee errichten, auf natürliche Werkstoffe hatte sie ein Monopol, Ziegel wurden in eigenen Brennereien hergestellt. Symptomatisch scheint es da, daß der Bogen das prägende Element der römischen Architektur war: Während Säulengänge (*Kolonnaden*) wie beim griechischen *Peristyl* Ruhe und Statik ausstrahlen, wirken Bogenreihungen (*Arkaden*) bewegt und dynamisch; die Bögen streben in die Höhe, doch kehren sie immer wieder zur Erde zurück, um dort den Beginn eines neuen Bogens zu bilden und sich so über beliebige Distanz fortzupflanzen. Damit haftet ihnen etwas Expansives, in die Ferne Drängendes an, das durchaus zum Expansionsdrang des Römischen Reiches paßt, das große Gebiete eroberte, dorthin seine Archi-

Pantheon, Rom, 118-125 n. Chr.

tektur exportierte, Fernstraßen baute und mit seinen teils auf *Aquädukten* geführten Leitungen tief in die Landschaft stieß, um über weite Distanzen Quellwasser in die Städte zu leiten.

Indem sie ihre Technik des Gewölbe- und Kuppelbaus auf immer größere Dimensionen anwandten, gelang es den Römern, riesige Räume ohne Zwischenstützen zu schaffen, wozu ihre Version eines heute allgegenwärtigen Baustoffes behilflich war: Beton, den sie aus Kalk, Bruchsteinen, Wasser und der vulkanischen Erde aus dem nahen Puzzuoli bildeten, in Formen gossen, härteten und dann so verbauten. Aus ihm besteht beispielsweise die Kuppel des Pantheon, die von außen aus konstruktiven Gründen kaum als solche zu erkennen ist. Als erster großer Kultraum der Antike war dieser Zentralbau ganz nach innen gerichtet.

Die meisten öffentlichen Gebäude zeigten aber auch im Inneren den römischen Hang zur *Axialität.* Ihre Wirkung wurde unterstützt durch den Schmuck der Gebäude, vor allem durch farbenprächtige Ausmalungen. Sonst war bei repräsentativer und prunkvoller Architektur freilich vieles mehr Schein als Sein, verbarg sich billiger Back-, Bruch- oder Gußstein hinter Marmorverkleidungen, Mosaiken oder Stukkaturen.

Riesige Dimensionen und Prachtentfaltung kennzeichneten in den folgenden Jahrhunderten die römische Baukunst. Das 3. Jahrhundert brachte äußere Bedrohungen, desolate Staatsfinanzen und die innere Auflösung des Reiches, das von rasch wechselnden, teilweise miteinander konkurrierenden Kaisern beherrscht wurde.

Der Innenraum dieses allen Göttern geweihten Gebäudes auf dem Marsfeld in Rom verdankt seine beeindruckende Schlichtheit der gleichen Größe von Durchmesser und Höhe. Die Belichtung erfolgt durch eine einzige kreisrunde Öffnung im Scheitel der kassettierten Kuppel, die eine exakte Halbkugel von 43,30 m Durchmesser bildet. Die Wände des Ziegelbaus sind mit dünnen Marmorplatten inkrustiert. Um die Kuppel leichter zu machen, sind dem Gußmörtel vulkanische Gesteine beigegeben. Die Lasten werden durch ein im Mauerwerk verborgenes System von Entlastungsbögen und Gewölben abgeleitet.
Ursprünglich wirkte das auf allen Seiten eingebaute Pantheon mit seiner Giebelfassade nach außen wie ein gewöhnlicher Tempel.
Pantheoi waren schon im Hellenismus zugleich Tempel des Herrschers, der sich mit den Göttern als Gleicher unter Gleichen darstellen ließ. Mit diesem Bauwerk ersetzte Kaiser Hadrian einen Bau aus der Zeit des Augustus und zeigte so seine programmatische Verbundenheit mit dem Begründer des Kaisertums.

S. Sabina auf dem Aventin, Rom, 422–432

Nach dem Mailänder Edikt entstanden im 4. Jh. zahlreiche christliche Großbauten. Sie übernahmen die Gebäudetypen der römische Kommunalbauten, deren Innenräumlichkeit und ihr additives Entwurfsprinzip.

Neben den frühchristlichen Zentralbauten, die vor allem als Memorial-Kirchen, über Märtyrergräbern und als Taufkirchen (Baptisterien) errichtet wurden, wurden insbesondere Versammlungshallen für die Gemeinden – Ecclesiae – benötigt; sie entstanden zumeist in der Form von Basiliken.

Eines der am besten erhaltenen Beispiele ist S. Sabina auf dem Aventin. Von korinthischen Säulen getragene Bogenreihungen trennen das Hauptschiff von den niedrigen Seitenschiffen. Die großen Wandflächen des Obergadens wurden von Rundbogenfenstern durchbrochen. Der hölzerne Dachstuhl war offen. Der Altar steht in einer halbrunden Apsis, die mit Mosaiken geschmückt ist. Schlichtheit und Lichtfülle sind für das frühchristliche Bauen typisch.

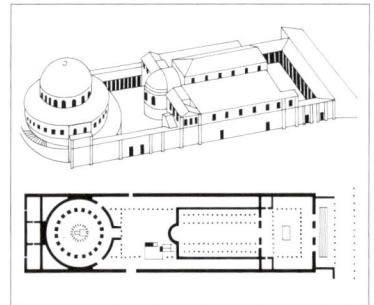

Grabeskirche, Jerusalem, begonnen 326 unter Konstantin Ansicht und Grundriß
von links nach rechts: Grabrotunde (2geschossiger Umgang, 3geschossiger, überkuppelter Mittelbau), Hof mit Säulengalerie, 5schiffige Basilika, Atrium

Bis ins hohe Mittelalter war die Grabeskirche Vorbild zahlreicher Zentralbauten.

San Vitale, Ravenna, 522–547

Die oktogonale Zentralkirche des oströmischen Kaisers Justinian gilt als Vorbild für die Pfalzkapelle Karls des Großen in Aachen.

FRÜHCHRISTLICH-BYZANTINISCHE ARCHITEKTUR 300–640

Eine Religion gelangt zu Macht

Kaiser Diokletian versuchte die Machtkämpfe durch Aufteilung des römischen Reiches auf vier gleichberechtigte Herrscher zu beenden. Doch nach seinem Rückzug kam es erneut zu Konflikten, in denen sich 312 Konstantin I. durchsetzte. Zu seiner Regierungsstrategie gehörte die Aussöhnung mit dem vom Staat zuvor heftig bekämpften Christentum. Die vor allem bei den Armen verbreitete Religion bot jene mystische Kraft, die im Reich fehlte, und war aufgrund ihrer hierarchischen Verfassung dennoch durchschaubar. Die Aufgabe ihrer bis dahin geheiligten Gewaltlosigkeit, die dem Reich weitere dringend benötigte Soldaten zuführte, war der Preis für den rasch folgenden Aufstieg zur Staatsreligion, zu der sie Kaiser Theodosius 391 erklärte.

Natürlich brauchte die Kirche Bauten, die ihrer neuen Position angemessen waren. Dabei spielte nicht nur die Machtgeste eine Rolle oder der Umstand, daß die bisherigen Beträume nun zu klein geworden waren: Die alten Tempel waren nur Priestern zugänglich gewesen, den Göttern huldigte man davor; die Christen benötigten dagegen geräumige Versammlungsräume für ihre Gemeinden. Auf der Grundlage bestehender Architekturformen entwickelte das frühe Christentum eine große Vielfalt architektonischer Typen und Lösungen: Kaisermausoleen dienten als Vorbild für Märtyrerheiligtümer, Thermen für Taufkirchen,

die ursprünglich profane *Basilika* – Markt- und Börsenhalle, Versammlungsraum und auch Auftrittsort des (Gott-) Kaisers, wenn dieser etwa Gericht hielt – wurde zur christlichen Basilika, zur Kirche. Die architektonischen Forderungen an die Vorbilder waren die Notwendigkeit einer eindeutigen Ausrichtung des Kirchenschiffes auf Altar und Bischofssitz: Der Gedanke eines Richtungsbaus entstand. Die frühchristliche Basilika erhält zudem am Ostende des Langhauses ein Querschiff (das also noch nicht – wie später in der Romanik – zu einem Kreuzgrundriß führt). Die Entstehungsgeschichte dieses Grundrißwandels ist fraglich. Möglicherweise ahmte die Übertragung der Gottesvorstellungen vom Kaiser auf den christlichen Gott auch die architektonischen Vorgaben nach: Der Grundriß des Versammlungsortes Kirche könnte so von dem der Kaiser*foren*, den Marktplätzen, die Zentrum des öffentlichen Lebens waren, abgeleitet worden sein.

In der Frühzeit des Christentums als Herrschaftsreligion wurden bestehende Tempel häufig umgewidmet, auch verwendete man alte Fundamente oder teils gar nicht zueinanderpassende Säulen für neue Kirchen: Die alten Bauteile durften nun dem „richtigen" Gott dienen.

Hatte das Römische Reich in seiner Glanzzeit großen Wert auf Prunk gelegt, so zeigte etwa die Audienzhalle Kaiser Konstantins in Trier (frühes 4. Jahrhundert) an der Fassade nur noch Blendarkaden, die jeweils zwei übereinanderliegende, nicht weiter verzierte Rundbogenfenster zusammenfaßten. Ebenso schlicht gaben sich die Basiliken. Wo einst in deren *Apsis* die baldachinbedeckte Tribü-

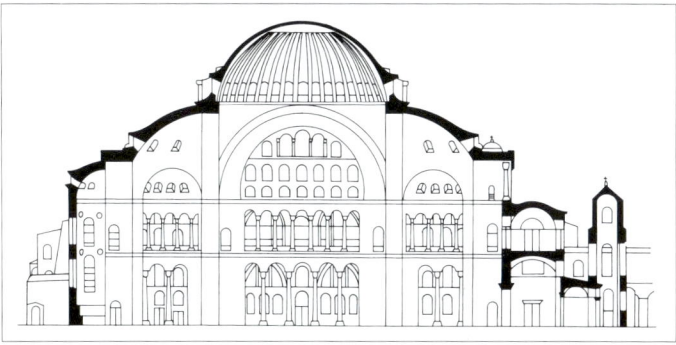

Anthemios von Tralleis und Isidoros von Milet, *Hagia Sophia*, Konstantinopel, 532-537, Innensicht (links), Ansicht (ganz oben), Längsschnitt (oben)

HAGIA SOPHIA

Himmlisches Licht erfüllt den Innenraum der „Kirche der Heiligen Weisheit" in Konstantinopel, dem heutigen Istanbul. Als Kaiser Justinian den fertigen Bau zum ersten Mal sah, soll er gerufen haben: „Salomon, ich habe dich übertroffen!"

Im frühen Christentum wandelt sich die Bedeutung von Architektur. Zwar werden die Gebäudetypen und Einzelformen der antiken Baukunst weiterverwendet, doch sie werden umgedeutet. Das Bauwerk soll nun den Ruhm Gottes verkünden, das Ganze bekommt wie die Teile symbolischen Gehalt. Schließlich sollen die Atmosphäre und das Licht auf mystische Weise Gott erfahren lassen. Daß sich Justinian mit seinen Architekten Anthemios von Tralleis und Isidoros von Milet neben den biblischen König Salomon stellt, der den großen Tempel in Jerusalem erbaut hat,

zeigt, welche wichtige Bedeutung der Überlieferung der Bibel zukommt. Zentralbau und gerichteter Raum sind auf einzigartige Weise verbunden. Ein Fensterband an ihrem unteren Rand läßt die Kuppel über dem Innenraum schweben. Die mächtige *Pendentif*-Kuppel ruht auf vier Pfeilern, deren horizontaler Schub im Osten und Westen von Halbkuppeln, im Süden und Norden durch ein Gewölbesystem abgefangen wird. Zwei vielfältig durchbrochene Wände filtern das Licht. Die statische Bedeutung einzelner Architektur-Glieder wird nicht betont. Ein farbiges Mosaik legt sich schillernd über die Innenwände wie ein Abglanz der göttlichen Liebe. Die Architektur findet ihre Erfüllung nicht in der Darstellung der ihr innewohnenden Gesetzmäßigkeiten, wie bei der griechisch-antiken Baukunst, sondern sie soll Religion symbolisch erlebbar machen; sie wird zum Bedeutungsträger.

ne des Kaisers gestanden hatte, befand sich nun der *Altar*: der „Tisch des Herrn"; anfangs wurde er häufig über einem Heiligengrab errichtet. Im Raum vor dem Altar standen die Sänger, weshalb dieser Gebäudeteil den Namen *Chor* erhielt.

Die Kuppelbauten des „zweiten Rom"

Wegen der Wirren der Völkerwanderungszeit konnte Italien mit der Westhälfte des 395 geteilten Reichs keine prägende Rolle mehr übernehmen. Das Zentrum der Macht und damit der architektonischen Entwicklung verlagerte sich nach Osten, wo Konstantin 330 die kleine Stadt Byzanz zur zweiten Hauptstadt Konstantinopel (seit 1930 Istanbul) gemacht hatte, die zur Metropole des Oströmischen bzw. Byzantinischen Reichs wurde. Das Vorbild, das die römischen Rundtempel – allen voran des Pantheon – gegeben hatten, wurde

hier fortgeführt und perfektioniert, insbesondere als Justinian I. versuchte, Macht und Ausdehnung des alten Reichs wiederherzustellen. Die wichtigsten Kuppelbauten jener Epoche sind San Vitale in Ravenna, wo Byzanz' Statthalter in Italien saß, und die Hagia Sophia in Konstantinopel.

Statt Masse und Macht wie das „alte" Rom zeigten sie Leichtigkeit und Eleganz. Immer mehr Gewölbe und Kuppeln wurden aufeinandergetürmt – auch aus konstruktiven Gründen: Die seitlichen Umgänge und Halbkuppeln dienten als Widerlager für den *Schub* der Hauptkuppel, die wie jeder Bogenbau die stützenden Pfeiler oder Wände nach außen drückt. Die Kuppeln des „zweiten Rom" Konstantinopel symbolisierten Kosmos und Himmel und schufen mit dem Zentralbau ein architektonisches Vorbild, das in den christlichen Ostkirchen teilweise bis heute verbindlich ist.

Einfluß und
Eigenständigkeit

ISLAM

622–1600

Bescheidene Raumansprüche

Die Hagia Sophia war der bauliche Ausdruck von Kaiser Justinians Traum, dem Byzantinischen (Oströmischen) Reich die Größe des alten römischen Imperiums zu verleihen. Trotz dieser wirkungsvollen Machtgeste erwuchs eine Bedrohung für das Reich, als um 570 in Mekka Mohammed geboren wurde, der eine Religion und ein Reich begründen sollte, die Byzanz' Macht Schritt für Schritt völlig beschnitten. Der Islam brachte seinem Propheten auch umfangreiche politische Macht. Mohammed selbst gelang es noch, die Stämme auf der arabischen Halbinsel zu einen, nach seinem Tod im Jahre 632 bauten die Kalifen (arabisch: „Nachfolger") innerhalb eines Jahrhunderts ein Imperium auf, das von Spanien bis zum Indus reichte.

Anders als im Christentum ist Allah – die islamische Bezeichnung für „der Gott" – nicht in Bildform präsent, da man ihn sich nie als Menschen vorstellen sollte und figürliche Gottesdarstellungen grundsätzlich verboten sind. Die Moslems versammeln sich bevorzugt freitags zum Mittagsgebet in der Moschee, wenn ihr Glaube sie auch nicht an dieses Gebäude bindet: die vorgeschriebenen fünf Gebete pro Tag können an jedem Ort stattfinden – ausgerichtet nach Mekka und nach der rituellen Waschung.

Entsprechend bescheiden waren zunächst die architektonischen Ambitionen der neuen Religion. Weder der Prophet noch die „4 rechtgeleiteten Kalifen" scheinen größere Bauten errichtet zu haben. Hinzu kam, daß die Araber bis dahin zum großen Teil in nomadisierenden Stämmen organisiert waren und keine große Baukultur entwickelt hatten. So wurden in den eroberten Gebieten teilweise Gebäude älterer Religionsformen in Moscheen umgewandelt.

Pracht aus Konkurrenzgründen

Anders verhielt es sich an Orten, denen besondere symbolische Bedeutung beigemessen wurde (Felsendom in Jerusalem) oder wo die neue Religion auf so prachtvolle Kultbauten stieß, wie sie etwa das Christentum in Syrien geschaffen hatte. Von ihnen fühlten sich die Omajjaden herausgefordert. Die Große Moschee ihrer Hauptstadt Damaskus wurde zum architektonischen Vorbild für alle Gotteshäuser der Omajjadenherrschaft.

Als Urmodell der Moschee gilt das Haus des Propheten in Medina, das Stätte privater Gebete und der kollektiven der Gemeinde, Ort politischer Versammlungen und Verhandlungen, theologische Lehrstätte und Gerichtsort, Wohnung von obdachlosen Gläubigen und sogar Hospital war, schließlich sogar seine Grabstätte und der Regierungssitz der Kalifen. Für die meisten dieser verschiedenen Funktionen, die bleibende Wichtigkeit behielten, wurden später eigene Bauteile der Moschee entworfen oder reserviert.

Orientiert an der Grundform des arabischen Wohnhauses mit seiner auf Palmstämmen überdeckten Halle, bestehen die Moscheen aus einem Säulensaal (Haram), dessen nach Mekka gerichtete Abschlußwand (Kibla) durch eine kleine, flache, meist von einem Bogen bekrönte und von Säulen flankierte Nische (Mihrab) markiert ist, dem Standort des Vorbeters (Imam). Die Säulen oder Pfeiler des Haram werden mit Bogenreihen

---

622: Auswanderung Mohammeds von Mekka nach Yathrib-Medina („Stadt des Propheten"); Beginn der islamischen Zeitrechnung.

630: Rückkehr Mohammeds nach Mekka. Er reinigt die Stadt und die Kaaba, das alte arabische Heiligtum, vom Götzendienst; die neue Lehre siegt in Arabien.

632: Mohammed stirbt in Medina.

632–661: Zeitalter der „4 rechtgeleiteten Kalifen"; rasche Ausbreitung und Festigung des Islams; Kodifizierung der Lehre Mohammeds.

661–750: Dynastie der Omajjaden mit Residenz in Damaskus; Konsolidierung einer einheitlichen arabischen Kultur und des islamischen Reiches.

710/11: Beginn der Eroberung und arabischen Besiedelung Spaniens.

756–1031: Emirat (seit 929 Kalifat) von Cordoba unter den spanischen Omajjaden; Hochblüte islamischer Kunst und Kultur im Westen.

750–1258: Dynastie der Abbasiden-Kalifen mit Residenz in Bagdad; Zurückdrängung des Arabischen, Vorherrschaft der persischen Kultur in Kunst und Wissenschaft; kulturelle Hochblüte unter Harun al-Rashid (786–809) und al-Mamun (813–833).

909–1171: Schiitisches Gegen-Kalifat der Fatimiden in Kairo; neue Impulse für die islamische Kunst.

1256–1258: Einfall der Mongolen in Persien; Eroberung und Zerstörung Bagdads.

1453: Die Türken erobern Konstantinopel und errichten das osmanische Weltreich (Balkan, Oberafrika, Mittelmeerinseln); die Türken werden europäische Großmacht.

1501–1722: Dynastie der Safawiden in Persien; neuer Höhepunkt der islamischen Kunst.

1526–1858: Islamisches Kaiserreich der Groß-Moghule in Indien; eigene Kunstrichtung; im 18. Jh. Verfall.

Moscheenschmuck mit Blumen: islamische Ornamentik

Der Felsendom (arab.: Qubbat as-Sahra) ist eine politisch-religiöse Schöpfung, mit der der Kalif Jerusalem (statt Mekka und Medina) zum religiösen Zentrum des Islam machen wollte. So ließ er ein *Oktogon* mit zentriertem Grundriß (ohne Ausrichtung nach Mekka) über dem Felsen errichten, den die Juden als „Berg Moriath" im Zusammenhang mit Abraham und die Muslime als Ort der Himmelsreise Mohammeds verehren. Auch soll der alte Tempel Salomos an dieser Stelle gestanden haben. Abd al-Malik plante ein gemeinsames Symbol für Judentum, Christentum und Islam.

Dem Oktogon sind zwei konzentrische Rundgänge eingeschrieben, die für rituelle Umläufe (wie um die Kaaba in Mekka) vorgesehen waren. Der Innenkreis ist von der mächtigen goldenen Kuppel überwölbt. Nach außen öffnet er sich mit vier Toren gegen die vier Himmelsrichtungen. Die Außenseite des Oktogons ist bis zur Fensterhöhe mit türkischen Fayenceplatten geschmückt, innen sind kostbare Schmuckstücke, Kronen und Herrschaftssymbole dargestellt.

Die syro-byzantinischen Baumeister, die den Felsendom in bewußter Konkurrenz zu den christlichen Bauwerken der Stadt errichteten, besaßen wohl Kenntnisse der antiken und gnostischen Zahlensymbolik, die sie geometrisch umsetzten. Während der Herrschaft der Kreuzfahrer (1099-1187) war der Felsendom in eine christliche Kirche umgewandelt.

---

verbunden, die parallel zur Kiblawand, manchmal auch senkrecht zu dieser verlaufen; das auf den Mihrab hinführende Schiff wird durch eine breitere, gelegentlich auch höhere Ausführung betont. Vor dem Saal befindet sich ein von Säulenhallen umgebener Hof mit dem Brunnen für die Waschungen sowie ein Turm, von dem die Gläubigen zum Gebet gerufen werden (Minarett).

In dem Bemühen, baulich mit anderen Religionen konkurrieren zu können, übernahm die islamische Architektur spätantike, frühchristliche, persische, sassanidische und auch indische Formelemente, manchmal auch vorhandene Bauteile. Dennoch entstanden keine besonders beeindruckenden Innenräume: In der Moschee gibt es wegen der anderen religiösen Vorstellungen kein dem Altar in der christlichen Kirche vergleichbares Zentrum. Die Große Moschee von Córdoba (785- Ende des 10. Jahrhunderts), als Höhepunkt des Omajjadenstils angesehen, wurde im Laufe der Zeit von einer schlichten Säulenhalle mit Vorhof so lange erweitert, bis sie 19 Längs- und 35 Querschiffe zählte − ohne Rücksicht auf Symmetrie, weshalb auch der Mihrab aus der Mittelachse rutschte. Seine Zentrierung ist jedoch nicht erforderlich, da er nur die Betrichtung kennzeichnet und der Platz ist, an dem der Imam steht.

Dennoch bot die Moschee in Córdoba, die nach der katholischen Rückeroberung Spaniens durch den Einbau einer Kirche entstellt wurde, einige Pracht: Ihre Umfassungsmauer schmückten Torpaneele, Streifenmuster aus Kalksteinen die *Arkaden* des Gebetssaales, elegant ineinander verwobene *Joche* lösten sich über der Mihrab in Kuppeln auf, für die Mosaiken hatte man extra Experten aus Konstantinopel geholt.

Nach 750 hatten sich die Omajjaden nur noch in Spanien (später auch in Marokko) halten können und dort ein eigenes Kalifat errichtet. Das ab der zweiten Hälfte des 9. Jahrhunderts langsam wieder zerfallende Großreich regierten nun die Abbasiden, die mit Bagdad 762 eine neue Residenz gründeten. Unter ihnen wurden aus Persien sassanidische Bauformen übernommen, wie sie sich in der Großen Moschee von Samarra finden. Dazu gehörte eine tonnengewölbte Halle (Iwan), die sich auf einen Innenhof öffnet. Vier solche Hallen an jeder Seite eines quadratischen Hofes bildeten die typische Form der *Medrese*, in der der zunächst in der Moschee erteilte (Religions-)Unterricht stattfand und die verbunden mit den aufkommenden Kuppelkonstruktionen ab dem 11. Jahrhundert auch den Moscheenbau, vor allem in Persien, veränderte.

Auf der Mittelachse im Norden der um 850 erbauten festungsartigen größten Moschee der islamischen Welt, in der über 100 000 Beter Platz hatten, steht das Spiral-Minarett aus Backsteinmauerwerk mit 55 m Höhe.

Seine Form geht auf die *Zikkurats* in Babylon zurück und wurde wahrscheinlich über das sassanidische Persien an den Islam vermittelt.

Alhambra, Löwenhof, Arkadengang, Brunnen; Granada, Spanien, 14. Jh.

Die Burg der Nasridenherrscher in Granada gilt als bedeutendstes Denkmal islamischer Schloßbaukunst. Der zwischen 1354 und 1391 erbaute Löwenhof, benannt nach dem in seiner Mitte auf wasserspeienden Steinlöwen aufruhenden Becken, ist der berühmteste Teil des Palastes.

Das Bild zeigt die *Axialansicht* des Hofes von einem der vorspringenden Pavillons aus, die an den beiden Endpunkten der Anlage stehen und in denen kleine Springbrunnen plätschern, deren Wasser durch zwei Kanäle zur Mitte des Hofes geleitet wird.

Der Hof ist vollständig von einem Portikus umgeben, dessen pyramidenförmiges Dach auf schlanken Säulen mit oben leicht spitz zulaufenden Bögen ruht. Der kunstvoll ziselierte Stuck und die Spitzengehänge an den Arkaden unterstreichen die schwebende Anmut und das zarte Dekor der gesamten Konstruktion.

DIE GROSSE ZEIT DER OSMANEN 1400–1600

Die Herausforderung Konstantinopel

Die Residenz der letzten moslemischen Fürsten in Spanien war die im 13. und 14. Jahrhundert erbaute Alhambra in Granada, eine Anlage wie ein Traumgebilde, voll spiegelnder Wasserflächen und leise plätschernder Brunnen, mit Bauten, deren Konturen durch Stalaktiten oder andere Dekorationen verwischt wurden.

Als die islamische Herrschaft in Spanien durch die Reconquista 1492 endgültig beseitigt wurde, hatte sich schon eine neue moslemische Großmacht am anderen Ende des Mittelmeers etabliert: Im 11./12. Jahrhundert waren die Türken aus Zentral- nach Kleinasien vorgedrungen, im 14. Jahrhundert dehnte sich ihre Herrschaft auf den Balkan aus, in den darauffolgenden Jahrzehnten bis nach Tunesien, auf die arabische Halbinsel und nördlich des Schwarzen Meeres. Gekrönt wurde das von der Dynastie der Osmanen beherrschte Reich durch die Eroberung Konstantinopels 1453.

Für das heutige Istanbul begann damit eine neue Blüte: Die Stadt, die das „zweite Rom" und Zentrum des orthodoxen Christentums war, diente nun als Kapitale eines moslemischen Weltreichs. Natürlich sollte diese Tatsache auch ihren baulichen Niederschlag finden. Die Maßstäbe waren dabei klar: die Hagia Irene und noch mehr die Hagia Sophia.

Glücklicherweise besaß man mit dem Kuppelbau schon seit dem 12. Jahrhundert Erfahrungen und somit eine Grundlage für das osmanische „Kon-

trastprogramm" zur Säulensaalmoschee, in der es bisher nur kleinere Kuppeln gegeben hatte. Sein Höhepunkt wurde aber erst erreicht, als Sinan, dem die Hagia Sophia zur fixen Idee geworden war, 1539 Hofbaumeister wurde. Nach mehreren anderen errichtete Sinan sein Hauptwerk – die große Moschee für Sultan Selim II. – nicht in Konstantinopel, das damals mit großen Kuppelmoscheen übersät wurde, sondern in Edirne, dem vormaligen Adrianopel, der ersten osmanischen Residenz in Europa. Beispielhaft türmt Sinan hier Kuppeln und Halbkuppeln in einem Bau aufeinander, der durch diese Höhenentwicklung und seine kompakte Zusammenfassung wuchtig und monumental wirkt. Die für die osmanische Moschee ebenso typischen schlanken Bleistiftminarette setzen einen eleganten Gegenakzent.

Klare statt inszenierte Räume

Die Hoch-Zeit der Kuppelmoscheen, die zugleich den Höhepunkt der islamischen Baukunst darstellt, fällt zusammen mit der abendländischen Renaissance, in der die Kuppel eine ebenso wichtige Rolle spielte. Doch die islamischen Gotteshäuser unterscheiden sich völlig von christlichen. Raumsequenzen, die Inszenierung von Tiefen, die Kuppel als Ersatzhimmel – das alles kann unterbleiben, weil der Mihrab nicht die Stellung des Altars besitzt.

So ging es Sinan nicht um überwältigend inszenierte, sondern um klare Räume, weshalb das Innere seiner Moscheen gar nichts von der äußeren Vielschichtigkeit besitzt. Hier formen nicht ineinander verflochtene Architekturteile den Raum, sondern glatte Schalen und Wände umhüllen

Sinan: *Große Moschee für Sultan Selim II.*, Edirne, Türkei, 1570–1574

Die Moschee für Sultan Selim II. ist das letzte große Werk des legendären osmanischen Baumeisters Sinan, der damals bereits über 80 Jahre alt war und diese Moschee sein Meisterwerk nannte. Sinan wählte einen breitrechteckigen Hof, in dessen Hintergrund sich die Moschee wie aus einem Guß erhebt. Flankiert wird sie von vier Minaretten, die wie Stifte in den Himmel schießen. Sie umrahmen eine Kuppel von 32 m Durchmesser, die über einem dem Kaaba-Kubus in Mekka nachempfundenen Raum liegt. Dieser Raum erhebt sich über acht mächtigen, oktogonalen Pfeilern. Der homogene Gebetssaal erweckt in seiner raffinierten Nüchternheit den Eindruck der *Axialität* durch den der Eingangshalle gegenüberliegenden *Mihrab*. Wegen Sinans beeindruckender Lichtführung wirkt der ganze Bau wie von Sonnenlicht durchflutet; er gilt als ein Höhepunkt der osmanischen Architektur.

TAJ MAHAL

Der Taj Mahal ist ein prächtiges Mausoleum, das Schah Dschahan (reg. 1628-1658), der große Baumeister unter den Moghulkaisern, zwischen 1632 und 1652 für seine 1630 im Kindbett verstorbene Gemahlin Mumtaz Mahal erbauen ließ. Das Gebäude aus leuchtend weißem Marmor steht außerhalb des vorgelagerten Gartens Tschahar Bag, da Schah Dschahan genau gegenüber, auf der anderen Seite des Flusses Yamuna, ein ebensolches Mausoleum in schwarzem Marmor für sich selber plante. 1658 wurde er von seinem Sohn Aurangzeb gestürzt, der die Pläne des Vaters verwarf und ihn nach seinem Tode 1666 neben der geliebten Gattin im Taj Mahal beisetzte.

Den ganzen Komplex betritt man durch ein Eingangsportal aus rotem Sandstein, das dem weißen Marmor des Mausoleums bewußt kontrastiert. Nach Betreten der Anlage steht man weit vor dem mächtigen Mausoleum, das sich in einem langen Wasserbecken im Vordergrund spiegelt.

Der Taj Mahal hat einen quadratischen Grundriß mit abgeschrägten Ecken. Ein hoher *Tambour* trägt die riesige, zwiebelförmige Kuppel, die 28 m im Durchmesser und 65 m hoch ist. Auf jeder Seite öffnet sich ein 20 m hoher Langraum

(Iwan), dessen Umrahmung die Dachhöhe übersteigt. Beiderseits der Hauptkuppel bilden Pavillons eine pyramidenartige Verbindung, welche dem zentralen Gebäude eine Aufwärtsbewegung verleiht. Diese wird auch von den vier flankierenden Minaretten unterstützt, die das zentrale Mausoleum in seiner Vorrangstellung nicht beeinträchtigen. Der Taj Mahal ist allseitig streng symmetrisch und bietet durch seine Transparenz im Tageslauf der Sonne viele Farbnuancen dar.

Das Innere des Mausoleums ist bestimmt durch den geplanten Umlauf der Pilger um den zentralen Grabsaal, der auch die vier Nebensäle auf den Diagonalen des Gebäudes untereinander verbindet. Der Begräbnissaal wird von einer halbkugelförmigen Kuppel bedeckt, über der sich die zweite, riesige Zwiebelkuppel erhebt, die jedoch nur von außen sichtbar ist. Zwischen beiden Kuppeln befindet sich ein großer, ungenutzter Blendraum.

Der Architekt des Taj Mahal ist nicht namentlich bekannt, was zu Spekulationen Anlaß gab. Ebenso ist es umstritten, wieweit man den Taj Mahal als völlig eigenständiges Bauwerk der indischen Moghulkunst betrachten kann und wieweit Elemente der timuridischen Mausoleen und der persisch-safawidischen Zwiebelkuppeln Eingang gefunden haben.

ihn, die von vielen Fenstern ohne gestalteten Rahmen durchbrochen und mit Mosaiken, pflanzlichen oder geometrischen Flächenornamenten oder Zierschriften dekoriert werden – abstrakte Formen, die wegen des Verbots figürlicher Darstellungen entwickelt wurden und wesentlich zum Gesamteindruck von Moscheeräumen beitragen. Dies alles genügt freilich, um abendländische Betrachter bei der Beschreibung der größten, bekanntesten und repräsentativsten Werke islamischer Baukunst gern von „märchenhafter Pracht und Schönheit" sprechen zu lassen. Ein verräterischer Ausdruck: Texte, Illustrationen, später auch Filme, die Geschichten aus „Tausendundeiner Nacht" immer wieder in mittelalterlich-islamischer

Architektur ansiedelten, haben dazu geführt, daß die meisten Angehörigen der abendländischen Kultur beim Anblick solcher Bauten an die Phantasiewelt von Märchen denken – ihnen ist die Architektur des Morgenlandes letztlich fremd geblieben. Dies geht soweit, daß den Europäern selbst frühchristliche Bauformen, die vom Islam übernommen, weiterentwickelt und verbreitet wurden, fremd erscheinen. So würden wohl die meisten die Hagia Sophia, einst größte Kirche der Christenheit, auch ohne die später hinzugefügten Minarette für eine Moschee halten. Seine baulichen Spuren hat der Islam in Europa hinterlassen. Einfluß auf die europäische Architektur nahm er aber fast nur in der Ornamentik.

Burgen für Gott
und seinen Kaiser

ROMANIK

750–1250

Im Schoß der Kirche

In der Folge der Völkerwanderung war das innerlich längst marode (West-)Römische Reich zusammengebrochen. Der Verlust dieser Ordnungsmacht leitete in weiten Teilen Europas eine Epoche großer Unsicherheit ein. Die einstmals römischen Gebiete waren unter vielen Herrschern aufgeteilt, die ihre Macht oft nur für relativ kurze Zeit bewahren konnten. Staatswesen, Justiz und Technik, kurz: die gesamte Organisation des menschlichen Zusammenlebens verfiel unter diesen Voraussetzungen. Der Lebensstandard ging stark zurück, die Entwicklung der Städte stagnierte. All dies wirkte sich unmittelbar auf die Kultur, insbesondere auf die Bautätigkeit aus.

Einzig die Macht der Kirche war nicht auf wenige Jahrzehnte und ein relativ kleines Gebiet begrenzt – sie konnte ihren Einflußbereich nun sogar auf ganz Europa ausdehnen. Sie wurde daher nach dem Zusammenbruch Westroms zur wichtigsten Kulturträgerin. In ihrem Schoß wurde das Erbe der Antike bewahrt und die abendländische Kultur entwickelt.

Eine Rolle spielten dabei insbesondere die Klöster der 529 gegründeten Benediktiner, des ersten abendländischen Mönchsordens. Oft in wenig zivilisierten Gegenden gelegen, wirkten sie als kulturelle Vorposten. Hier wurden antike Bücher abgeschrieben und übersetzt, wurde geforscht und gelehrt, und es wurden auch nicht dem Kloster angehörige Laien in verschiedensten Disziplinen unterrichtet. Viele der Mönche, die sich in der Regel auf bestimmte Handwerke oder Wissenschaften spezialisierten, waren Berater der Fürsten. Zur Sicherung ihrer ökonomischen Basis besaßen die Klöster Ländereien und allein damit schon Macht. Nicht selten dienten sie in jener Zeit ohne sichere Staatsformen, in der oft das Faustrecht regierte, auch als Zufluchtsstätten vor äußerer Bedrohung. Deshalb entstanden in ihrer Nähe Siedlungen.

Roms Erbe wird beansprucht

Die politische, ökonomische und kulturelle – kurz: die gesamtgesellschaftliche – Bedeutung der Kirche wuchs noch, als im Laufe des 8. Jahrhunderts mit dem Fränkischen Reich wieder ein mächtiges Staatsgebilde entstand. Das vom Frankenkönig Pippin begründete Bündnis zwischen der Kirche und diesem Imperium baute Karl der Große später weiter aus. Der Papst sicherte sich so eine gewisse Unabhängigkeit vom byzantinischen Kaiser, und der fränkische König erhielt vom Kirchenoberhaupt die sakrale Legitimation für seine Herrschaft. Zu Weihnachten des Jahres 800 gipfelte dieser Pakt in der Kaiserkrönung Karls des Großen durch Papst Leo III. in Rom.

Das Bestreben, an das antike Römische Reich anzuknüpfen, das mit dieser Wiederbegründung des abendländischen Kaisertums überdeutlich wurde, äußerte sich auch in der Bautätigkeit. Abgesehen von Bauten, die im oder durch das Byzantinische Reich, zum Beispiel in Ravenna, errichtet worden waren, war in Europa seit dem Untergang Westroms kaum Großes, Dauerhaftes, Prachtvolles entstanden. In Konkurrenz zur damals noch strahlenden byzantinischen Monarchie und in Anbetracht des Anspruchs, Erbe der römischen Hochkultur zu sein, wendete man sich unter Karl

751: Pippin wird nach dem Merowinger Childerich III. als erster Karolinger König der Franken.

800: Kaiserkrönung Karls des Großen durch Papst Leo III.

1066: Wilhelm der Eroberer besiegt König Harald II. in der Schlacht bei Hastings und wird in Westminster zum König gekrönt.

1073: Das von Papst Gregor VII. verhängte Verbot der Laieninvestitur (Einsetzung von Bischöfen und Äbten durch den weltlichen Herrscher) führt zum Investiturstreit mit dem Kaiser.

1077: Durch den Bußgang nach Canossa erlangt König Heinrich IV. die Lösung des von Papst Gregor VII. ausgesprochenen Bannes und stärkt dadurch seine Macht im deutschen Reich.

1096: 1. Kreuzzug zur Eroberung Jerusalems und Brechung der Macht des türkischen Islam von Papst Urban II. veranlaßt.

1098: Abt Robert von Citeaux gründet den Zisterzienserorden.

Um 1100: Vom Frankenreich her hat sich das Turnier als ritterliches Kampfspiel allgemein verbreitet. Hildegard von Bingen, Äbtissin und Gelehrte, bekämpft kirchliche Mißstände, schreibt religiöse und wissenschaftliche Werke.

1119: Gründung der ersten europäischen Universität in Bologna (Paris um 1150, Oxford 1163, Salamanca 1218, Cambridge 1229).

1122: Durch das Konkordat von Worms kann der Investiturstreit beigelegt werden, da Heinrich V. auf die Investitur verzichtet.

Die Schlacht bei Hastings auf dem Teppich von Bayeux: König Harold wird von einem Pfeil getroffen.

1147: Bernhard von Clairveaux veranlaßt 2. Kreuzzug unter dem Stauferkönig Konrad III.

1155: Kaiserkrönung Friedrich I. Barbarossa in Rom.

1170–1220: Blüte der höfischen Dichtung mit Chrétien de Troyes, Wolfram von Eschenbach und Walther von der Vogelweide.

1215: Englische Barone erzwingen von König Johann I. Ohneland die „Magna Charta", die Privilegien der Städte, freien Verkehr der Kaufleute, Erblichkeit der Lehen und freie Wahl der Bischöfe durch die Geistlichkeit garantiert.

1232: Kaiser Friedrich II. macht seinen Hof in Palermo zum Mittelpunkt des italienischen kulturellen Lebens und überläßt in Deutschland den geistlichen und weltlichen Fürsten wichtige Hoheitsrechte.

Um 1250: *Carmina Burana*, Sammlung mittelalterlicher und deutscher Lieder fahrender Schüler.

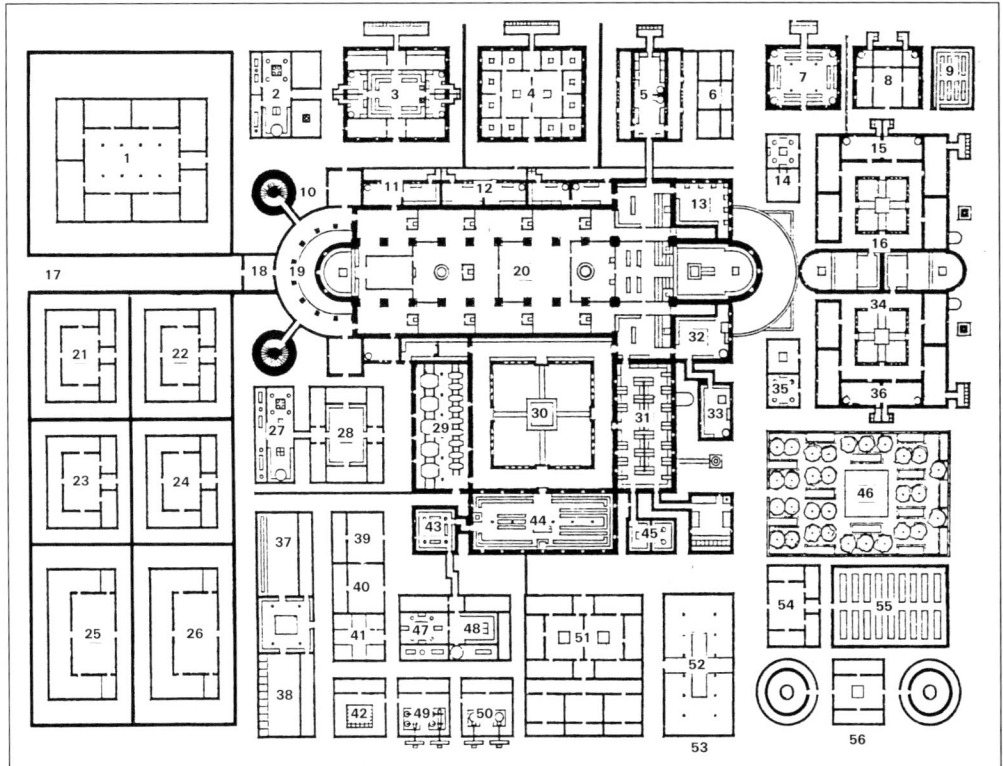

Pergamentplan einer Klosteranlage,
St. Gallen, um 820

1 Haus für die Gefolgschaft vornehmer Gäste 2 Wirtschaftsgebäude 3 Vornehme Gäste 4 äußere Schule 5 Abtshaus 6 Wirtschaftsgebäude 7 Aderlaßhaus 8 Arzthaus und Apotheke 9 Kräutergarten 10 Glockenturm 11 Pförtner 12 Schulvorsteher 13 Bibliothek 14 Bad und Küche 15 Spital 16 Kreuzgang 17 Eingang 18 Empfangshalle 19 Chor 20 Klosterkirche (Basilika) 21 Gesinde 22 Schäferei 23 Schweine 24 Ziegen 25 Stuten 26 Kühe 27 Küche 28 Herberge 29 Vorratsraum und Weinkeller 30 Kreuzgang 31 Schlafsaal und Wärmestube 32 Sakristei 33 Hostienbäckerei 34 Kreuzgang 35 Küche 36 Novizenschule 37 Pferde 38 Ochsen 39 Böttcher 40 Drechsler 41 Speicher 42 Malzdarre 43 Küche 44 Speisesaal 45 Badestube 46 Friedhof 47 Brauerei 48 Bäckerei 49 Stampfe 50 Mühle 51 verschiedene Handwerker 52 Tenne 53 Kornscheune 54 Gärtnerhaus 55 Gemüsegarten 56 Geflügelzucht

Der Klosterplan macht bis ins Detail deutlich, was alles zu einem großen karolingischen Kloster gehörte. Im Zentrum befindet sich die geräumige Klosterkirche mit zwei freistehenden Rundtürmen vor der Westseite. Im Süden schließt sich der große Kreuzgang an, von dem der Schlafsaal mit erkennbar 77 Betten und der Speisesaal, mit Tischen und Bänken möbliert, zugänglich sind. Man könnte den Schlafsaal auf eine Größe von 12,5 x 28 m schätzen. Auch die Wohnung des Abtes, das Krankenrevier, der Weinkeller mit den einzelnen Fässern sowie Stallungen verschiedener Tiere sind präzise dargestellt.

Der Plan von Sankt Gallen ist für seine Zeit, das frühe 9. Jh., einmalig, denn bis zum 12. Jh. sind sonst keinerlei Pläne überliefert. Besonders der 529 gegründete Benediktinerorden, für dessen Klöster dieser Plan modellhaft entworfen wurde, bewahrte viele Bautraditionen der Antike, vor allem die Organisation menschlichen Zusammenlebens betreffend. Es ist nicht belegt, ob jemals eine Klosteranlage exakt nach diesem Plan gebaut wurde.

dem Großen wieder dem monumentalen Steinbau zu. Auf Grund des Bündnisses zwischen Klerus und Krone beschränkte sich dieser fast völlig auf Kirchen und Klöster, wofür die Kirche allerdings einen Preis zahlen mußte: Inhaltlich bedeutete der Pakt mit der weltlichen Macht eine „Verweltlichung". Positiv gewendet könnte man auch sagen: Die Kirche begann sich mehr mit der christlichen Ausgestaltung des Diesseits zu befassen.

Architektonisch drückte sich dies etwa in der *Doppelchorigkeit* der Gotteshäuser aus, wie sie sich schon bei der Kirche des Klosters St. Gallen findet. Daß für die gesamte Anlage zunächst ein Plan ausgearbeitet wurde, dokumentiert den Wiederbeginn durchdachten Bauens. Aber auch die Anordnung der verschiedenen Funktionen im Klosterareal, wie sie der Plan zeigt, ist bezeichnend: Im Westen Handwerkerhäuser, Werkstätten, Scheunen, im Osten Novizenschule, Krankenhaus und Friedhof – der traditionellen Ostausrichtung der Gotteshäuser folgend, befand sich alles „Weltliche" im Westen, alles „Sakrale" im Osten.

Deshalb muß es eigentlich erstaunen, daß viele Kirchen zum Chor im Osten plötzlich einen weiteren im Westen erhielten. Zunächst begründete sich dies nur in einem verstärkten Bedürfnis nach der Verehrung von Heiligen und Reliquien. Um in einer Kirche zwei Patronen zu huldigen, war nach damaliger Ansicht ein zweiter Hauptaltar notwendig, der auch den entsprechenden baulichen Rahmen erhalten mußte – einen zweiten Chor. Bald jedoch wurde die Doppelchorigkeit, zu der

sich auch ein zweites *Querhaus* und ein zweiter *Vierungsturm* im Westen gesellten, zum Zeichen für weltliche Machtansprüche. Die Doppeltürme der aufwendigen Westfassaden, die nun vermehrt entstanden, waren den Erzengeln Gabriel und Michael geweiht. Letzterer führte der Heiligen Schrift zufolge die Engelsheere bei der Verteidigung des Himmlischen Jerusalem an. An der Westseite eines Gotteshauses sollte er das Böse in der Welt daran hindern, in das Kirchengebäude einzudringen. Zusätzlich dienten Michaelsoder Salvatorkapellen über den Eingangshallen der Verehrung des Erzengels. Im Westen der Kirche nahmen auch der Kaiser oder König Platz. Dem Hauptaltar gegenüber gab sich der weltliche Herrscher als irdischer Erfüllungsgehilfe Michaels.

Angesichts seiner Machtposition und historischen Rolle ist es wohl kein Zufall, daß die erste derartige „Inszenierung" des Königs oder Kaisers unter und für Karl den Großen entstand. Die Pfalzkapelle in seiner Residenz Aachen besaß im Westen einen großen Portalbau an der Außenfront: eine Einrahmung des Monarchen, der hier Platz nahm, buchstäblich mit der göttlichen Macht im Rücken. Als Vorbild für diese Kapelle gilt San Vitale in Ravenna, jener Residenz der römischen Kaiser, die der erste große germanische Staatsgründer Theoderich nach dem Sieg über Westrom zu der seinen gemacht hatte. Als *Zentralbau* mit *Emporen* wurde die Aachener Pfalzkapelle ihrerseits nicht nur zum Vorbild für Schloßkapellen bis ins 18. Jahrhundert hinein, sondern es folgten ihrem

haus auf vier Mauerbögen ruhte. Dies hatte zur Folge, daß der Chor ein eigenes *Joch* erhalten mußte, durch das die mit den vier *Gurtbögen* „ausgeschiedene", das heißt klar abgegrenzte Vierung vom Langhaus getrennt wurde und wie diese (und das Westwerk) einen eigenen Raum bildete. An die Stelle des vom Eingang geradlinig zum Chor flutenden *Richtungsbaus* trat der *Gruppenbau*, der Räume aneinandersetzte.

Zum Grundmodul wurde dabei die *Vierung*, über der beim damaligen Stand der Bautechnik nur ein Turm auf vier gleich großen Bögen – also mit quadratischem Querschnitt – errichtet werden konnte. So entstanden klare, fast symmetrische Anlagen mit Langhäusern, die symbolträchtig eingespannt waren zwischen der östlichen Baugruppe, die dem himmlischen Herrn, und der – teils nahezu identischen – westlichen, die dem weltlichen Herrn diente. Ein Paradebeispiel für diese Bauweise, die unter den Ottonen, Ludolfingern oder Sachsenkaisern, die 919 das Erbe der Karolinger angetreten hatten, verbindlich wurde, ist St. Michael in Hildesheim.

Odo von Metz: *Pfalzkapelle*, Oktogon im Aachener Münster, mit sog. „Thron Karl des Großen", um 800

Die Aachener Pfalzkapelle, die Karl der Große seinem Ende des 8. Jhs. errichteten Palast hinzufügen ließ, war 798 im Rohbau fertig und wurde 805 von Papst Leo III. geweiht. Heute bildet sie den Kern des Münsters.
In der Anlage des achteckigen Zentralbaus folgte der Baumeister Odo von Metz dem Vorbild San Vitale in Ravenna aus der ersten Hälfte des 6. Jhs. Das *Oktogon* ist einem zweigeschossigen Sechzehneck einbeschrieben. Das Obergeschoß mit Thron war für den Kaiser und sein Gefolge bestimmt.
Aachen wurde unter Karl dem Großen zum Mittelpunkt des Fränkischen Reiches. Die Kapelle gilt heute als bedeutendstes Denkmal karolingischer Baukunst.

Muster auch die *Westwerke* der großen Gotteshäuser.

Der Ursprung dieser Ausgestaltung liegt darin begründet, daß die fränkischen Herrscher an wechselnden Orten ihres Reiches residierten, jedoch nicht überall eigens zu diesem Zweck Pfalzen errichtet wurden. Vielmehr benutzten Kaiser und Hofstaat häufig solche Klosterkirchen, die jeweils um ein *Westwerk* ergänzt wurden. Meist umschlossen dort *Emporen* auf drei Seiten einen quadratischen Raumschacht, während die Seite zur eigentlichen Kirche hin frei blieb. Da der Schacht stets durch Fenster oberhalb der *Pultdächer* über den Emporen belichtet wurde, war das Westwerk mit einem Turm bekrönt und höher als das Langhaus.

Um die Hofgesellschaft in der Kapelle angemessen zu repräsentieren, wurden die Plätze nach Ranghöhe zugewiesen. In Aachen konnte so der Kaiser auf einer Wendeltreppe in den Ecktürmen des Westwerks zu seiner *Galerie* emporsteigen, um dem Gottesdienst beizuwohnen. Auf der darüberliegenden Empore standen die Chorsänger.

Eingespannt zwischen dem weltlichen und dem geistlichen Herrn

Dem Westwerk stand eine Baugruppe im Osten gegenüber, die vom *Vierungsturm* dominiert wurde, der über der Kreuzung von Lang- und Quer-

Geschlossen und fest, wuchtig und streng

Das Verhältnis von Vorbild zu Abbild muß man sich bei romanischen Bauten nicht im Sinne einer Kopie vorstellen. Die Aachener Pfalzkapelle und ihr Vorbild San Vitale in Ravenna stimmten zum Beispiel im gestalterischen Detail recht wenig überein; wesentlich waren Grundform und Geist eines Baus. So wirkt das Innere der Pfalzkapelle viel geschlossener und fester, wuchtiger und strenger als San Vitale: keine in die Tiefe ausschwingenden Nischen, sondern ein durch Pfeiler und sich schon über dem Erdgeschoß wölbende Bögen klar umrissenes Achteck.

Geschlossen, fest, wuchtig, streng – diese Begriffe können generell zumindest für die frühe Architektur der Romanik gelten, die sich mit den Karolingern über West- und Mitteleuropa verbreitete. Der erst im 19. Jahrhundert geprägte Begriff „Romanik" ist nicht ganz exakt und auch irreführend. Schon ein flüchtiger Blick zeigt, daß das romanische Bauen nur wenig mit jenem der römischen Antike zu tun hat. Auch fand die Romanik nicht nur unter den romanischen, also von der Kultur des alten Roms geprägten Völkern Verbreitung, vielmehr vereinte das Fränkische Reich jahrhundertelang von Rom beherrschte Gebiete mit solchen, in denen die vergleichsweise wenig zivilisierten Germanen gelebt hatten. Im Deutschland des späten 19. Jahrhunderts versuchte man vornehmlich aus nationalistischen Gründen, aber auch nicht ganz zu unrecht den Begriff „Romanik" durch „Germanik" zu ersetzen.

Der romanische Stil wirkt großenteils noch wie eine Reaktion auf die Zeit der Wirren und des Verfalls; in seiner Kargheit und Vergröberung scheinen sich der Verlust von Wohlstand und Wissen widerzuspiegeln. Die Kirchen und Klöster scheinen wie Festungen mit dicken, schweren Mauern. Dieser mächtige, erdverbundene Eindruck wird hervorgerufen durch die Betonung der Waagerechten mit *Rundbogenfriesen*, Dreieckgiebeln, *Gesimsen*, *Blendbogen* oder ganzen *Blendarkaden*, durch die weitgehende Reduzierung der Fenster und des meist recht flachen Dekors sowie den Verzicht auf Verputz. Rein ist die Wirkung des Steins, klar die *Tektonik*, fast primitiv, bestimmt aber bescheiden und vereinfacht scheinen die Konstruktionen. Das im Römischen Reich bevorzugte *korinthische* Kapitell war mit soviel prunkvollem Zierat versehen, daß seine tragende Funktion fast ganz verschleiert wurde. Das romanische Würfelkapitell – eine Verschmelzung aus Kugel und Würfel, die optisch zwischen dem runden Schaft und der quadratischen Deckplatte vermittelt – zeigt dagegen klar und deutlich, in fast ungeschlachter Form, daß es den Treffpunkt von Stütze (der Säule) und Last (des Gewölbes) bildet. Seine Seiten blieben anfangs nackt.

Auch der sich aus dem Prinzip des *Gruppenbaus* ergebende Raumeindruck der romanischen Kirchen ist statisch, nüchtern, fast etwas unbeholfen. Die *Krypten*, die jetzt verstärkt für hoch angesehe-

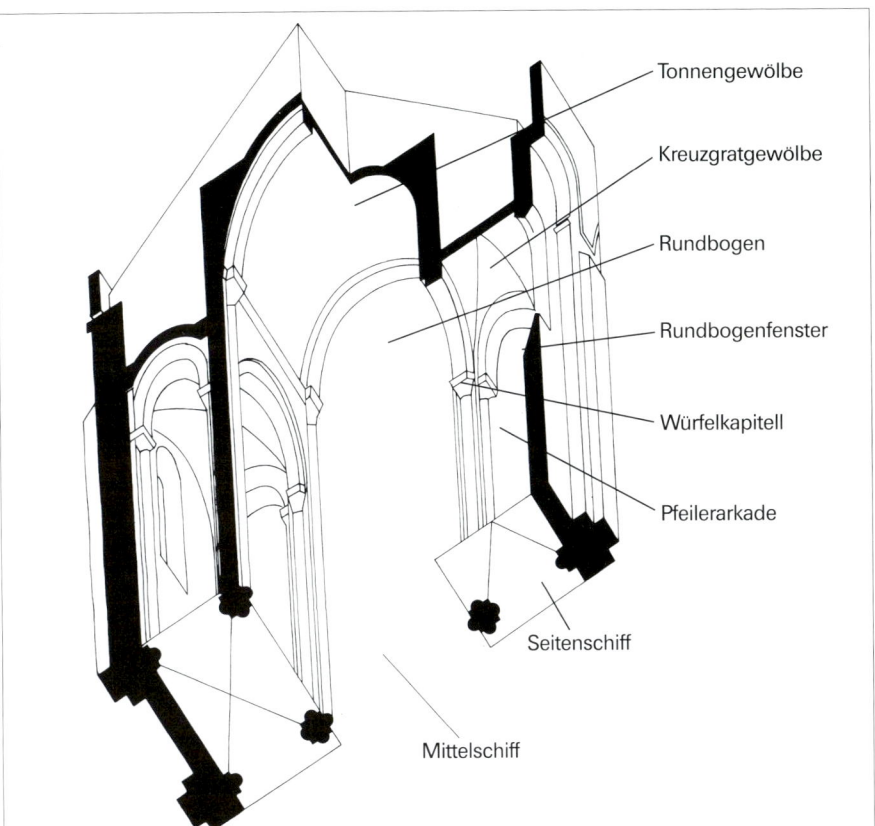

ne Tote und den wachsenden Reliquienkult unter den Chören angelegt wurden, vergrößerten das Bild der Zerrissenheit noch, mußte dafür doch der Altarbereich erhöht werden. Andererseits bot der Gruppenbau, der zumeist liturgisch begründet entstand, die Möglichkeit, mit einer Vielzahl von Querhäusern, Türmen und *Apsiden* ein äußeres Bild prachtvoller, reich gegliederter „Himmelsburgen" oder „Gottespaläste" zu erzeugen.

Poitiers, Kathedrale, 1166-14. Jh.
Isometrie

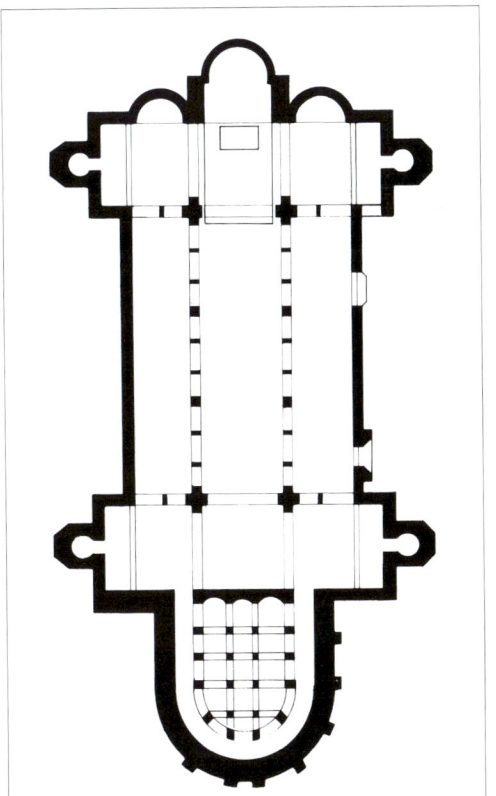

St. Michael, Hildesheim, 1010-1033
Grundriß (links)

Die einheitlichste und wohl vollendetste ottonische Kirche, deren Grundsteinlegung 1010 Bischof Bernward vornahm, wurde 1033 geweiht. Die bemalte Holzdecke stammt aus dem 13. Jahrhundert.
Der Grundriß, der in seiner Ausrichtung nach Osten dem Foto folgt, zeigt Gesetzmäßigkeit und Gleichgewicht der Anlage. Der Gegenchor im Westen über der Krypta birgt in seinem Umgang den Haupteingang, je zwei weitere Eingänge erschließen die Kirche vom Kloster an der Nordseite bzw. von der Stadt im Süden.
Das Quadrat der *Vierung* liegt dem gesamten Grundriß zugrunde. Aus ihm berechnet sich sowohl die Länge des Mittelschiffes (3 Quadrate) als auch die der Querhäuser (je ein Quadrat an jeder Seite). Die Schnittpunkte markieren vier mächtige Mauerpfeiler, zwischen denen je zwei Säulen stehen. Der dadurch entstehende doppelte *Stützenwechsel* läßt beim Betrachter ein eher rhythmisches als statisches Raumgefühl entstehen, was die Bogen mit ihren abwechselnd roten und weißen Steinstreifen noch betonen.
Die Klosterkirche St. Michael bildet zusammen mit dem Dom Kern- und Mittelpunkt der frühmittelalterlichen Bischofsstadt Hildesheim.

Labels in isometry (img_2):
Tonnengewölbe
Kreuzgratgewölbe
Rundbogen
Rundbogenfenster
Würfelkapitell
Pfeilerarkade
Seitenschiff
Mittelschiff

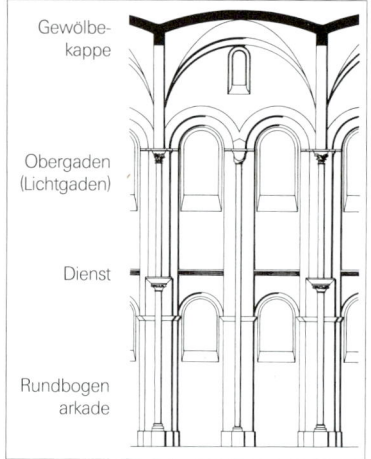

Gewölbekappe

Obergaden
(Lichtgaden)

Dienst

Rundbogen
arkade

Dom zu Speyer, begonnen zwischen 1024 und 1033, geweiht 1061, Einwölbung von Mittelschiff und Querhaus mit Kreuzgratgewölben 1056-1106 (ganz oben)
3zoniger Wandaufbau des Doms zu Speyer nach dem Umbau Ende 11. Jh. (oben)

Für die salischen (fränkischen) Kaiser, die von 1024-1105 regierten, wurde der Dom zu Speyer zum Symbol imperialer Macht. Sein Äußeres wie der Innenraum betonen mit ihrer beeindruckend wuchtigen und dennoch ästhetisch klaren Architektur das starke Selbstverständnis Kaiser Heinrich IV. (1052-1106), der im ständigen Streit mit den duniazensischen Päpsten seiner Zeit lag, die den Primat der Päpste über den Kaiser postulierten.
Vor diesem historischen Hintergrund wird der Wunsch nach einer steinernen Dokumentation der deutschen Kaiserwürde, wie sie im Dom zu Speyer erkennbar ist, überhaupt erst verständlich. Die salischen Kaiser wurden in der Krypta ihres Domes beigesetzt.

DIE HOCHROMANIK UNTER SALIERN UND STAUFERN 1024-1260

Prächtige Kaiserdome gegen den Papst

Im einstigen Ostteil des Fränkischen Reichs, wo das abendländische Kaisertum von den Saliern und – ab 1125 – den Staufern fortgeführt wurde, erreichte das Streben der romanischen Baukunst nach Monumentalität und Repräsentation seine größte Ausprägung. Kaiserdome wie jene in Worms und Speyer bildeten den Höhepunkt der Romanik; in den wachsenden Konflikten zwischen Kaiser und Papst um die Vorherrschaft manifestierten sie den Anspruch des Monarchen, daß die Kirche weiterhin eine einende Rolle in diesem nun „römisch" genannten, doch deutsch beherrschten Reich zu spielen habe.

So wurde der romanische Baustil zum Ende des 11. Jahrhunderts hin immer verfeinerter und damit aussagekräftiger, wozu auch die wachsende Beherrschung der Bautechnik beitrug. Waren die meisten Kirchen bis dahin flach mit Holzdecken überspannt gewesen – die in der Regel irgendwann niederbrannten, weil das Kircheninnere mit Kerzen und Fackeln erhellt wurde –, ersetzte man sie nun durch Gewölbe aus Stein.

Gewölbe besitzen starke seitliche Schubkräfte, die massive Außenwände erfordern. Für die Einwölbung der Mittelschiffe wurden die Säulen im Langhaus durch mächtige Pfeiler ersetzt, denen weitere Säulen (die sogenannten Dienste) vorgelagert waren, auf denen die das Gewölbe stützenden Gurtbogen ruhten. Die einfachste Form des Gewölbebaus – Kreuzgewölbe über quadratischen Feldern – war durch das sogenannte gebundene System zu realisieren: ein von den Vierungsbögen ausgehendes quadratisches Grundrißmodul, aus dem jede romanische Basilika aufgebaut ist. Da jedes Seitenschiff für gewöhnlich halb so breit war wie das Mittelschiff, kamen auf ein großes Quadrat in der Mitte immer zwei kleine an jeder Seite. Somit bot sich auch ein konstruktiver Anlaß zum schon zuvor praktizierten Stützenwechsel: Da jeder zweite Pfeiler neben den Seiten- auch die Mittelgewölbe tragen mußte, wurde er stärker ausgebildet.

Gegen Ende der Romanik hin wurden anstelle der Grate der Kreuzgewölbe Rippen gespannt, erst massig, mit halbrundem Querschnitt, dann in zahlreiche Kehlen gegliedert. Sie trugen die Last und führten sie in die Pfeiler ab, woduch leichtere Konstruktionen möglich wurden. Aber auch optisch ging man an die Auflösung der Mauermas-

sen: Zur Flächengliederung wurden über den Arkaden Emporengeschosse (Triforien) eingezogen. Mit größeren Fenstern, kleinen gereihten Apsiden, die in die Mauern der Chorapsis geschnitten wurden, Blendbögen und immer mehr bildhauerischem Schmuck sowie mit Ausmalungen und Fresken konnte eine ungeahnte optische Feinheit erzielt werden. An die Stelle karolingischer und frühromanischer Wuchtigkeit traten aufstrebende, filigranere, zergliedertere Formen und Räume.

Orden: Gegner der Verweltlichung

Verschiedenen Ansätze liefen der kaiserlichen Repräsentation unter dem Dach und vor allem mit Unterstützung der Kirche entgegen. Der Wettstreit der Architekturen versuchte der weltlichen Macht eine eindeutig kirchenbezogene Antwort zu geben: mit gleicher imposanter Wirkung.

Die prachtvollen Gruppenbauten der Romanik waren jedoch nicht die einzige Möglichkeit, Position zu beziehen. Der katholische Mönchsorden der Benediktiner zum Beispiel näherte sich in seinen Kirchenbauten wieder der einfachen, frühchristlichen Basilika. Doch angesichts der Spannungen zwischen Kaiser und Papst glaubten die dem Kirchenoberhaupt treuen Kreise, bei ihren Bauten nicht hinter der Pracht der Kaiserdome zurückstehen zu dürfen.

So bot die 1088-1130 errichtete („dritte") Abteikirche von Cluny, dem Zentrum der Benediktiner im Norden, das meist auf Seiten des Papstes stand, ein extremes Beispiel für den romanischen Gruppenbau mit gleich zwei östlichen Querschiffen, zwei Vierungs- und vier weiteren Türmen sowie einem zweigeschossigen Umgangschor mit Kapellenkranz. Bezeichnend war, daß diese östliche Baugruppe gegenüber den beiden Westtürmen und der ebenfalls erst später angebauten Vorkirche deutlich dominierte.

Den radikalsten Bruch mit dieser Architektur vollzogen die Zisterzienser, die sich in einem heftigen Richtungsstreit 1098 von den Benediktinern abspalteten und rasch über ganz Europa verbreiteten. Ihr Bekenntnis zur reinen, weltabgewandten Religiosität drückte sich nicht nur in einem Leben in Armut und Askese aus, sondern auch in entsprechenden Kirchenbauten, für die die Abteien von Clairveaux (1115 gegründet) und die nach gleichem Plan erbaute von Fontenay (1139-47) zu Mustern wurden: ein einfaches Langhaus, das von einem Querhaus abgeschlossen wird, daran ein kleiner rechteckiger Chor. Keinerlei Schmuck, keine farbigen Figurenfenster, die Quader der Wände sorgfältig bearbeitet oder verputzt. Zwar

SAINTE FOY

Nach einigen fehlgeschlagenen Versuchen konnte ein Mönch der Benediktinerabtei von Conques 866 die Überreste der frühchristlichen Heiligen Fides (franz. Foy) von Agen durch Diebstahl an sich bringen. In ihrem neuen Kloster erwies sich die Reliquie der Heiligen bald als überaus wundertätig.

Schon im 9. Jahrhundert erhielten die Reliquien einen kostbaren, goldenen Schrein in der Form der thronenden Fides, der nach einem Wunder 985 noch prächtiger erneuert wurde und sich

In einem abgelegenen Tal auf dem auf dem Weg nach Santiago liegt in der Nähe von Conques die Pilgerkirche Ste. Foy

als einziger von vielen gleichartigen anderer Kirchen bis heute erhalten hat. Als Station auf dem Pilgerweg nach Santiago de Compostela brachten die Reliquien dem Kloster schnell großen Ruhm und Reichtum.

Daran orientierte sich auch der Neubau der Klosterkirche, der um 1050 begonnen wurde und den vorhandenen karolingischen Bau ersetzen sollte. Der Chor als wichtigster Bauteil der Klosterkirche war bis 1065 vollendet und die Reliquien konnten feierlich in ihr neues Heiligtum übertragen werden.

Vielleicht am Ende des 11. Jahrhunderts oder erst zu Beginn des 12. Jahrhunderts wurde die Kirche bis zur Westfassade fertiggestellt. Ihre beiden Türme wurden, wie so häufig im Mittelalter, nicht vollendet, sondern erst im späten 19. Jahrhundert hinzugefügt. Der Bau bietet sich trotzdem als bemerkenswerte künstlerische Einheit dar, ist gut erhalten und nicht durch spätere Veränderungen überformt.

Ste. Foy in Conques, einem Dorf im südfranzösischen Departement Aveyron, nahe der Ouche-Schlucht, ist die kleinste Vertreterin einer Gruppe der sogenannten Pilgerkirchen, die alle auf den Hauptrouten des Pilgerweges nach Santigo de Compostela lagen und selbst bedeutende Wallfahrtsorte waren. Dazu gehörten die heute nicht mehr existierenden Bauten von St. Martin in Tours und St. Martial in Limoges, sowie die noch stehenden Kirchen St. Sernin in Toulouse und die von Santiago in Compostela selbst. Alle diese Kir-

Tympanonplastik über dem Hauptportal mit einer Darstellung des Jüngsten Gerichts

chen zeichnen sich durch gemeinsame Kennzeichen aus: Das weit ausladende Querhaus ist wie das Langhaus von Seitenschiffen begleitet. Alle Seitenschiffe tragen mit Viertelkreistonnen gewölbte Emporen, welche die Tonnen des Mittel- und Querhausschiffs tragen. Sicherheitshalber verzichtete man auf einen *Obergaden* im Mittelschiff und beleuchtete das Innere indirekt mit großen Fenstern in den Seitenschiffen und Emporen. An den Querhausstirnseiten sollten die Emporen in Conques wie bei den anderen Pilgerkirchen auch weitergeführt werden. Doch begnügte man sich schließlich mit einem Laufgang. Als östlichen Abschluß verwenden die Pilgerkirchen den in Frankreich gerade neu entwickelten *Umgangschor* mit Kapellenkranz. Er konzentriert die liturgischen Funktionen im Hauptchor und bietet den Gläubigen die Möglichkeit, in einer entsprechend angelegten Krypta unter dem Chor an den Reliquien vorbeizuziehen. In Conques, welches als Pilgerattraktion geplant war, stellte man die Reliquien praktischerweise – dem späteren Brauch der gotischen Epoche vorgreifend – im Chor sichtbar aus und verzichtete auf die für die romanische Zeit typische Krypta. Die Pilgerscharen konnten nun bequemer den Chorumgang benutzen. Sowohl die drei Apsiden des Umgangs als auch die vier an den Ostseiten des Querhauses wurden für die vielen Meßfeiern der Mönche benutzt.

Die Außenansicht des Chors besticht durch die für die Romanik typische Staffelung der stereometrischen Baukörper, die im *oktogonalen Vierungsturm* gipfelt. Das Innere beeindruckt durch die Klarheit und Harmonie der Gliederung und die starke Vertikalisierung des Raums. Lang- und Querhaus zeigen denselben zweigeschossigen Aufriß: sehr hohe Arkadenbögen zu den Seitenschiffen, darüber große Bogenöffnungen mit eingestellten, bogentragenden Säulen zu den Emporengeschossen. Im Arkadengeschoß wechseln sich von *Joch* zu Joch Halbsäulen mit rechteckigen Vorlagen ab. Diese Art der Rhythmisierung findet sich bei keiner der anderen Pilgerkirchen. Diese Vorlagen ,bedienen' die *Gurtbögen*, die optisch die Tonne tragen. Im Sanktuarium, dem Chorrund, tragen schlanke Säulen gestelzte Bögen. Darüber laufen zwei Geschosse von Bogengalerien mit je sieben Bögen, von denen drei durchbrochen sind. In der unteren Reihe öffnen sie sich auf ein unbelichtetes Gewölbe über dem Chorumgang, in der oberen lassen sie das Tageslicht einfallen.

Das Innere der Kirche: Blick durch das von natürlichem Licht beleuchtete Hauptschiff nach Osten in den Altarraum

Auch wenn Ste. Foy heute – wie die meisten romanischen Kirchen – kahl und farblos erscheint, muß man sich stattdessen für ihre Entstehungszeit eine reiche, bunte und pompöse Ausstattungsvielfalt vorstellen, die den Pilger durch immer neue Eindrücke beschäftigte, ja sogar gefangennahm. Kapitelle und Ecken waren wie wundersame Tierfiguren gestaltet, die der französische Kunsthistoriker Focillon als wie aus einem ungeheuren kollektiven Alptraum entsprungen beschrieb. Gewölbe und Wände waren mit biblischen Bilderbogen überzogen, außerdem hingen Wandteppiche über den ansonsten kalten und abweisenden Wänden. Die Schätze und Reichtümer der Kirche waren nicht hinter verschlossenen Türen versteckt, sondern wurden in all ihrem Glanz und ihrer Pracht auf dem Altar ausgestellt.

Anspruchsvoll und von großer Wirkung ist das Tympanon, d. h. das überwölbte Giebelfeld über dem westlichen Hauptportal der Kirche, mit der figürlichen Hochreliefdarstellung des Jüngsten Gerichts, welches an Strafe und Lohn für Ungläubige und Gläubige gemahnt. In der dreireihigen Anordnung des Reliefs sind besonders die Seligen, die zur Rechten Christi sitzen (d. h. auf der linken Seite des Tympanons), betont, sowie die Verdammten in der Hölle auf der anderen Seite. Dieses Thympanon ist ungewöhnlicherweise mit vielen erläuternden lateinischen Inschriften versehen; außerdem werden verschiedene Begebenheiten aus den Legenden der Heiligen Fides dargestellt. Diese wurden sicherlich den Pilgern in den Predigten eindringlich vor Augen gestellt.

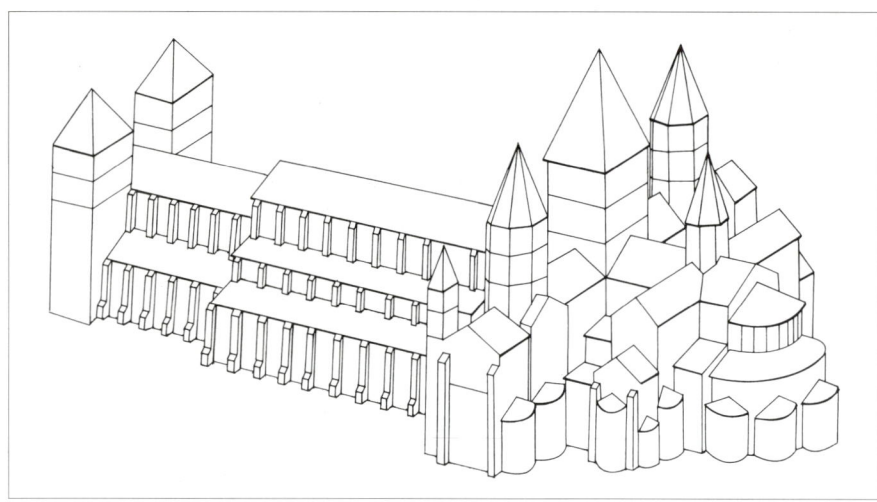

Cluny, Abteikirche III., 1088 Beginn des
Neubaus durch Abt Hugo
Rekonstruktionszeichnung der Basilika,
die 1807 fast vollständig zerstört wurde

Cluny war das bedeutendste Benedikti-
nerkloster nördlich der Alpen. Von hier
ging die „Cluniazensische Reform" aus,
die auch architektonische Auswirkungen
hatte. Vor allem die Betonung der Wegrichtung einer Kirche mit im Osten ver-
sammelten Altären läßt sich auch an diesem dritten und weit weniger einfachen
Kirchengebäude noch erkennen. Westwerke und Westchöre, zur Demonstration
weltlicher Macht errichtet, waren dagegen verpönt.

wurden bald die Regeln im Leben wie Bauen der
Zisterzienser gelockert, bestehen blieb aber das
Verbot von Türmen: die Glocken wurden in einem
hölzernen *Dachreiter* untergebracht.

ALTERNATIVEN ZUR KAISER-
LICHEN BAUKUNST

Italien zwischen Kaisertreue und städtischem
Selbstbewußtsein

Durch den Untergang des Weströmischen Reiches und die Expansion der Araber, die zeitweise
zur Blockade des Fernhandels in den Orient geführt hatte, waren die italienischen Städte in eine
Krise geraten. Das politische wie kulturelle Zentrum lag nun nördlich der Alpen, obwohl zum
Fränkischen (und später dem „römisch"-deut-
schen) Reich auch Norditalien und Rom, zwi-
schenzeitlich sogar die gesamte Halbinsel gehörten – auch so sollte an das Römische Reich der

Antike angeknüpft werden. Der staatlichen Zerrissenheit Italiens entsprach die vollkommen unein-
heitliche Entwicklung der Baukunst in den verschiedenen Regionen. Im 12. und 13. Jahrhundert wurde statt des *Gruppenbaus* jedoch die
Weiterentwicklung der *frühchristlichen Basilika*
verfolgt. Die Kirchen waren meist dreischiffig, ohne Querhäuser und Türme, so daß die Westfassaden einfach Abschlußwände des Langhauses
darstellten.

Dabei konnte es zu prachtvollen Gestaltungen
kommen wie bei San Miniato al Monte in Florenz
(begonnen 1018, Fassade aus dem 12. Jahrhundert), wo mit flachen *Inkrustationen* aus hellem
und dunklem Marmor eine reiche plastische Gliederung aus kanellierten *Pilastern*, einer *Zwerggalerie* und *Blendarkaden*, -türen und -fenstern vor-
getäuscht werden sollte. Eine derartige Gestaltung war für die Toskana ebenso üblich wie für
ganz Italien die zum Langhaus hin offene, nur
wenig tiefer gelegene *Krypta* unter dem Altar, der
dadurch erheblich in die Höhe gehoben wurde.
Der offene Holzdachstuhl, das Apsismosaik und
die farbigen Marmorinkrustationen an den Innen-
wänden von Chor und *Obergaden* knüpften so
deutlich an die Spätantike an, daß man bei diesem Florentiner Baustil von der „Protorenaissance
des 11. und 12. Jahrhunderts" spricht, weil bereits
eine Vorahnung der italienischen Frührenaissance
des 15. Jahrhunderts, die sich auch theoretisch
der Antike nähert, zu spüren ist.

Einflüsse orientalischer Architektur zeigten dagegen andere oberitalienische See- und Handels-
städte, die in dieser Zeit zu Reichtum und Macht

Campo dei Miracoli
(Dom, Campanile, Baptisterium und
Camposanto), Pisa, 11.-14. Jh.

Die Baugeschichte des Campo dei Miracoli begann 1063 mit der Gründung
des Doms, der 1118 geweiht wurde. Obwohl über Jahrhunderte an dem beeindruckenden Gebäudeensemble gebaut
wurde, konnte eine bemerkenswerte
Einheitlichkeit erzielt werden, wohl vor
allem wegen der Verwendung des immer gleichen Baumaterials von weißem
und farbigen Marmor und wegen der
Wiederholung der Bauelemente. Die
heitere und leichte Architektur sowie die
Grazilität der überall verwendeten Bögen
erinnert entfernt an maurisch-normanni-
sche Formen.
Bewußt wurde die Anlage – die sicher
auch ohne den berühmten schiefen
Turm weltweite Berühmtheit erlangt hätte – nicht in den Mittelpunkt des städtischen Lebens der See- und Handels-
stadt Pisa gestellt, sondern isoliert an
ihren Rand, wodurch die monumentale
Wirkung noch erhöht wurde.

gelangten. So verbreitete sich von Venedig aus der aus Byzanz reimportierte *Kuppelbau* in Oberitalien. San Marco, die „Hofkapelle" des Dogen der Lagunenstadt, war selbst ein gelungenes Beispiel dafür: Zwei dreischiffige Basiliken durchdrangen sich, wobei über den Mittelschiffen wie über der *Vierung* und dem Chor jeweils eine Kuppel prangte. Auch kuppelähnliche Gestaltungen kamen vor wie in San Ambrogio in Mailand (1117-1155), wo jeweils zwei der sechs Joche durch große *Kreuzgratgewölbe* zusammengefaßt wurden. Doch nicht nur, weil die mit Emporen versehenen Seitenschiffe fast genauso hoch sind wie das Mittelschiff und es deshalb keinen *Lichtgaden* gibt, macht der Bau einen düsteren Eindruck. Oft niedriger als die deutschen, wirken die italienischen Wölbungsbauten meist höhlenartig lastend und düster. Die Fassaden bieten ein ebenso archaisches Bild: Bei San Michele in Pavia etwa, immerhin als lombardische Krönungskirche der deutschen Kaiser von herausragender Stellung, besteht sie − San Ambrogio ähnlich − aus einer gewaltigen Steinfront, in die Fenster, Tore, ein Kreuz und rauhe Reliefbänder teils wie willkürlich hineingeschnitten wirken. Nur die *Zwerggalerie*, die unter dem Dachfirst der Giebelschräge folgte, sorgt für etwas Auflockerung.

Von ganz anderer Stimmung war dagegen, was man in Pisa schuf: Das Ensemble aus Dom, Campanile, Baptisterium und Camposanto wurde im 11. Jahrhundert, als die kaisertreue Stadt auf dem Höhepunkt ihrer Macht stand, begonnen, doch erst Ende des 14. Jahrhunderts fertiggestellt. Ein einheitliches Bild der Baugruppe blieb gewahrt durch die Verwendung des gleichen Materials und der gleichen Gestaltungselemente: *Blendarkaden* und übereinandergetürmte *Säulengalerien*, die die Stirnseite des Doms wie das Äußere des Campanile (des berühmten „Schiefen Turms von Pisa") auf ebenso simple wie heitere Weise auflösten.

Die skandinavischen Holzkirchen

Eine ganz eigenständige Ausbildung romanischer Baugesinnung entstand in Skandinavien. Wie in den anderen, erst nach der Mitte des 1. Jahrtausends zum Teil gewaltsam christianisierten Gebieten Europas, wurden auch hier die meisten Kirchen aus Holz errichtet. Regionale Traditionen dürften dabei ebenso eine Rolle gespielt haben wie die vor Ort verfügbaren Materialien und der auch noch zu Beginn des 2. Jahrtausends geringe kulturelle Einfluß der süd- und mitteleuropäischen Großreiche. Die weltlichen Herrscher ver-

spürten in Skandinavien kein Bedürfnis, ihre Macht mit monumentalen Sakralbauten zu feiern und zu verewigen.

Dies hieß freilich nicht, daß es sich bei den skandinavischen Stabkirchen, wie sie ab dem 11. Jahrhundert etwa in Heddal entstanden, um primitive Anlagen handelt. Im Gegenteil waren ihre Konstruktionssysteme hochkompliziert, die Bauten boten eine reich gegliederte Ansicht. Mit den vor allem im Schiffsbau erworbenen handwerklichen Fähigkeiten wurden die statischen und bildnerischen Eigenschaften des Holzes (unter anderem mit Schnitzereien an Giebeln und Türen) geschickt genutzt. Die als Hauptstützen vom Boden bis zum Dach reichenden Masten standen an den Seiten oder den Ecken des Hauptraums, gelegentlich auch mitten in ihm; die vielgliedrige Konstruktion, mit der sie nach allen Seiten verstrebt waren, war offen sichtbar und zu logischer Klarheit geordnet. In diesem Punkt glichen die Stabkirchen den frühromanischen Steinbauten. Die Gliederung des Innenraums in Umgänge und Schiffe offenbarte sich klar in der äußeren Gestalt, da jeder Raumteil ein eigenes Dach erhielt. Mit dem Auftürmen dieser steilen Dächer, der Bekrönung mit *Dachreitern* und der Dekoration mit weit auskragenden Drachenköpfen, wurde eine einzigartige Architektur geschaffen − kaum vergleichbar mit Bauten aus anderen Regionen.

Heddal, Stabkirche, bei Notodden (Telemark, Norwegen), erbaut Mitte 13. Jh., 1952-54 restauriert
Blick auf den Altar und Ansicht

Das Holzland Norwegen ging in der Zeit zwischen 1000 und 1300 im Kirchenbau einen eigenen Weg. Vermutlich sind in dieser Zeit rund 1000 Stabkirchen errichtet worden. Ihren Namen haben die völlig aus Holz erbauten Gotteshäuser erhalten, weil ihr Konstruktionsgerüst aus senkrecht gestellten Pfosten besteht. Verschiedene Dächer staffeln das Gebäude himmelwärts, was durch drei spitze Dachreiter noch unterstrichen wird. Die fast pittoreske Architektur, die verschiedenen warmen Holztöne und die reichen Schnitzereien verleihen der Kirche einen besonderen Reiz. Der geschützte, umlaufende Gang im Inneren des Gebäudes erlaubte auch im Winter Prozessionen.

Durham, Kathedrale der Benediktinerabtei, Grundsteinlegung 1091, Vollendung der Einwölbung 1130

Bei der Kathedrale in Durham handelt es sich um eine romanische Querhausbasilika mit Kreuzrippengewölbe (erster sicherer Nachweis für diese Form in Europa) und dicken Mauern, Stützen und Gliederungselementen, die die Last des Gewölbes tragen.

Santiago de Compostela, Wallfahrtskirche, Puerta de la Platería ca. 1075-1128, zahlreiche Umbauten

Trotz spätbarocker Ummantelung bildet die Wallfahrtskirche in Santiago de Compostela, dem Endpunkt der Sankt Jakobswege, ein hervorragendes Beispiel romanischer Architektur und Bauplastik in Spanien, die jedoch vor allem im Kircheninneren zu sehen ist. Die Puerta de la Platería (die Tür der Silberschmiede) am Südquerschiff ist der einzige rein romanische Teil der Fassade.

Frankreich weist den Weg

Entscheidend für die Weiterentwicklung der abendländischen Architektur waren die Vorgänge im heutigen Frankreich, das nach dem Zerfall des Fränkischen Reichs ähnlich zerrissen war wie Italien. Da eine weltliche Zentralgewalt wie das Kaisertum fehlte, konnten sich sehr unterschiedliche Bauschulen entwickeln. Vorrangig befaßten sie sich stets mit dem Problem der Einwölbung, bei dem nur experimentell vorgegangen werden konnte: Da das Berechnen der Baustatik noch nicht entwickelt war, verfuhr man nach Erfahrungswerten und dem „Trial and error"-Prinzip; entsprechend häufig kam es zu Einstürzen.

Auch spielten kirchliche Belange eine stärkere Rolle als im Kaiserreich. So war die um 1075-1128 erbaute Kirche des bedeutenden Wallfahrtsortes Santiago de Compostela ein klar gegliederter *Richtungsbau* mit einheitlichem Innenraum: Die Altäre wurden im Osten gruppiert – so daß die eindeutige Wegrichtung zum Allerheiligsten erkennbar war –, im Westen befand sich nur eine Doppelturmfassade, die als hervorgehobene Eingangsfront die Ostausrichtung noch unterstrich. Der Ort liegt zwar in Spanien, doch die Kirche wurde wahrscheinlich von einem französischen Baumeister begonnen. Vor allem aber entsprach sie als dreischiffige Emporenbasilika mit *Querhaus*, Ostchor, nur gering betonter *Vierung* und monumentaler Doppelturmfassade im Westen einem in Frankreich entwickelten Typus.

Diesem Vorbild folgten auch die normannischen Kirchen, insbesondere St. Etienne in Caen (um 1070). Die Bauschule der Normannen experimentierte jedoch noch folgenreicher mit der Auflösung und Zergliederung der Wände. Aus künstlerischen wie technischen Gründen entstand dar-

aufhin beinahe zwangsläufig ein Kreuzgratgewölbe – denn ein nur mit *Gurten* gegliedertes Tonnengewölbe hätte zu den Erdgeschoß-*Arkaden*, die mit Abstufungen und Halbsäulen so geformt waren, daß keine glatte Wandfläche übrigblieb, nicht gepaßt. Um 1100 wurden unter die *Grate* des Gewölbes *Rippen* gezogen und somit optisch, wenn auch noch nicht bautechnisch der Weg in Richtung Gotik gewiesen: es ergab sich eine ästhetische Entsprechung von Wand- und Gewölbegliederung.

In der Anlage ganz ähnlich wie St. Etienne zeigt sich die 1091-1130 errichtete Kathedrale in Durham, eine der vielen Kirchen, die nach der 1066 erfolgten Eroberung Englands durch die Normannen gebaut wurden. Zahlreiche für den dortigen Kirchenbau der kommenden Jahrhunderte typische Merkmale sind schon hier zu finden: die auf dem Kontinent unübliche Kombination von Kathedrale und Klosterkirche, die isolierte Lage auf einer Anhöhe über dem Fluß Wear sowie die – durch den um vier Joche nach Osten hinausgezogenen Chor – Form der *Querhausbasilika*, bei der das Querschiff weiter als üblich in die Gebäudemitte verlagert ist. Durham besitzt die ersten sicher datierbaren *Kreuzrippengewölbe*, auch wurden hier bereits die Tonnen über den Seitenschiffen durch Strebebögen als Widerlager für die Gewölbe des Mittelschiffs ersetzt. Doch noch immer hatte man nicht erkannt, daß mit dieser Konstruktionsweise die Gewölbe leichter werden konnten. In Santiago de Compostela wie in St. Etienne und Durham waren gotische Keime schon deutlich angelegt. Doch erst die Bauschule der Île de France formte sie wenig später zu einer neuen Architekturform, die sich bald über das ganze Abendland ausbreiten sollte.

BURGENBAU IM MITTELALTER

Das Mittelalter ist die Zeit des Feudalismus, einem im Verlauf der Jahrhunderte immer kleingliedrigeren System adliger Grundherrschaft mit einer ausgeprägten Hierarchie vom Hintersassen bis zum Landesherren in einem heute kaum mehr verständlichen, bis zur Undeutlichkeit verzahnten System von Abhängigkeiten. Die Spitze des feudalen Systems bildete ein Herzog oder ein König, in Mitteleuropa der deutsche Kaiser. Kernfigur des Feudalismus war der Ritter, ein gepanzerter, schwerbewaffneter Reiterkrieger, eine Art „Berufssoldat", für dessen kostspielige Ausstattung der Ertrag der Arbeit der Hörigen auf seinem Grundbesitz, dem Lehen, unerläßlich war. Die Ritter waren das Rückgrat des feudalen Systems, der Niederadel. Erst die „Schwertleite", der Ritterschlag, machte aus dem Krieger einen Ritter, auch im Hochadel. Voraussetzung war in aller Regel die vorausgegangene Bewährung im Kampf.

Überall in Europa zeugen Burgen oder Burgruinen von der Existenz des kriegerischen Adels, der seit der Jahrtausendwende zunehmend in befestigten Steinbauten wohl zunächst nur Schutz suchte, bald aber dauernd behaust war. Zur leichteren Verteidigung wurden möglichst schwer zugängliche Baustellen bevorzugt, am häufigsten suchte man Bergnasen. Im Flachland, das derartige Positionen nicht bieten konnte, mußte man sich mit Wassergräben als Sicherung der Burg begnügen.

Den Anfang des Burgenbaus als ritterlicher Wohnstatt machten aller Wahrscheinlichkeit nach Wohntürme auf künstlichen Hügeln, sog. „Motten", zunächst aus Holz, später aus Stein. Wohntürme spielten insbesondere in England eine wichtige Rolle. Sie werden dort als *Keep* bezeichnet und bilden den Kern vieler normannischer Burgen. Der White Tower in London ist ein solcher Keep, dessen Bau Wilhelm der Eroberer nach 1066 beginnen ließ. Später entstand um diesen geräumigen Keep herum die Burg. So war es auch in Rochester.

In Frankreich hießen die Wohntürme, wie auch die im Prinzip unbewohnbaren Bergfriede *Donjon*. Der bedeutendste dieser Art steht in Coucy in der Picardie, der mit 30 m Durchmesser und fast 60 m Höhe der größte runde Wohnturm überhaupt war. Weil sich eckige Grundrisse leichter aufteilen lassen, sind runde Wohntürme relativ selten.

In Deutschland um 1100, in Westeuropa ein wenig früher, begann man mit dem Bau von Burgen, die von einer Ringmauer umgeben waren, in deren Schutz Wohn- und Wirtschaftsgebäude entstanden. Wo die Fläche nicht ausreichte, wurden Wirtschaftsgebäude in einer sog. „Vorburg" untergebracht, die man sich wie einen ummauerten Gutshof vorstellen muß. Es gibt allerdings auch viele Beispiele von Burgen, die aus geographischen Gründen nur aus der Kern-Wohnburg bestanden und keine Vorburg besaßen. In solchen Fällen gab es in der Nähe ein Burggut oder Burghöfe, von Hörigen bewirtschaftet, in denen auch das wertvolle Schlachtroß seinen Stall hatte.

Die Vielfalt der äußeren Gestalt und der Grundrisse von Burgen ist ungeheuer und macht ihre Einordnung in Typen fast unmöglich, weil ja die geographische Lage die Form bestimmte. Wo immer es möglich war, bevorzugten ritterliche Bauherren regelmäßige Formen, wie man sie vor allem im Flachland findet.

Zur gängigen Vorstellung der mittelalterlichen Burg gehören die Ringmauer und ein Turm, was den Tatsachen durchaus entspricht, denn rund dreiviertel aller Burgen besaßen einen Hauptturm, den „Bergfried". Ferner gab es, meist an der Ringmauer, ein Wohngebäude, „Palas" genannt, und weitere, untergeordnete Gebäude. Das Wort Palas erweckt die Vorstellung von einem Palast, doch in den meisten Burgen, besonders denen kleiner Adliger, waren die Wohngebäude eher bescheiden. Der im frühen Mittelalter zunächst einzige, durch einen Kamin beheizte Raum wurde als „caminata" (Kemenate) bezeichnet. Öfen gab es in ansehnlicher Zahl erst ab Mitte des 13. Jahrhunderts. Die winzigen, im Winter verschlossenen Fenster ließen wenig Licht herein, so daß es dunkel und kalt war.

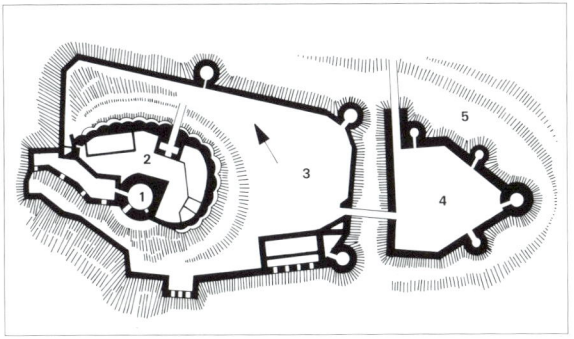

König Richard Löwenherz: *Château Gaillard*, oberhalb einer Seine-Schleife, um 1200 (ganz oben)
Lageplan der Burganlage (oben) mit **1** Donjon, **2** Hauptburg, **3** Mittelburg, **4** Vorburg, **5** Graben

Schwächster Punkt einer Burg war immer das Tor, als Loch in der Ringmauer, das man im späten Mittelalter durch Zubauten besonders zu sichern trachtete.

Im hohen Mittelalter hat es im damaligen Kernland des deutschen Reiches ca. 13 000 Burgen gleichzeitig gegeben. Nimmt man West- und Südeuropa hinzu waren es vermutlich 25-30 000 – eine unvorstellbar große Zahl, die verständlich wird, wenn man an die Verknüpfung des Feudalismus mit der Burg als Wohnort der Herrschenden denkt. Erst durch die Erfindung von Schußwaffen und den Verfall des Rittertums im 15. Jahrhundert verloren sie ihre Bedeutung. Nach 1500 wurden keine Burgen mehr erbaut und bestehende Anlagen oft in Schlösser verwandelt.

Die bereits erwähnte Vorburg lag fast immer nur an einer Seite der Kernburg und war häufig wesentlich größer als diese selbst. Dies kann man auch auf dem Grundriß des Château Gaillard erkennen. Sie weist außerdem eine „Barbikane" auf, eine Art Fort, das mit der Burg über eine (Zug-)Brücke verbunden war. Der Bergfried zeigt einen seltenen tropfenförmigen Grundriß.

Auf den realistischen Gemälden des 15. Jahrhunderts – etwa bei Dürer – erkennt man viele Burgen in den verschiedensten Dimensionen und Ausformungen, die zeigen, wie stark einst die Landschaften dichter besiedelter Gegenden von Burgen bestimmt waren. Da die Umgebung von Burgen von Bewuchs freigehalten wurden, um Angreifern keine Deckung zu bieten, waren sie weithin zu sehen. Bauern und Bürger mögen sie als bedrohliches Symbol für die Adelsherrschaft gehaßt haben. Die romantische Verklärung von Burg und Ritter begann erst im 19. Jahrhundert.

Normannischer Keep, Rochester, vor 1140

Die Überwindung des
Diesseits

GOTIK
1130-1500

DIE KLASSISCHE KATHEDRAL-GOTIK IN FRANKREICH 1130-1300

Vom Massen- zum Gerüstbau

Der Übergang von der Romanik zur Gotik ist zeitlich kaum genau einzugrenzen. Kunsthistoriker streiten gern, ob etwa die Kathedrale von Durham noch spätromanisch oder schon frühgotisch ist oder vielleicht einem Übergangsstil angehört. Auch Hilfs-Begriffe wie „Romanische Frühgotik" wurden eingeführt. Dabei ist schon der Begriff „Gotik" fragwürdig: Er wurde im 16. Jahrhundert von dem italienischen Maler, Baumeister und Kunstschriftsteller Vasari in abwertender Weise aufgebracht, denn die (West-)Goten hatten dem Römischen Reich den Todesstoß versetzt, für Vasari waren sie Barbaren. Und noch um 1800 galt die Gotik mancherorts als Inbegriff des Widersprüchlichen und Geschmacklosen.

Unstrittig ist, daß ihr Ursprung in der Île de France liegt, der Umgebung von Paris. Hier hatten die Kapetinger ihre Machtbasis; sie hatten im Westteil des einstigen Fränkischen Reiches im Jahre 987 mit der Wahl Hugo Capets zum König die Karolinger abgelöst. Im 11. Jahrhundert, als es den Kapetingern gelang, von hier aus das Land unter ihrer Führung wieder zu einen, wurde diese Gegend zum Mittelpunkt der sich entwickelnden französischen Nationalkultur und Wissenschaft.

Das Bauwerk, das bis heute als Inbegriff gotischer Architektur gilt, ist die Kathedrale. Sie steht als Symbol für die neue Macht der französischen Könige, die sich im gleichen Maß, in dem der Einfluß der Krone fortschreitet, über ganz Frankreich ausbreitet. Obwohl sie als Krönungsort, Grablege und mit der Königsgalerie an der Fassade den Herrschaftsanspruch der Könige sichtbar legitimiert (hierbei vergleichbar dem Anspruch romanischer Kaiserdome), repräsentiert sie zugleich gesamtgesellschaftliches Gedankengut und ist Ausdruck der politischen und theologischen Weltsicht aller Bürger. Diese errichten ihre Kathedrale nicht mehr in Frondienst, sondern in der Überzeugung, gemeinsam ein Wahrzeichen ihres Glaubens, ihrer Stadt und ihrer selbst zu bauen. Der Bürgerstolz der Zünfte zeigt sich in reicher Ausstattung: Stifterbildnisse und Inschriften lassen nach der Anonymität des frühen Mittelalters individuelle Erinnerungen an Baumeister, Künstler und Bürger zu. Die Gestaltung der Kathedrale spricht die Sprache aller Schichten, denn ihre Symbolik, vor allem die Figuren und Fensterbilder, kann von den Gebildeten wie vom einfachen Volk verstanden werden – wenn auch unterschiedlichen Deutungsmustern folgend, die aber jeweils den gleichen Zweck erfüllen.

Unter den vielen romanischen Bauschulen in Frankreich, von denen manche noch bis zur Mitte des 13. Jahrhunderts im überkommenen Stil weiterarbeiteten, entwickelte jene der Île de France den Stil, der die Romanik zunächst in Frankreich und dann im gesamten Abendland ablösen sollte. Als „Gründungsbau" der Gotik gilt die Abteikirche von Saint-Denis bei Paris. Der Abt dieser Kirche, Suger, ließ in den Jahren 1140-44 den alten,

---

Um 1250: Mittelalterliche Einteilung der „freien Künste" in „Trivium" (Grammatik, Rhetorik, Dialektik) und „Quadrivium" (Musik, Astronomie, Arithmetik, Geometrie).

1254: Hofkaplan Robert de Sorbon gründet in Paris Theologenschule (ab 14. Jh. Sorbonne genannt).

Um 1260: Nach alchemistischer Auffassung bestehen Metalle aus Quecksilber, Schwefel und Salz und lassen sich ineinander (mit Hilfe des „Steins der Weisen") umwandeln.

1275: Marco Polo gelangt nach Peking.

Um 1300: Apothekerberuf in Deutschland, Brillenherstellung in Italien, Glasfenster finden langsam Verbreitung, der Trittwebstuhl kommt auf, Räderuhr mit Hemmrad in Italien; Messen in Brügge, Antwerpen, Lyon und Genf gewinnen stark an Bedeutung.

1302: Bulle „Unam sanctam" von Papst Bonifaz VIII. erlassen (Formulierung des päpstlichen Weltherrschaftsanspruchs).

1309: Papst Klemens V. verlegt Papstsitz nach Avignon („Babylonische Gefangenschaft der Kirche").

1311: Dante beginnt mit der Arbeit an der *Göttlichen Komödie*.

1318: Entwicklung eines neuen Zahlungssystems. In Venedig wird ein Gesetz zur Geldüberschreibung (Girobank) erlassen.

1339-1453: „Hundertjähriger Krieg" zwischen England und Frankreich; Jeanne d'Arc befreit Orléans und erreicht die Krönung Karls VII. zum König ganz Frankreichs (1429); in englischer Gefangenschaft wird sie als Hexe verbrannt (1431).

1347: Ausbruch der Pest in Europa.

Um 1350: Teilung des englischen Parlaments in Oberhaus (House of

König Karl V. (der Weise, 1364-1380) zieht in Paris ein; Miniatur aus der französischen Chronik von Jehan Foucquet, 1472.

Lords) und Unterhaus (House of Commons), welches Petitionsrecht erhält.

1353: Boccaccio vollendet seine Novellensammlung *Decamerone*.

1356: In der „Goldenen Bulle" bestätigt Kaiser Karl IV. den sieben deutschen Kurfürsten das Recht der ausschließlichen Königswahl.

1378-1417: Das große Schisma mit Gegenpäpsten in Avignon und Rom kennzeichnet einen Tiefpunkt der Papstmacht

1415: Der tschechische Reformator Johann Hus wird als Ketzer verbrannt.

1445: Erster Buchdruck mit beweglichen Lettern von Johann Gutenberg in Mainz.

1447: Gründung der vatikanischen Bibliothek.

1481: Einführung der Inquisition in Spanien. Die weltliche Obrigkeit muß die Todesstrafe vollstrecken, da die Kirche „nicht nach Blut dürstet".

1492: Entdeckung Amerikas durch Christoph Columbus; Martin Behaim entwirft den ersten Globus.

engen *Chor* durch einen Neubau ersetzen, der großzügiger, freier, bewegter, bunter und heller war. Damit läßt sich ein Wesensmerkmal der gotischen Architektur beschreiben: Der Chorraum wird als wichtiges kultisches Zentrum entdeckt und aufgewertet. Wie hier das karolingische, bleiben vielerorts die *Langhäuser* vorerst stehen und werden lediglich mit großen Chorneubauten erweitert. Der Chor von Saint-Denis erhielt einen doppelten Umgang, an den sich die Kapellennischen nicht mehr jeweils einzeln anschließen. Statt gesonderter Baukörper formte man leichte Ausbuchtungen, die mit dem äußeren Umgang verschmolzen und der Außenwand des Chores eine wellenförmige Linie gaben.

Die Gewölbefelder, die aus diesem Grundriß entstanden, waren so unregelmäßig, daß sie nicht mehr mit Kreuzgratgewölben überdeckt werden konnten. Als Alternative boten sich spitzbogige *Rippengewölbe* an. Rippen hatte es in der Romanik bereits gegeben; vor allem von den Normannen waren sie oft verwendet worden – jedoch meist zu dekorativen Zwecken. In Saint-Denis erhielten die Rippen dagegen erstmals tragende Funktion. Sie konnten als erstes errichtet werden; zwischen sie ließen sich dann die geschlossenen Gewölbeflächen (die *Kappen*) einziehen. Da letztere keine konstruktive Bedeutung mehr besaßen, konnten sie auf ein Mindestmaß reduziert und

ganz leicht ausgebildet werden. So wurde nicht nur der Bau einfacher, sondern die gesamte Konstruktion erhielt ein geringeres Gewicht. Zudem besaßen die *Spitzbögen* einen schwächeren Seitenschub als die Rundbögen von Tonnengewölben. Die tragenden runden oder viereckigen Pfeiler wurden mit *Diensten* umbündelt – Halbsäulen, die sich in den Rippen fortsetzen, um den Gewölbedruck aufzufangen bzw. weiterzuleiten.

Bei all diesen technischen Details darf aber nicht übersehen werden, daß Abt Suger, Baumeister von Saint-Denis, ihnen keine abstrakte, losgelöste, sondern eine in jeder Einzelheit symbolische und mystische Bedeutung zudachte: Die Säulen waren für ihn Apostel und Propheten, die das Christentum tragen, Jesus der Schlußstein, der eine Mauer mit der anderen verbindet. Faszinierend ist aus heutiger Sicht eben gerade die Tatsache, daß dieser Glauben architektonisch revolutionär war.

Aus all den technischen Neuerungen ergab sich die Möglichkeit zu einem vollkommen neuen Bild des Kircheninneren: Der neue Chor von Saint-Denis bestand nicht mehr aus einzelnen, in sich ruhenden Raumteilen, die aneinandergereiht waren, sondern bildete einen großen, einheitlichen Raum. Um seine Geschlossenheit nicht zu stören, wurde die Vierung im Inneren nicht mehr betont, teils auch das Querhaus weggelassen; die Seitenschiffe setzten sich in Chorumgängen fort.

Saint-Denis, Abteikirche bei Paris, Chor, 1144 geweiht

Die aus dem 7. Jh. stammende Abtei wurde seit 1137 durch ihren Abt Suger umgebaut: zunächst die Zweiturmfassade im Westen und der *Chor* im Osten. Das geplante, beide Teile verbindende Langhaus konnte erst im 13. Jahrhundert in hochgotischen Formen errichtet werden. Damals wurde auch der obere Teil von Sugers Chor im hochgotischen Stil gestaltet. Vom ursprünglichen Chor sind nur die Säulen, der Umgang, der *Kapellenkranz* und Teile der Krypta erhalten. Saint-Denis ist die Grabeskirche der französischen Könige, deren Grabmäler sich im Chor und im Querhaus befinden. Von richtungweisender Bedeutung für die Entwicklung der gotischen Kathedralarchitektur war auch die bewegt gegliederte, die Wand auflösende Zweiturmfassade. Die breiten Portale erhielten ein tief eingeschnittenes *Gewände*, das mit Säulen und Figuren von Königen und Königinnen, Sibyllen und Propheten des Alten Testaments geschmückt wurde. Von hier nahm die gotische Kathedralskulptur ihren Ausgang. Auch das *Rosenfenster* erscheint zum ersten Mal. Die Skulpturen und die kostbare Innenausstattung der Kirche wurden in der Französischen Revolution weitgehend zerstört. Einige wenige Objekte befinden sich heute im Louvre. Restaurierungsarbeiten im 19. Jh. haben die Westfassade nur in Teilen in ihrer ursprünglichen Form wiederhergestellt.

Zu der optisch einheitlichen Wirkung des Raumes auf der einen Seite kam andererseits die äußerste Zergliederung seiner Umrisse. Die *Rippengewölbe* und das System von *Strebebögen* und -pfeilern erlaubten eine so extreme Reduzierung und Durchlöcherung der Mauermassen wie nie zuvor, denn statisch wurden die Mauern weitgehend überflüssig. Vorbild für den *dreizonigen Wandaufbau* wurde das ab 1194 errichtete Langhaus der Kathedrale von Chartres: Über der hohen Arkadenzone liegt der niedrige Laufgang (*Triforium*), darüber der wiederum hohe *Obergaden*. Das übrigbleibende Skelett wurde durch die Rippen, die Bündelpfeiler und aufgesetztes Dekor optisch noch weiter zergliedert.

Die Außenwände schloß man mit riesigen Fensterflächen, die allerdings kein helles Tageslicht durchließen. Die Schwierigkeiten der Glasproduktion erforderten es vielmehr, sie mit unzähligen kleinen Stücken zu schließen, die von Bleirahmen gehalten wurden (*Bleiverglasung*). Bemalt oder eingefärbt, wurden so riesige Glasbilder in meist kräftigen, aber getragenen Farben geschaffen, die um so mehr leuchteten, als durch sie der Innenraum nur unzulänglich erhellt werden konnte. Dieses so ganz neue, irreale Licht (*lux nova*) war von außerordentlicher Bedeutung für die Gläubigen, denn Fenster wie *Rosetten* waren Bildträger theologischer Programme. Indem das Licht durch heilige Bilder fiel, wurde sein göttlicher Ursprung offenbar. Im Sinne der *Biblia pauperum*, dem biblischen Bilderbogen der Armen, dienten die Fenster dazu, denen, die nicht lesen oder sich keine teure Bibelausgabe leisten konnten, die biblische Botschaft visuell zu vermitteln.

In diesem Zusammenhang sei auch an die oft vergessene Farbigkeit mittelalterlicher Architektur erinnert. Gotische Kathedralen waren alle innen prächtig bemalt, so daß ein heute kaum noch nachempfindbares wirkungsvolles Zusammenspiel von Fenstern, Wänden und „Himmel" (der tatsächlich häufig einen Himmel mit Sternen zeigte) entstand.

In dieser neuen Gestaltung erschienen dem Besucher die Räume nicht mehr aus schwerer Materie zusammengesetzt, sondern als ein straff gespanntes, aber deshalb um so zerbrechlicher wirkendes Gerüst, zwischen das prächtig strahlende, bunte Folien gespannt sind: Lichtschreine wie die Kathedrale Sainte-Chapelle in Paris, bei der dieses Raumkonzept vorbildlich verwirklicht wurde und in deren Blickpunkt der von Licht umstrahlte Altar steht.

Eine weltlich-klerikale Architektur

Von einem „Raumkonzept" zu reden zeigt an, daß die neuartige Wirkung natürlich nicht nur konstruktiv bedingt war, sondern auch ästhetisch gewollt. Saint-Denis war eine Abteikirche, doch ihr erster Baumeister Abt Suger war ein enger Berater König Ludwig VI.; die Sainte-Chapelle wurde als Schloßkapelle für den Palast Ludwigs IX. errichtet. Zwischen geistlicher und weltlicher Macht begann ein sich gegenseitig befruchtendes Zusammenspiel. Im gleichen Maße, wie das französische Königtum die Kirche bzw. das durch sie vertretene theologische Weltbild zur politischen Manifestation seiner selbst nutzte, begann die Kirche sich immer mehr mit weltlichen Belangen zu beschäftigen.

Die aufkommende Philosophie der Scholastik war Zeichen für diese produktive Verknüpfung: In Enzyklodädien wurde erstmals das Wissen der Zeit systematisch zusammengetragen, zugleich

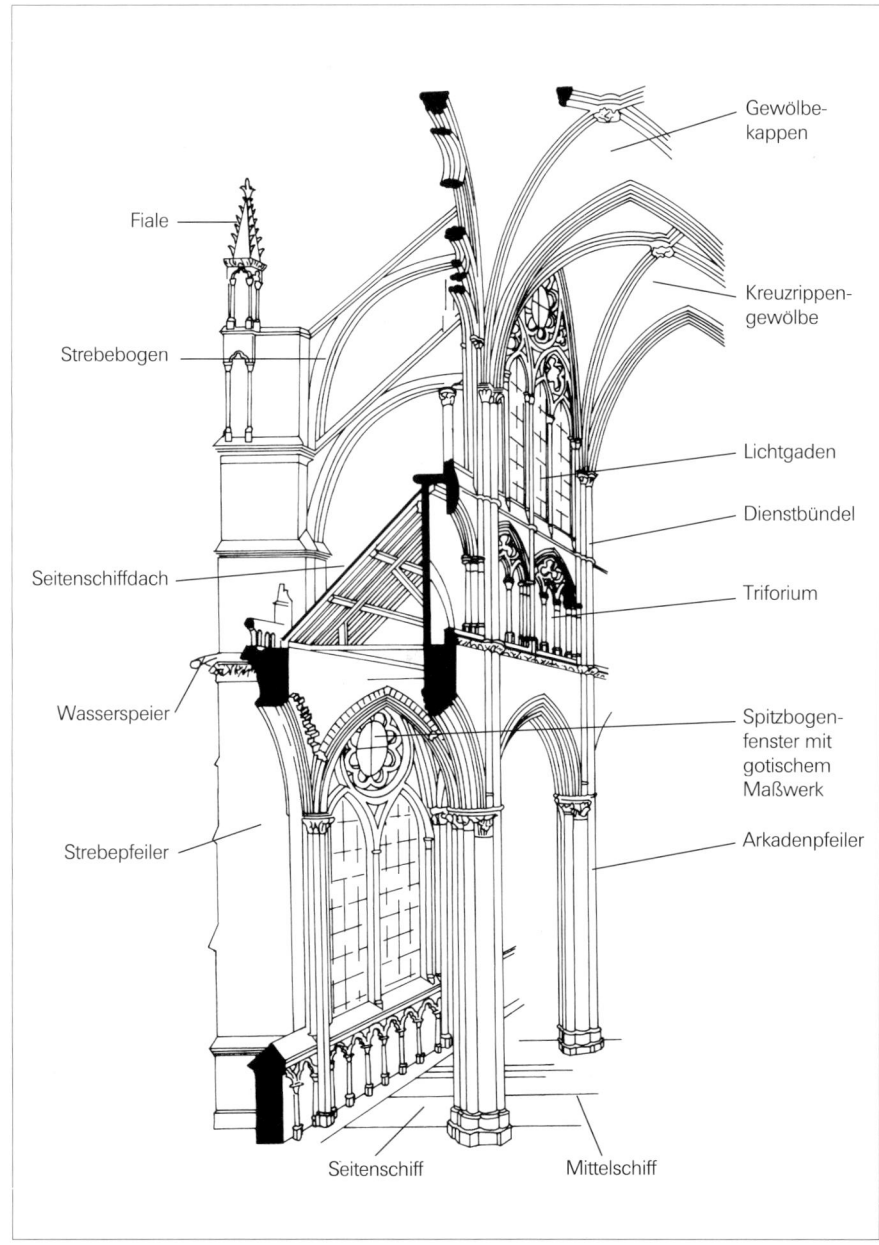

Amiens, Kathedrale, 1220-1258
Schnittperspektive

Gewölbekappen

Kreuzrippengewölbe

Fiale

Strebebogen

Lichtgaden

Dienstbündel

Triforium

Seitenschiffdach

Wasserspeier

Spitzbogenfenster mit gotischem Maßwerk

Arkadenpfeiler

Strebepfeiler

Seitenschiff

Mittelschiff

Stundenbuch des Duc de Berry (Très riches heures), um 1415, Monat Juni, mit dem alten Königspalast und der Sainte-Chapelle

La Sainte-Chapelle, Paris, 1248 geweiht, Oberkapelle

Ludwig IX., der Heilige, ließ die Sainte-Chapelle als überdimensionalen Schrein für die von ihm aus Byzanz erworbenen Reliquien (Dornenkrone Christi, Kreuzstücke) errichten. Die Auflösung der Wand durch farbige, lichtdurchflutete Fenster ist hier zur Vollendung geführt worden. Die Bilder der Glasscheiben schildern die Passion Christi, die Geschichte der Reliquien, die in der Kapelle aufbewahrt werden, und Szenen des Alten Testaments. Wände und Gewölbe sind farbig bemalt. In Sugers Chor von Saint-Denis symbolisierten die Säulen die zwölf Apostel, in der Sainte-Chapelle werden sie durch Skulpturen an den Pfeilern dargestellt. In der Mitte des Chores befand sich die Tribüne mit den Reliquienschreinen, die in der Französischen Revolution zerstört wurden. Die Sainte-Chapelle diente zugleich als Palast-Kapelle. Die Oberkapelle war den Gottesdiensten für die königliche Familie, die einen direkten Zugang vom Palast hatte, vorbehalten, die niedrige Unterkapelle für die übrige Hofgesellschaft bestimmt. Auf der Miniatur aus dem Stundenbuch des Duc de Berry erkennt man die Sainte-Chapelle zwischen den Bauten des Königspalastes auf der Ile de la Cité, dem ältesten Stadtkern von Paris.

wurde aber eine Methode entwickelt, mit eben diesem Wissen die Wahrheit der Offenbarung dialektisch zu beweisen. Doch wie gegen alles Neue, wuchs auch gegen diese Bewegung der Widerstand: Die Mystiker lehnten den Gottes-Beweis strikt ab und suchten dagegen die Gottes-Erfahrung.

Die Kathedralen dieser Zeit drücken dieses widersprüchliche, aber immer noch vom Glauben beherrschte Bewußtsein eindringlich aus: In den „Wolkenkratzern Gottes" (Le Corbusier) werden die neuen technischen Möglichkeiten verbunden mit der Vision, ein buntes, phantasiereiches Abbild des *Himmlischen Jerusalem* zu schaffen, denn der Mensch der Gotik stellte sich – der Offenbarung des Johannes in der Bibel folgend – den Himmel unter der Gestalt einer himmlischen Architektur vor.

Die Spitzbögen und Bündelpfeiler waren zwar konstruktiv bedingt, ihre Wirkung als steil nach oben strebende, in den Himmel weisende Pfeile aber beabsichtigt. Durch diese senkrechte Wandgliederung erscheint der ungewöhnlich hohe Kirchenraum noch höher. An die Stelle romanischer Erdgebundenheit, Wuchtigkeit und Massivität ist die scheinbare Überwindung der Schwere durch Verleugnung der Materie, Auflösung der Mauern und Schaffung eines zarten, sich in den Himmel reckenden Gerüstbaus getreten. Bezeichnenderweise setzte sich die Gotik im gesamten Abendland Mitte des 13. Jahrhunderts durch, als das alte „römisch"-deutsche Kaisertum nach langem Kampf mit dem Papst unterging. Nun gab es kein universales, von einer Idee zusammengehaltenes Reich mehr und keine Gleichrangigkeit von weltlicher und geistlicher Macht.

Reims, Kathedrale, Innenansicht der Westseite mit großem Rosenfenster, Triforium
und Portalrose, um 1280-1300

Die Kathedrale von Reims, in der die Krönung der französischen Könige stattfand,
ist vor allem wegen ihrer Westfassade mit
dem beherrschenden Rosenfenster
berühmt. Architektonische Form und bild-
liche Darstellung der Rosenfenster verbinden sich bei allen Kathedralen zu einem
von komplexen theologischen Vorstellungen durchdrungenen Symbol der christlichen Heilsordnung und des Kosmos.

Notre-Dame, Paris, 1163- um 1197,
Ansicht von Süden

Notre-Dame, 1163 von Bischof Maurice
de Sully begonnen, ist ein herausragendes
Beispiel einer frühgotischen Kathedrale.
Bedeutendste Merkmale dieser Stilepoche
sind der viergeschossige Wandaufriß (*Ar-
kade, Empore, Triforium, Obergaden*), die
Rundpfeiler und das sechsteilige Gewölbesystem. Der Wandaufriß wurde später
modernisiert, indem man Triforium und
Obergaden zusammenfaßte.
In Notre-Dame hat man das offene
Strebewerksystem vermutlich zum ersten
Mal angewandt, wobei weitspannende
Strebebögen von großer Kühnheit entstan-
den. Die Fassaden der Querhauses mit
den großen Fensterrosen und den Figu-
renportalen errichtete man bei dessen
Vergrößerung 1245 bis 1270.
Bedeutend ist auch die Westfassade mit
der ersten Königsgalerie, eine idealtypi-
sche Genealogie der französischen
Könige. Sie wurde in der Französischen
Revolution zerstört; die wiedergefundenen
Reste befinden sich heute im Pariser
Musée de Cluny.
Im 19. Jh. wurde Notre-Dame von Viollet-
le-Duc restauriert. Aus dieser Zeit stammt
auch der große Dachreiter.

Gemeinschaftswerke in den aufblühenden Städten

Das 12. und 13. Jahrhundert waren von einem
starken Wachstum der Bevölkerung, der Wirtschaftskraft und des Handels geprägt. Im 14.
Jahrhundert wütete dagegen die Pest in Europa,
es kam zu Judenverfolgungen, Machtkämpfen in
den Städten, Bauernaufständen und Elendsrevol-
ten, die in der abnehmenden wirtschaftlichen
Blüte eine wesentliche Ursache hatten; in Frankreich entbrannte der Hundertjährige Krieg. Und
die neuen Bettelorden (Franziskaner, Dominikaner)
praktizierten zwar ein Leben in Armut, siedelten
sich aber nicht mehr bevorzugt in abgelegenen,
wenig kultivierten Gegenden an, sondern leiste-
ten karitative Arbeit in den Städten. Durch ihren
so vergrößerten Wirkungsraum übten sie großen
Einfluß auf die Volksfrömmigkeit aus.

Ab dem Ende des 12. Jahrhunderts wurden überall neue Städte gegründet bzw. die bestehenden
wuchsen und erlangten stärkere Bedeutung. Da
die Stadt eine perfekte Gemeinde darstellte, emp-
fanden es die christlichen Könige als ihre Pflicht,
Städte zu gründen und die Menschen dadurch
zu Gott zu führen. Die Silhouette mittelalterlicher
Städte zeigte deutlich den Gegensatz zwischen
weltlicher und religiöser Macht: Die Kathedrale,
der Bischofssitz, die Pfalz oder Residenz des Königs, das Rathaus, die Arkaden und die Häuser
der Zünfte und Kaufmannsvereinigungen über-
ragten die niedrige Wohnbebauung, wobei Rathaus und Kirche häufig um den höchsten Turm
stritten. Paris war mit vielleicht 200 000 Einwohnern die neben Mailand bevölkerungsreichste
Stadt des späten Mittelalters.

Wichtigste Bauaufgabe nach dem isoliert gelegenen Kloster und seiner Kirche zur Zeit der Romanik wurde nun die mitten in der Stadt stehende
Kathedrale, die oft zu deren Wahrzeichen wurde.
Vielmals war sie ein Gemeinschaftswerk der Bewohner der Stadt und des umliegenden Landes,
die Geld oder eigene Arbeitskraft beisteuerten. Alle Mittel sollten für diese Aufgabe eingesetzt werden, die fast immer eine für Generationen war.
Dennoch blieben viele gotische Kathedralen, besonders ihre Türme, unvollendet, weil die Projekte
von der Zeit überholt wurden, die Begeisterung
nachließ oder das Geld ausging.

Um derartig große Bauprojekte organisieren und
leiten zu können, wurden *Bauhütten* gebildet –
sozusagen ein Werkstattverband aller an der Errichtung der Kirche beteiligten Handwerker –, denen der Hüttenmeister vorstand. Er wuchs über
den Bereich des Handwerklichen hinaus und übte künstlerisch vom Entwurf bis zur Ausführung
die Funktion eines Architekten aus. Damit beginnt
sich der Anonymität des frühen Mittelalters ganz
allmählich ein schöpferisches Individuum entge-
genzustellen. Die Kathedralbauhütten unterstan-
den dem jeweiligen Bischof, doch daneben gab
es Bauhütten für städtische Kirchen oder klösterli-
che Bauten. In den Bauhüttenbüchern wurden Erfahrungen und Kunstregeln gesammelt, die nur
an die Mitglieder weitergegeben wurden. Das

einzige aus dem Mittelalter erhaltene derartige Buch stammt von Villard de Honnecourt und gewährt mit einer Vielzahl von Zeichnungen Einblick in das künstlerische Schaffen einer Bauhütte. Was Konstruktion und Planung des Bauwerks betraf, waren die Möglichkeiten weiterhin beschränkt. Zwar besaß man mit der Triangulation ein Verfahren zur Berechnung der Proportionen, zwar verfügte man zunehmend über statische Kenntnisse, doch noch immer beruhten diese nur auf Erfahrungswerten, gab es keine wissenschaftliche Berechnung von Druck und Schüben. So kam es weiterhin oft zu Einstürzen, insbesondere weil man es mit der Auflösung der Wände, der Zartheit des Skeletts und dessen Höhenstreben zu weit getrieben hatte.

Konstruktion und Ornamentik

Da die Kathedralen mitten im engen Gefüge der kleinen, oft von Befestigungsanlagen eingeschnürten Städte standen, war der Blick auf die seitlichen Fronten und den Chor üblicherweise verbaut. Besonderen Wert wurde lediglich auf die Westfassade mit dem Haupteingang, welche durch die meist einzigen Türme des ganzen Baus betont wurde, gelegt. Die Gestaltung des Inneren erhielt Priorität und wurde mit höchster künstlerischer Präzision betrieben.

An dem äußeren Erscheinungsbild einer gotischen Kathedrale fällt vor allem auf, daß die zur Stützung des tragenden Gerüstes notwendigen Massen buchstäblich aus dem Kirchenraum verdrängt werden konnten. Um die Seitenschiffe als Widerlager zum seitlichen *Gewölbeschub* nicht allzuhoch aufführen zu müssen (was die *Obergadenfenster* beeinträchtigt hätte), nahmen ihn frei über deren Dächer hinwegschwingende, oft mehrgeschossige *Strebebögen* auf, die in zum Boden hin immer stärker werdende *Strebepfeiler* mündeten. Erstmals wurde dieses System in größerem Maßstab bei den Kathedralen von Laon und Paris (Notre Dame) angewandt.

Die Strebepfeiler wurden mit kleinen Türmchen (*Fialen*) bekrönt, weitere himmelstrebende Pfeile. Auch sie zergliederte man nochmals mit dekorativen Mitteln, wie an allen schrägen Stellen stiegen Kriechblumen (*Krabben*) an ihren Helmen empor, die in dem Himmel entgegenblühenden Kreuzblumen endeten. Generell wurde das Dekor im Laufe der Entwicklung der klassischen Kathedralgotik immer umfangreicher, kleinteiliger und differenzierter und schien das gesamte Gebäude – beziehungsweise die Mauerteile, die noch übrig waren – zu überwuchern.

Das sogenannte Königsportal der Kathedrale von Chartres bildet den Höhepunkt der französischen Skulptur der Frühgotik. Es symbolisiert die „Porta Coeli", die Pforte, die in das Himmlische Jerusalem führt. Deren theologisches Programm schließt sich mit dem der beiden Seitenportale zu einer Einheit zusammen.

Die *Gewändefiguren* stellen alttestamentarische Personen dar. Im *Tympanon* thront der apokalyptische Christus umgeben von den Symbolen der vier Evangelisten und den 24 Ältesten: Christus ist der Weg zum ewigen Leben des Jenseits. In Saint-Denis und in Chartres erscheinen zum ersten Mal seit der Antike wieder eigenständige, sich von der Architektur lösende, große Statuen. Die Gewänder sind an antike Vorbilder angelehnt. Gestus und Haltung der Figuren geben sich zwar noch archaisch und distanziert hoheitsvoll; es zeigen sich aber auch erste Ansätze zu einer Individualisierung.

Die Kathedrale wurde ab 1194 in hochgotischen Formen erneuert. Dabei blieben die Westportale der Frühgotik erhalten.

Wurden Rosen, Efeu, Disteln, Ahorn, Wein- oder Eichenlaub zunächst stilisiert dargestellt, so ahmte man sie später naturgetreu an den Knospen-, Kelch- oder Blattkapitellen der Pfeiler, an Krag- und Schlußsteinen, Gesimsen und Brüstungen nach. Auch Tiere wurden häufig abgebildet, so daß die Kirche zum Sinnbild eines paradiesischen Zusammenlebens aller Wesen wurde.

Bedeutsamer jedoch war die symbolische Ausgestaltung der Portale, die von dachähnlichen *Wimpergen* bekrönt wurden, denn die symbolische Botschaft begann sich zu wandeln. Waren in der Romanik noch unheimliche und bedrängende Weltgerichtsängste Schwerpunkt der Darstellung – den vielen Analphabeten wurden auf diese Weise die Schrecken vermittelt, die Ungläubigen und Missetätern drohten, sowie die paradiesische Seligkeit, die die aufrechten Christen erwartete –, so wendet sich das Repertoire der gotischen Steinmetze, den Erkenntnissen der Scholastiker entsprechend, einer „Tatsachenbeschreibung" des Göttlichen zu. Vor allem die *Königsportale* zeigen das: Neben Aposteln und Figuren des Alten Testaments finden sich in Chartres z. B. die Könige und Königinnen von Frankreich in biblischen Gewändern. Dahinter stand der Wunsch aus einem Gebet der Krönungsriten: Dem König mögen die Tugenden der alttestamentarischen Könige verliehen werden. Durch eine schon in der Romanik erprobte, trichterförmige Abtreppung der *Portalgewände* entstand ein optischer Sog nach innen und zusätzlicher Raum für Gewändefiguren und die Gestaltung des Sockelbereiches. Mit den

Salisbury, Kathedrale, 1220– um 1265, Ansicht von Nordosten

Der vollständige Neubau der Kathedrale erlaubte eine ideale Planung ohne Rücksicht auf Vorläuferbauten; die für damalige Verhältnisse kurze Bauzeit sicherte eine relativ einheitliche Gestaltung.
Die dreischiffige *Basilika* ist mit zwei *Querschiffen*, *Chorumgang* und Marienkapelle versehen, Kreuzgang und Kapitelhaus schließen sich im Süden an. Im Gegensatz zur Vereinheitlichung des Raumgefüges in den französischen Kathedralen bleibt hier die funktionale Raumteilung in der Staffelung des Baukörpers außen wie innen gut ablesbar.

Lincoln, Kathedrale, begonnen 1192, Ansicht des Mittelschiffes nach Osten

Die Sterngewölbe des Mittelschiffes ziehen den Blick des durch das Westportal Eintretenden sofort auf sich. Über jedem *Joch* schließen sich die Rippen zu einem Stern zusammen. Vom Standpunkt an einem Pfeiler betrachtet, ergibt sich die Struktur eines Fächers. Die Mittelrippe erstreckt sich über das ganze Langhaus bis zur *Vierung*. Die Wände betonen die horizontale Gliederung der drei Geschosse. Über den Erdgeschoßarkaden mit *Bündelpfeilern* erheben sich die *Empore*, deren *Arkaden* sich zum Dach der Seitenschiffe öffnen, und der *Obergaden*. Die der Wand vorgelegten drei *Dienste* enden auf Konsolen über den Pfeilern und entsprechen nicht der Zahl der Rippen im Gewölbe; sie sind auf ein traditionelles Kreuzrippengewölbe ausgelegt. Erst im Engelschor hat man die Zahl der Dienste und Rippen angeglichen. Im Chor selbst gibt es ein seltsames, asymmetrisches Rippengewölbe, das wohl auf den Bischof Robert Grosseteste zurückzuführen ist, einen Wissenschaftler, der sich besonders für optische Phänomene interessierte.

westlichen Säulenportalen der Kathedrale von Chartres beginnt das Wiederentstehen der eigenständigen, vollplastischen Skulptur.

Während Farbigkeit und biblische Motivwahl der Fenster einer tiefen Symbolik unterlagen, blieb ihre Zergliederung abstrakten Formen verpflichtet. Profilierte Pfosten, das *Stabwerk*, unterteilten die Flächen in senkrechte, schmale Öffnungen, die oben in Spitzbögen endeten. Die Zwickel zwischen diesen Bögen und den Spitzbögen der Fenster wurden mit *Maßwerk* ausgefüllt. In der Früh- und Hochgotik handelte es sich dabei um zentralsymmetrische Kreisformen – als Drei-, Vier- oder Sechspässe bezeichnet, der Zahl der Kreise oder Kleeblätter entsprechend (*Rayonnantstil*). Später wurden die strengen, geometrischen Muster von fließenden, stärker ineinanderverschlungenen Formen abgelöst (*Fischblasen*, *Flamboyantstil*). Die gleiche Entwicklung vollzog sich bei den Maßwerkbrüstungen und teilweise auch bei den großen Fensterrosen, die an den Hauptfassaden im Westen zu finden waren, den Innenraum belichtend und die Sonne symbolisierend.

DIE GOTIK
IN ENGLAND 1200–1500

Fortführung normannischer Traditionen
Daß der Stil der Ile de France auch außerhalb der französischen Gebiete bekannt wurde, war vor allem reisenden Baumeistern zu verdanken. Guillaume de Sens (ein Architekt der Bauhütte in Sens) war z. B. maßgeblich für den Neubau des

abgebrannten Chores der Kathedrale von Canterbury verantwortlich und brachte damit die Gotik nach England, die sich dort regelrecht zur Rivalin der französischen Kathedralgotik entwickelte. In England gelang jedoch eine Verbindung der normannischen Baukunst, die ja bereits zahlreiche gotische Ansätze besessen hatte, mit dem neuen Stil, so daß etwas entschieden Eigenes entstand. Anders als auf dem Kontinent wurden die großen Kirchen – wie schon die Kathedrale von Durham – in der Regel außerhalb der Städte errichtet, denn die englische Kirche empfand sich als Landeskirche, war eher Residenz als Bischofssitz. Es entstanden daher meist weitläufige Kathedralbereiche mit „Burgtoren" an allen Seiten. An den Rändern des Komplexes wurde jeweils das Domkapitel untergebracht.

Typisch war auch die übergroße Längenausdehnung und Breite gotischer Kirchen in England, die keine Entsprechung in der Höhe der Bauten fanden, außerdem der gerade Chorschluß, an den noch die *Lady Chapel* (die engl. Bezeichnung für eine Marienkapelle) angefügt wurde. Auf dem Kontinent war sie als mittlere der vom Chorumgang ausstrahlenden Kapellen eng in die Gesamtsystematik des Baus eingebunden. Wie bei den großen französischen Kathedralen verlagerte sich die Vierung auf diese Weise fast in die Mitte der Gesamtanlage; doch während sie im Mutterland der Gotik kaum noch betont wurde, wurde sie in England unter dem Turmgewölbe zum Angelpunkt der Kirche, um den herum man rechtwinklige Baukörper anfügte.

Die zentrale Rolle der Vierung trat meist auch äußerlich in Erscheinung: Die Kathedrale von Salisbury (die wie jene von Lincoln gleich zwei Querhäuser besitzt) hat keine Doppelturmfassade: wie an den Querschiffenden und am Chor finden sich an der Westfront nur kleine Ecktürmchen, die aber nicht über die Mittelschiffdächer hinausragen; beherrschend ist dagegen der 123 Meter hohe Vierungsturm. Der hohe Raumschacht, den er bildet, kommt im Kircheninneren zur Geltung. Anders als in Frankreich gibt es hier keine Raumvereinheitlichung, und die Wandflächen wurden weniger aus konstruktiver Notwendigkeit denn aus dekorativen Gründen zergliedert.

So wird die um 1250 einsetzende eigenständige Übernahme des französischen Vorbilds, die auf den als *Early English* bezeichneten frühgotischen Baustil der Insel (dem Salisbury zugerechnet wird) folgt, konsequenterweise *Decorated style* genannt. Bei der klassischen französischen Kathedralgotik trat die Konstruktionsweise recht unverhüllt in Erscheinung, das Dekor wurde aus ihr heraus entwickelt und betonte ihre Wirkung. Die durchgehenden Mittelrippen der Fächergewölbe in den Kathedralen von Lincoln und Exeter hingegen haben keinerlei tragende Funktion. Sie sind Teil einer Dekoration mit scharfen, graphischen Linien, die auch die dicken Stützen und die Arkadenbögen zergliedern. Doch die so erzielte optische Entmaterialisierung bleibt unzulänglich. Die *Wanddienste* der *Fächergewölbe* münden nicht in die Deckplatten der *Arkadenstützen* oder ruhen gar auf Fußbodensockeln, sondern auf *Konsolen*,

die frei in den *Arkadenzwickeln* hängen. Durch dieses Fehlen senkrechter, vom Boden bis zur Decke durchgehender Linien wird jene Raumwirkung noch verstärkt, die sich bereits aus der Gedrungenheit des Baus ergibt: nicht die eines aufstrebenden, zerbrechlichen Gerüsts aus Kraftlinien, sondern eher die eines aus vielen Einzelteilen und Schichten zusammengesetzten, dennoch recht stabilen und massiven Baus.

Dieser Entwicklung mündete konsequent in den Mitte des 14. Jahrhunderts aufkommenden *Perpendicular style*, wie er bei der Kathedrale von Gloucester zu finden ist: Dort wurde den Gewölbeflächen ein vielfältiges, regelmäßiges Rippennetz angeheftet, das erkennbar gar keine konstruktive Funktion mehr besaß. Entwicklungsfähig war dies kaum noch: Die kastenförmige Raumgestalt blieb immer gleich, nur ihre Dekoration konnte endlos variiert werden. Diese Architektur wurde für mehrere Jahrhunderte lang in England bestimmend und wirkte außerdem wieder auf Frankreich und die dortige Spätgotik mit ihrem „Flamboyantstil" zurück.

DIE GOTIK IN DEUTSCHLAND 1250–1500

Die Entwicklung der Hallenkirche

In Deutschland, wo die Romanik ihre höchste Entfaltung erlebt hatte, übernahm man die französische Gotik nur zögerlich. Beispielsweise zeigt der Dom in Limburg an der Lahn eine Vermischung neuer gotischer Dekorelemente mit einer

Gloucester, Kathedrale, Ansicht von Südwesten

Die 1089 begonnene romanische Abteikirche wurde mehrfach erweitert und „modernisiert". Zu Beginn des 14. Jahrhunderts bekam das südliche Seitenschiff, in den 1340er Jahren das südliche Querhaus neue Fenster mit *Maßwerk* in der fließenden Lineatur des Decorated Style, die *Vierung* ein Netzgewölbe. In den folgenden Jahrzehnten wurden Chor, nördlicher Querflügel und Kreuzgang im Perpendicular Style umgestaltet, der die Wand- und Gewölbeflächen mit einem dichten Gitterwerk von Schmuckformen überzog.
Der für die englischen Kathedralen so markante Vierungsturm stammt aus dem 15. Jahrhundert.

Dom zum Heiligen Kreuz, Nordhausen (Thüringen), Mitte 14. Jh.

Im 14. Jahrhundert ersetzte man in zahlreichen romanischen, früh- und hochgotischen Kirchen in Deutschland das basikale Langhaus durch eine dreischiffige Halle. So auch im Nordhauser Dom, dessen 1267 geweihtem und um 1300 gewölbtem Chor man Mitte des 14. Jahrhunderts eine dreischiffige, fünfjochige Halle anfügte, die zuerst nur provisorisch mit einem Flachdach gedeckt wurde. Die Einwölbung begann Anfang des 16. Jahrhunderts, konnte aber erst im 19. Jahrhundert vollendet werden. Die *Dienste* der *Bündelpfeiler* erhielten einfache, niedrige Basen und Blattkapitelle, die Gewölbe Stern- und Parallelrippen. Die Vereinheitlichung des Raumes wird in Nordhausen durch die *Kapitelle* zwischen Pfeilerdiensten und Gewölberippen noch gebremst, auch beziehen sich Dienste und Rippen nicht immer sinnvoll aufeinander, wie etwa in der Soester Wiesenkirche. Die lange Bauzeit der Kirche brachte es mit sich, daß der angestrebte ideale, einheitliche Raumeindruck nicht erreicht werden konnte; das Kirchengebäude setzt sich aus Bauteilen verschiedener Epochen zusammen.

Dom St. Peter und Maria, Köln, 1248 begonnen, 1322 vollendet, 1842-80 endgültig fertiggestellt; Chor von Osten

Das Domkapitel von Köln beschloß den Bau einer Kathedrale im Stil der französischen Hochgotik, um den ständig wachsenden Pilgerstrom zu den Reliquien der Heiligen Drei Könige aufnehmen zu können. Der Chor wurde nach seiner Vollendung mit dem alten Langhaus verbunden und in Dienst genommen. Das Vorbild des Kölner Domes war die Kathedrale von Amiens. Der Grundriß ist fünfschiffig, den einschiffigen *Chorumgang* umgibt ein Kranz aus sieben Kapellen. Der dreiteilige Wandaufriß aus *Arkaden*, *Triforium* und *Obergaden* nimmt in Form und Ornamentik ebenfalls auf Amiens Bezug. Die Malereien der Glasfenster aus dem frühen 14. Jh. stellen die Geschichte der Heiligen Drei Könige, deren Schrein in der *Vierung* Aufstellung finden sollte, in den Mittelpunkt. In der Außenansicht läßt sich die Konstruktion in der zwischen das offene *Strebewerk* eingespannten, gestaffelten Abfolge von *Kapellenkranz*, Umgang und Hochchor gut erkennen.

noch romanischen Raumgestaltung. 1248, im Jahr der Fertigstellung der Sainte Chapelle, wurde der Grundstein für den Bau des Kölner Doms gelegt. Zwei Jahre später begann man mit der Errichtung des Langhauses des Straßburger Münsters. Bezeichnenderweise erfolgte die exakteste Übernahme der französischen Kathedralgotik aber im nahen Rheinland (das Elsaß gehörte damals zum deutschen Macht- und Kulturbereich). Deutsche Baumeister hatten ihre Lehrjahre in Laon oder Amiens, Paris oder Beauvais verbracht, zwischen Paris und Köln bestanden zudem enge Beziehungen. Allerdings wurde der Bau des Kölner Doms 1560 unvollendet abgebrochen, erst 1842 wiederaufgenommen und 1880 fertiggestellt. Und die Westfront des Straßburger Münsters wurde bereits in einer von der klassischen Kathedralgotik abweichenden Form gestaltet, obwohl die Entwurfspläne ihr noch entsprachen. Generell blieben derart direkte Übernahmen des

französischen Stils Einzelfälle. Oft vereinfachte man ihn, etwa im Wandaufbau, oder indem man den Chorumgang und damit auch den Kapellenkranz wegließ. Die „gotische" Wirkung kam aber vor allem durch die annähernde oder vollständige Anpassung der Seitenschiffhöhe an die des Mittelschiffs zur Geltung: Auch hierfür gab es mit der 1166 begonnenen Kathedrale Saint Pierre in Poitiers ein französisches Vorbild. Andererseits ist es ein uraltes und äußerst naheliegendes Vorgehen, einen Raum, der nicht in einem Zug überdeckt werden kann, mit Zwischenstützen zu unterteilen.

Damit wurde das komplizierte System des freistehenden Strebewerks überflüssig, und es entstand ein weiter Raum, der eine noch einheitlichere Gestalt als in der klassischen Kathedralgotik besaß. Auch der Chorumgang wurde, wie in der Soester Wiesenkirche, einem frühen und hervorragenden Beispiel für eine solche *Hallenkirche*, häufig in der gleichen Höhe und Breite wie Zentralchor und Langhaus ausgeführt (*Hallenchor*) und auf ein Querhaus wurde verzichtet. Auch *Staffelhallen* entstanden, bei denen das Mittelschiff zur Ausnutzung des riesigen, alle Schiffe gemeinsam steil überdeckenden Dachstuhls in diesen hinaufgeschoben wurde (so entstand eine *Pseudobasilika*). Dabei geriet der obere Bereich des Mittelschiffes aber ins Dunkle, was der neu angestrebten Raumwirkung eigentlich widersprach: Hell, übersichtlich, auch heiterer als in der französischen Gotik sollte sie sein. Die Stützen bestanden nicht mehr aus einem Kern und angefügten runden Diensten, sondern verschmolzen zu einer Einheit mit flachen Vorlagen oder waren völlig rund. Die Reste der Wände wurden zu glatten Flächen, die mit den Fenstern eine Ebene bildeten, die Verglasung erfolgte in helleren Farben. Auch die Außenansicht war einheitlich: Mit der Außenwand verschmolzene Strebepfeiler wuchsen aus dem Sockel der zwischen sie gebauten „Einsatzkapellen" hervor, umzogen den gesamten Bau und trugen das gewaltige Steildach.

Die Hallenkirchen – ab Mitte des 14. Jahrhunderts dominierender Kirchentypus in Deutschland – waren meist keine Kathedralen (Bischofskirchen), sondern Stifts- oder Pfarrkirchen (Hauptgotteshäuser der Städte). Sowohl das übersichtliche Innere als auch das kompakte Äußere waren keine Zufallsprodukte, sondern folgten einem geänderten Verständnis des Kirchengebäudes: Vor allem für die Zisterzienser mußte es nicht mehr Modell des Himmlischen Jerusalem sein, sondern Ort des Gebets. Die Predigt erhielt im

Gottesdienst eine immer bedeutendere Rolle. Die in den Städten lebenden Bürger, vor allem die Kaufleute, wandten sich langsam mehr der diesseitigen Welt zu, in der sie ihre Geschäfte tätigten, ihren Wohlstand erwarben und oft über weite Distanzen Handelsbeziehungen unterhielten. Das Jenseits wurde damit nicht nebensächlich, aber im Denken der Menschen verlor es allmählich seine erdrückende Dominanz.

Die Hallenkirchen strebten noch immer nach oben, aber es war kein ekstatisches Recken mehr, sondern ruhiger, weicher, harmonischer. Die Gleichwertigkeit zwischen dies- und jenseitigem Dasein, die sich mit diesem Aufkeimen des Renaissancegedankens anbahnte, fand ihren Ausdruck auch in der größeren Beachtung des äußeren Bildes der Kirchen – stolze Städte mit selbstbewußten Bürgern achteten immer mehr auf ein repräsentatives Erscheinungsbild.

Statt eines Turmpaars erhielten die Hallenkirchen oft nur einen Turm, der auch asymmetrisch an das Langhaus angefügt sein konnte. Oft war er im Verhältnis zum Langhaus unproportional hoch und wurde nach städtebaulichen Gesichtspunkten plaziert: bei St. Martin in Landshut (1387-1498) z. B. an einer Biegung der Hauptstraße.

Zunehmend entstanden aber auch aufwendigere Profanbauten, die die Stadt, ihre Bedeutung und Wohlhabenheit repräsentierten: Stadttore, Rat- und Handelshäuser („Kaufhäuser"), ab dem 14. Jahrhundert auch Wohnhäuser wurden immer häufiger in Stein ausgeführt. Stand zur Zeit der Hochgotik der Bau der Kathedrale als Gemeinschaftswerk im Mittelpunkt, so begann man nun, sich für die Gestaltung des eigenen Wohn-, teils auch Arbeitsbereiches zu interessieren. Ein bezeichnender Bauteil der Spätgotik wurde beispielsweise der Erker, von dem aus man die Straße in beide Richtungen bequem beobachten konnte – eine offensichtliche Hinwendung zum Diesseits. Fast immer erfolgte dabei jedoch noch eine Anlehnung an die Formen der Sakralarchitektur, wie etwa das Rathaus von Löwen in Belgien deutlich zeigt. Auch absichtlich unregelmäßige Gruppierungen, die wie unwillkürlich gewachsen wirken und eine „malerische" Ansicht bieten sollten, wurden gegen Ende der Gotik beliebt. Voller Detailfreude und Einfallsreichtum liefen sie allerdings dem Streben nach Einfachheit und Klarheit ebenso zuwider wie die Stern- oder Netzgewölbe und eigenwillige, z. B. korkenzieherartig gedrehte Bogen- und Pfeilerformen: Ähnlich wie in England zeigten sie einen Hang zur reinen, spielerischen Dekoration.

Die norddeutsche Backsteingotik

Eine besondere Ausprägung erlangte die Gotik in Norddeutschland, das mit dem Deutschen Ritterorden, der sich nach den Kreuzzügen der Christianisierung Osteuropas gewidmet hatte, und dem Handelsstädtebund der Hanse damals nicht nur die Niederlande, sondern auch die gesamte Südseite der Ostsee und das Baltikum kulturell verband. Wie in manchen Gegenden Süddeutschlands war auch hier der Naturstein knapp. Doch anders als dort verkleidete oder verputzte man die statt dessen verwendeten Backsteine nicht, sondern versuchte mit ihnen architektonische Wirkung zu erzielen. Anfangs noch von fast romanischer Wuchtigkeit wie die Marienkirche von Lübeck, bemühte man sich zunehmend, die (Schmuck-)Formen der klassischen Kathedralgotik mit Werk- und Backstein nachzuempfinden. Aus konstruktiven Gründen war mit diesen Materialien keine so starke Durchbrechung der Mauern möglich wie mit Naturstein. Man behalf sich, indem man die Gliederungen vereinfachte und abstrahierte, Blendbögen und Blendmaßwerk verwandte und die zurückgesetzten Wandflächen weiß kalkte, womit ein starker Farbkontrast zu den roten oder auch grün, blau oder schwarz glasierten Ziegelflächen und -streben entstand. Zur Belebung durch verschiedenfarbig gebrannte oder glasierte Backsteine kam die Aneinanderreihung serienmäßig gefertigter Schmuckelemente aus Terrakotta zu Bildfriesen. Mit all diesen Mitteln schuf man eine eigenständige Form der Gotik, die bei aller Pracht eine gewisse strenge, nüchterne Note behielt, die dem norddeutschen Menschenschlag entsprach.

DIE GOTIK IN ITALIEN 1250–1450

Abwendung von der Sakralarchitektur

Die italienische Gotik löste sich noch stärker vom französischen Vorbild. Wie bereits erwähnt, ist der Stilbegriff Gotik im Italien der Renaissance in abwertender Absicht geprägt worden. Daß eine Epoche die vorangegangene verachtet, ist nichts ungewöhnliches. Doch auch schon zur Zeit der Gotik selbst hatte man sich mit diesem Stil nur wenig anfreunden können.

Ausgerechnet ein Bau für Kaiser Friedrich II., den letzten staufischen Herrscher und letzten Kaiser im antik-universalen Selbstverständnis, steht am Anfang der italienische Gotik. Friedrich II. regierte von Italien aus und ließ dort, auf einem Hügel in Apulien, um 1230 das Castel del Monte errich-

St. Marien, Lübeck, 1250-1350

In Norddeutschland entwickelte sich wegen des fehlenden Natursteinvorkommens die Sonderform der Backsteingotik. Ein besonders eindringliches Beispiel dafür ist die mächtige Lübecker Marienkirche, die als städtische Pfarrkirche in Größe und Form mit einer Kathedrale zu konkurrieren versuchte.
Aus dem Material ergab sich eine zurückhaltende, flächige Gliederung der Fassade, deren Einheitlichkeit durch die farbig glasierten Ziegel und Formsteine dennoch nicht durchbrochen, sondern vielmehr betont wird.

Castel del Monte, Apulien, vor 1240-um 1250

Der Hohenstauferkaiser Friedrich II. ließ Castel del Monte als Jagdschloß errichten. Der Entwurf ist von prismatischer Klarheit. Das zweistöckige Bauwerk erhebt sich über einem achteckigem Grundriß. Die Kanten werden durch ebenfalls achteckige Treppentürme betont. Man betritt das Schloß durch ein im antiken Geiste gestaltetes Portal. In der Konzeption des Grundrisses und in einzelnen Ornamentformen im Innern zeigt sich der Einfluß des gotischen Stiles.

Palazzo Pubblico (Rathaus), Siena, 1297-1348

Die toskanische Stadt Siena besitzt eines der bedeutendsten Rathäuser Italiens. Die breit angelegte Fassade mit dem hohen Glockenturm demonstriert für jeden sichtbar das Selbstbewußtsein und Selbstverständnis des städtischen Gemeinwesens. Die Stadtväter ließen vor dem Rathaus einen Platz für öffentliche Versammlungen und Feste anlegen und schrieben für die Anlieger eine einheitliche, am Rathaus orientierte Fassadengestaltung vor.

Die Fassade stellt einen glücklichen Ausgleich zwischen Horizontalen und Vertikalen, zwischen einladendem Öffnen und wehrhafter Abweisung dar. Die großen Säle im Innern sind mit bedeutenden Fresken – Andachts- und Historienbilder – ausgemalt. In der Sala della Pace befinden sich die allegorischen Darstellungen des „Guten Regimentes" und des „Schlechten Regimentes" von Ambrogio Lorenzetti (1338-40). Sie sollen die Stadtväter ermahnen, auf der Grundlage des christlichen Glaubens für das städtische Gemeinwohl zu sorgen. Im Vorraum der Kapelle wird das Thema wieder aufgenommen und durch Tugendallegorien und die Bildnisse berühmter, vorbildlicher Personen der Geschichte beschworen.

ten, das in seiner Form mehr als Burg denn als Palast erschien. Mit seiner völlig regelmäßigen Gestalt, seinem repräsentativen Erscheinungsbild und der klaren Ausprägung als Profanbau (die integrierte Kapelle wurde nicht hervorgehoben) stellte der Bau, den man nur einzelner Schmuckelemente wegen zur Gotik rechnet, unter den Burgen eine Ausnahme dar. Friedrich II. zeigte sich der islamischen Kultur gegenüber offen und eignete sich einzelne ihrer Elemente an, u. a. auch den dortigen Stellenwert der Wohnkultur. Über die staufischen Burgen hinaus fand dies erst im darauffolgenden Jahrhundert stärkere Verbreitung – wohl unter dem Eindruck des während der Kreuzzüge im Orient Erlebten.

So kam es schließlich zum Bau prächtiger Wohnpaläste wie die um 1420 begonnenen Ca' d'oro in Venedig. Schon zuvor hatte das Selbstbewußtsein der italienischen Städte und ihrer (reichen) Bürger Rathäuser hervorgebracht, die sich von der Dominanz der Sakralarchitektur lösten und eigene architektonische Wege gingen: So wirkt der Palazzo Pubblico, das Rathaus von Siena, mit seinen massigen, geschlossenen Mauern, dem Zinnenkranz und dem hohen, städtisches Machtgefühl ausdrückenden Turm wie eine Burg und wurde zum Vorbild für viele weitere Rathäuser und Bürgerpaläste.

Noch ausgeprägter war der Hang zur Palastarchitektur fast zwangsläufig beim Rathaus von Venedig, dem Dogenpalast.; denn der Doge, das

Oberhaupt dieser Stadtrepublik, besaß den Rang eines Fürsten. Die Fassade seines Palastes (1309-1443) besteht aus einer geschlossenen, mit Rauten gemusterten Fläche, in die sieben große, schmucklose Fenster geschnitten sind und die auf zwei völlig durchbrochenen Arkadengeschossen ruht, dessen unteres die weitesten Öffnungen zeigt. Scheinbar widersinnig verstärkt sich die Baumasse nach oben hin. Der Dogenpalast ging damit noch weiter als die Ca' d'oro, bei der der mit Arkaden und Loggien aufgelöste Teil der Fassade in den geschlosseneren Teil übergeht. Beide Gebäude zeigen jedoch, welche große Rolle bei der italienischen Verarbeitung der gotischen Anregungen die Fläche spielte: Deutlicher noch als in Deutschland ließ man die Wandflächen nicht wie schwere, romanische Mauermassen wirken, sondern wie dünne, leichte Stellwände.

Einen starken Einfluß auf die italienische Kirchenbaukunst übte die asketische Architektur der Bettelorden aus. Die 1294-1442 errichtete Franziskanerkirche Santa Croce in Florenz etwa besteht aus einem rechteckigen, flach gedeckten Langhaus, Türme gibt es nicht, im Osten schließt sich an das Querhaus direkt die kleine Apsis an. Das Vorbild ist – wie bei Orden zu einer Zeit, da sie noch Wert auf schlichte Einfachheit legen, nicht unüblich – die frühchristliche Basilika. Der Eindruck ist jedoch durch die große Weite des Raums mit Seitenschiffen, die fast die Höhe des Mittelschiffs erreichen, und den hohen, weiten Arkaden der eines riesigen, einheitlichen Saales. Mit 34,5 Metern ist die lichte Höhe hier größer als bei Notre Dame in Paris, was jedoch durch die Breite der Hallenkirche und die Betonung der Waagerechten mit einem durchlaufenden Konsolgesims über den Arkadenbögen – sie setzen den einzigen senkrechten Akzent – nicht auffällt. Den einheitlichen Saalcharakter unterstreicht auch die konsequente Flächigkeit aller Wände: Es gibt kaum Zierat, keine Aushöhlung und Durchlöcherung, keine Zergliederung.

Auf dem Weg zu einer „menschlicheren" Architektur

Die italienische Gotik führte mehr eigene architektonische Traditionen weiter, als daß sie französische Vorgaben übernahm. So waren die Westfassaden der Kirchen weiterhin im großen und ganzen einfache Abschlußwände der Langhäuser, neben die noch immer der Campanile gestellt wurde. Die Fronten wurden nach wie vor mit farbigem Marmor verkleidet, die bei romanischen Kirchen wie San Miniato al Monte üblichen Muster nun jedoch teilweise dreidimensional ausgeführt und den neuen Schmuckformen angepaßt, wie an den Domen von Siena oder Florenz (wo die Westfassade allerdings erst im 19. Jahrhundert entstand).

Vor allem aber verdeutlicht der Florentiner Dom Santa Maria del Fiore (1296-1446), daß man in Italien unverändert weite, lagernde und klar gegliederte Räumen bevorzugte: Sein Grundriß ist der eines kurzen Langhauses, das in eine Art *Dreikonchenanlage* mündet, er ist überwölbt und besitzt Bündelpfeiler. Doch der Raumeindruck ist praktisch der gleiche wie in Santa Croce, denn die *Arkaden* zwischen Mittel- und Seitenschiffen sind weit geöffnet, die *Dienste* flächige Vorlagen an relativ niedrigen Pfeilern. Das Gewölbe ist von den Arkaden durch ein kräftiges Konsolgesims getrennt, das als starker horizontaler Akzent das sowieso nicht allzu mächtige Aufwärtsstreben bricht. Auch hier läßt sich die gewaltige Größe des Raums wieder im Vergleich erkennen: vier *Joche* im Dom von Florenz entsprechen in etwa der Ausdehnung von zwölf in der Kathedrale von Salisbury und immerhin zehn in der von Amiens. Dennoch erscheint der Kirchenraum in Florenz, dessen Umrisse nicht zergliedert sind, sondern dessen Bild durch komponierte glatte Flächen entsteht, klarer, faßbarer, irdischer. Die Kuppel, die schon der Renaissance zuzurechnen ist, erscheint dabei nur als Krönung des im gesamten Bau schon Angelegten.

Früher als in Deutschland war das Bürgertum in Italien zu Macht und Wohlstand gelangt, früher hatte sich hier eine andere Religiosität entwickelt, die sich im Wandel der Architektur niederschlug: Sakrales war nicht mehr Gegensatz zum Weltlichen. So trug die italienische Gotik schon den Kern der Renaissance in sich. Und während man jenseits der Alpen noch an großen gotischen Kathedralen baute, während die norddeutsche Backsteingotik im 15. Jahrhundert ihren Höhepunkt erreichte, begann in Italien bereits eine neue Epoche mit ihrer neuen Architektur.

Bartolomeo Bon: *Ca' d'Oro* am Canal Grande, Venedig, 1421-1440

Die Ca' d'Oro mit ihrer reich vergoldeten Mamorfassade stellt ein gutes Beispiel für den Übergangsstil von Gotik zu Renaissance in Venedig dar.
Die Maßwerkgitter im ersten und zweiten Geschoß, die Fenster und Balkonbrüstungen zeigen noch eindeutig spätgotische Formen, die Säulenhalle im Erdgeschoß und die kleinen, quadratischen Fenster im rechten Flügel schon Formen der Renaissance. Der Palast ist unvollendet; der fehlende linke Flügel verursacht die Asymmetrie der Fassade.

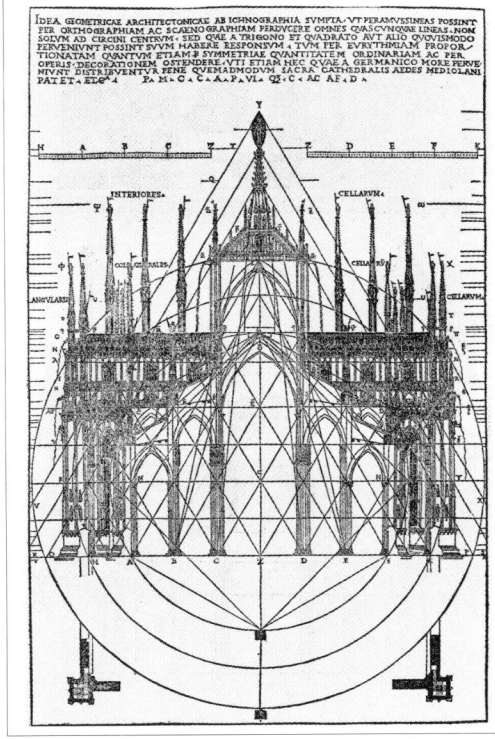

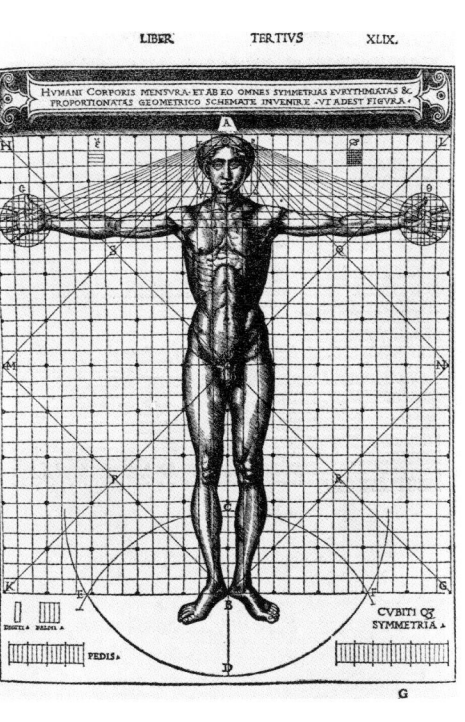

Vitruv-Ausgabe des Cesariano (Como, 1521): die Orthographia (Aufriß) am Beispiel des Mailänder Domes und die vitruvianische Figur

Der Maler, Architekt und Ingenieur Cesare Cesariano (1483-1543) legte 1521 die erste Übersetzung des antiken Architekturtraktates von Vitruv ins Italienische vor und versah sie mit ausführlichen Kommentaren und Holzschnitt-Illustrationen.
Die Darstellungen des Mailänder Domes und der vitruvianischen Figuren verdeutlichen den Übergang von der Gotik zur Renaissance. Cesariano wendet die bei Vitruv beschriebenen, antiken Konstruktionsprinzipien auf den Mailänder Dom an und demonstriert sie an der gotischen Triangulatur (Konstruktionsverfahren mit Hilfe von Dreiecken). In der vitruvianischen Proportionsfigur entwickelt Cesariano parallel zu Leonardo die Verwandschaft zwischen Maßverhältnissen des Menschen, des Kosmos und der Architektur, die auf die spätere Architekturtheorie und Baupraxis der Renaissance großen Einfluß ausüben sollte.

FLORENZ UND DIE FRÜH-RENAISSANCE 1420–1500

Die Entdeckung der Welt und des Menschen

Die Entwicklung von der Romanik zur Renaissance in Italien wird zwar von der Gotik berührt, aber nicht ergriffen. Die italienische Baukunst zur Zeit der Gotik mit ihren Stadtpalästen, klar gegliederten Räumen und ihrer oft ruhigen, die Waagerechte betonenden Gestaltung hatte bereits den Keim der nachfolgenden Epoche in sich getragen und wird deshalb nicht zu Unrecht mit dem Begriff *Protorenaissance* bezeichnet.

In den reichen und selbstbewußten Stadtstaaten herrschten weder Klerus noch ritterlicher Adel mit abstrakten Idealen, sondern ein Bürgertum – und, als italienische Besonderheit, ein stark verbürgerlichter Adel – mit „greifbareren" Tugenden wie Fleiß, handwerklichem Können und Sparsamkeit. Vor allem durch den Handel zu Macht und Wohlstand gelangt, hatte sich hier eine andere Religiosität entwickelt: Statt sich nach schneller Überwindung des „elenden" Erdendaseins zu sehnen, wie es für die Epoche der Gotik bestimmend gewesen war, entdeckte man jetzt die Schönheit und Harmonie der Welt.

Im Laufe des 14. Jahrhunderts entstand der Humanismus: Er forderte und förderte, daß die Naturwissenschaften nicht mehr auf kirchlichen Glaubensgrundsätzen (Dogmen), sondern auf unvoreingenommener Naturbeobachtung, Vernunft und verstandesmäßiger Erfahrung beruhen sollten. Dies bedeutete das Ende der bisherigen Einheit von Glauben und Wissen, der Bürger trat als Kulturträger neben den Priester, die Universitäten lösten ihre Abhängigkeit von der Kirche. Damit wurde der lange Prozeß der Säkularisierung („Verweltlichung" des Lebens) eingeleitet, wie in der Renaissance generell die Grundlagen und Ansätze für Entwicklungen geschaffen wurden, die sich oft erst Jahrhunderte später durchsetzten: Rationalismus, Demokratie und Menschenrechte, die moderne Wissenschaft und Technik, das Bankwesen und das auf möglichst großen Gewinn ausgerichtete Wirtschaften wie auch das Verständnis von Bauen als Kunst sind ohne diese Epoche undenkbar. Mit ihr wurde das Mittelalter von der Neuzeit abgelöst.

Ursprünglich wurde aber eine „Entheiligung" des Daseins keineswegs angestrebt. Im Gegenteil: Die Welt galt als göttliche Schöpfung, und um ihre Harmonie zu erkunden, suchte man nach den Gesetzen der Natur. Ebenso glaubte man, daß sich Harmonie und Schönheit in der Kunst aus festen Regeln ergeben müßten. Fast zwangsläufig führte dies zu einer Rückbesinnung auf die antike Kultur der Griechen. Ohnehin forderten die Humanisten, an die kulturellen Traditionen Italiens anzuknüpfen. Man lernte Griechisch und Latein, die bis dahin weitestgehend dem Klerus vorbehaltene Sprache des alten Rom, suchte, übersetzte und studierte antike Schriften, vermaß und rekonstruierte antike Bauten, grub Plastiken aus und stellte sie wieder auf.

Als einzige literarische Quelle zur antiken Architektur dienten den Humanisten die Zehn Bücher

---

Die göttliche Harmonie der Welt

RENAISSANCE

1420-1620

1434: Cosimo de Medici wird Herrscher von Florenz und gründet 1459 die „Accademia Platonica".

1497: Vasco da Gama entdeckt den Seeweg nach Indien.

1498: Girolamo Savonarola als Gegner der autokratischen Medici und des sittenlosen Papstes Alexander VI. in Florenz hingerichtet.

1510: Die Augsburger Handelsherren Fugger betreiben die Welthandelsgesellschaft.

1514: Niccolò Macchiavelli verfaßt seinen *Principe* (*Der Fürst*), die Darstellung eines klugen, machtbewußten Renaissance-Herrschers.

1517: Luther veröffentlicht seine 95 Thesen in Wittenberg; Beginn der Reformation in Deutschland.

1518: Adam Rieses erstes Rechenlehrbuch erscheint.

1519: Luther bestreitet göttliche Herkunft des Papsttums und Unfehlbarkeit der Konzilien.

Der italienische Maler und Gelehrte Leonardo da Vinci stirbt.

1519-22: Erste Weltumsegelung durch die Schiffe des Magellan.

1521: Der Papst bannt Luther auf dem Reichstag zu Worms.

1527: Eroberung und Plünderung Roms durch Söldnertruppen Kaiser Karls V. („Sacco di Roma").

1528: Baldassare Castiglione veröffentlicht das Traktat *Cortigiano*, welches den „Uomo universale" als typischen Renaissancemenschen beschreibt.

1534: Luthers vollständige deutsche Bibelübersetzung erscheint.

Ignatio von Loyola gründet die „Gesellschaft Jesu" (Jesuitenorden), die zur Vorkämpferin der katholischen Kirche (besonders in der Gegenreformation) wird.

1536-1541: Michelangelo malt sein Fresko *Das Jüngste Gericht* in der Sixtinischen Kapelle.

Platon und Aristoteles ins Gespräch vertieft: Raffaels *Schule von Athen*, 1510-11, Fresko, Stanza di Raffaelo, Vatikan, Rom.

1555: Der „Augsburger Religionsfrieden" regelt die Glaubensverhältnisse in Deutschland und besiegelt die Glaubensspaltung.

1564: William Shakespeare wird in Stratford-upon-Avon geboren.

1565: Niederländische Erhebung unter Wilhelm von Oranien und Graf Egmont gegen die religiös intolerante spanische Herrschaft.

1571: Spanische und italienische Flotten brechen die Seemacht der Türken in der Schlacht bei Lepanto; Spanien erlangt die Vorherrschaft im Mittelmeerraum.

Giovanni Palestrina wird Kapellmeister an der Peterskirche in Rom.

1588: Untergang der spanischen „Armada" im Kampf gegen die englische Flotte unter Sir Francis Drake.

1605: Cervantes *Don Quijote* erscheint.

1616: Kopernikanische Schriften Galileis kommen auf den Index.

der Architektur des römischen Militäringenieurs und Architekten Vitruv, ein um 25 v. Chr. entstandenes Traktat, dessen Überlieferung zwar für das Mittelalter kontinuierlich war, das aber nun erstmals größere Verbreitung fand. Neben Abhandlungen zur Baugeschichte und zur Gebäudelehre hatte Vitruv ein dezidiertes Berufsbild für den Architekten entworfen, das ein Konzept für dessen Ausbildung mit einschloß. Er hatte sich aber auch mit der Stadtplanung, den verschiedenen Baumaterialien, der Wirkung von Farbe, den ingenieurbaulichen Möglichkeiten sowie der Mechanik auseinandergesetzt. Indem er das Weltall als architektonische Konstruktion beschrieb, leitete er hieraus Gesetze für den Kosmos und die Architektur ab. Die Fachbegriffe aus diesem einzigen erhaltenen Lehrwerk der Antike über die Baukunst sind bis heute gebräuchlich.

Die „Renaissance" („Wiedergeburt", ein Begriff, der auch allgemein für das Wiederaufleben eines Stils, einer Mode oder einer Denkrichtung verwendet wird) der Antike vollzog sich aber weniger in der genauen Nachahmung antiken Bauens als im Denken und in der Weltsicht.

Experimente in Florenz

Vorreiter bei der Entwicklung zur Renaissance war Florenz. Die blühende, aufstrebende und kritische Republik hatte sich durch Handel, Gewerbe und Geldverkehr allmählich an den ersten Platz in Europa vorgearbeitet. Die Pazzi, die Medici und die Pitti unterstützten alle künstlerischen Bestrebungen, die sich von der unrühmlichen jüngsten Vergangenheit distanzierten und mit Hilfe der glorreichen, antiken Geschichte Zukunftsoptimismus zu verbreiten halfen. Führende Bürger ließen sich von Humanisten beraten oder betrieben selbst humanistische Studien, wie überhaupt eine Verbindung von Staatsamt und Gelehrtendasein für diese Epoche prägend war. Der Wunsch, ein modernes Leben wiederentstehen zu lassen, das an das reiche und kultivierte Erbe der Antike anknüpfte, führte zu einer umfassenden Erneuerung der Künste.

Unter diesen fruchtbaren Voraussetzungen entstand in Florenz und der die Stadt umgebenden Toskana die Baukunst der Renaissance, als deren Anfang die 1420 von Filippo Brunelleschi begonnene *Kuppel* des Florentiner Doms gilt, wenn es sich hierbei strenggenommen auch nur um die technisch geniale Vollendung einer gotischen Bauaufgabe handelte. Ihre zweischalige Konstruktion ermöglichte eine voneinander unabhängige Gestaltung des Inneren und des Äußeren. So

konnte die Innenkuppel den Maßen des gotischen Doms entsprechend niedriger ausfallen, währenddessen die Außenschale schlanker und höher wurde, um ruhig und harmonisch zur krönenden *Laterne* aufzusteigen; zwischen den *Schalen* wurden die tragenden *Rippen* versteckt. Anders als in der Gotik traten die Konstruktionsglieder also nicht zu Tage.

Das Aussehen eines Baus ergab sich nicht nur aus den konstruktiven Notwendigkeiten und abstrakten Proportionssystemen, sondern auch und vor allem aus dem Gestaltungswillen des Baumeisters. Er sollte „die Ideen Gottes sichtbar machen", also den „himmlischen Harmonien" der Schönheit folgen. So wurde die Form für die Florentiner Domkuppel vorab in einem Modell festgelegt, was fortan vor allem bei bedeutenden Gebäuden immer häufiger geschah: Der Baumeister erbrachte eine individuelle künstlerische Leistung, wobwi er stets das Aussehen des ganzen Baus im Auge hatte. Er verstand sich nicht mehr – wie im Mittelalter – als anonymer, dienender Handwerker, sondern als eigenständig schaffender Künstler, als Individuum.

Individuelle Künstlerschaft erreichte auch die Malerei und die Graphik, wo zu den zuvor fast ausschließlich religiösen Bildern Portraits und andere Darstellungen von einer Naturtreue traten, wie man sie bis dahin nicht gekannt hatte.

Dom von Florenz, um 1294-1467 Kuppel von Filippo Brunelleschi, 1418-1436 (Axonometrie nach Sanpaolesi)

Die mächtige Kuppel des Florentiner Domes gilt als technische Meisterleistung ihrer Zeit. Die Chorerweiterung des von Arnolfo di Cambio im ausgehenden Trecento errichteten Baus konnte erst durch Filippo Brunelleschis Kuppelkonstruktion vollendet werden. Den *oktogonalen Tambour* überwölbte er mit einer Doppelschale: Die innere, stärkere Schale unterstützt dabei die äußere, leichtere. Beide bestehen aus einer Kombination von Steinreihen im Fischgrätverband und offenen Rippen. Das Neuartige lag insbesondere darin, daß eine selbsttragende Konstruktion entstand und kein sogenanntes Lehrgerüst (ein die Kuppel während ihres Baus abstützendes System) errichtet werden mußte.

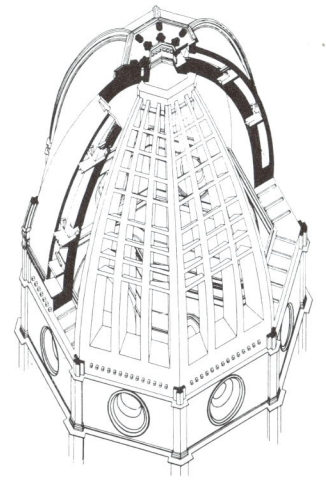

Filippo Brunelleschi: *Findelhaus*,
Florenz, begonnen 1419

Das Findelhaus ist einer der ersten Bauten Brunelleschis. Seine klare Gliederung und die streng proportionierten Formen enthalten jedoch bereits einige wesentliche Gestaltungselemente der Renaissance.

Leon Battista Alberti: *Palazzo Rucellai*,
Florenz, 1446-51

Der Palazzo Rucellai greift die Säulenordnungen der Antike wieder auf: *Dorische, ionische* und *korinthische Pilaster* sind an der Fassade übereinandergereiht.

Dementsprechend wurde auch das Wohnen im 14. Jahrhundert erstmals seit der Antike wieder zu einem Architekturthema: Die selbstbewußte Oberschicht der italienischen Städte verlangte nach repräsentativen Wohnsitzen, mit Hilfe derer sie sich selbst darstellen konnte. Erstmals beginnt der Profanbau, eine über die reine Nützlichkeit hinausgehende Aussagekraft zu erhalten. Auch beim monumentalen Privatbau, dem Palazzo (von „Palatium", dem lateinischen Namen des Palatin, jenem Hügel Roms, auf dem Kaiser Augustus und seine Nachfolger wohnten), war Florenz Vorreiter. Vorbild war das Festungshaus in den italienischen Städten, die im 13. und 14. Jahrhundert von offenen Machtkämpfen erschüttert worden waren. Die Palazzi der Frührenaissance wirken in ihrem äußeren Erscheinungsbild geschlossen und wehrhaft, roh und abweisend. Die Gestaltung der Fassaden mit an der Stirnseite rauhen, rundlich behauenen Steinquadern (*Rustika* oder *Bossenwerk*) unterstreicht dies ebenso wie die Ausstattung des Erdgeschosses mit kleinen Rechteckfenster, während die darüberliegenden Stockwerke mit gekoppelten Rundbogenfenstern (*Zwillingsfenstern*) versehen sind; der sie verbindende Bogen wird von kleinen Bossen nachvollzogen und bekrönt. Meist besitzen die Gebäude

drei, nach oben hin niedriger werdende Geschosse, die *Gurtgesimse* in Höhe der Fensterbänke voneinander trennen; ein Sockelgesims und ein mächtiges Kranzgesims nach antik-römischem Vorbild vervollständigen die waagerechte Gliederung der rechteckigen, streng symmetrischen Fassaden. Offen sind die frühen Palazzi dagegen zu ihrem rechteckigen Innenhof hin, der von *Arkaden* und *Loggien* umrahmt wird. Hier drückt sich architektonisch eine Selbstbezüglichkeit aus – nach außen abweisend, offen für sich selbst –, die der wachsenden Bedeutung des Individuums in der Renaissance entspricht.

Wenn dem frühen Palazzo Rucellai auch noch ein Hof fehlt – bis sich diese Idee durchsetzte, dauerte es einige Jahrzehnte –, so ist sein Architekt Leon Battista Alberti dennoch einer derjenigen Künstler, die ganz die neue Zeit mit all ihren Veränderungen verkörpern. Architektonisch drückt sich dies z. B. in der Front des Gebäudes aus: Sie ist ganz glatt, die Quaderung nur in die Wand geschnittenes Ornament. Außerdem gesellt sich an diesem Bau zur waagerechten Betonung eine senkrechte Gliederung: Erstmals wurden hier wieder *Pilaster*, die den antiken Ordnungen entsprechen, verwendet.

Der Palazzo Rucellai war eine der ersten Arbeiten Albertis, des neben Brunelleschi bedeutendsten Architekten der Frührenaissance. Sein ausgeprägtes Selbstverständnis als Künstler ließ ihn die Idee, den Entwurf eines Baus als so vorrangig ansehen, daß er die Ausführung stets anderen überließ. Er zeigte damit ein arbeitsteiliges und den alleinigen Wert der geistigen Schöpfung betonendes Denken, das seiner Zeit weit voraus war. Auch als Kunsttheoretiker tätig, schrieb er die Grundlagen seiner Baukunst in Büchern nieder, die wesentlich zur Ausbreitung der Renaissance-Architektur beitrugen und ihr die begrifflich klare Norm gaben. Daneben gilt er als erster „Universalmensch" (oder „Universalgenie"): Herausragende Leistungen erbrachte er wie Bramante, Raffael, Michelangelo oder Leonardo da Vinci in verschiedensten Bereichen wie Architektur, Bildhauerei, Malerei, Dichtkunst, Mathematik, Naturwissenschaften oder Politik.

Der Kreis als vollkommenste Form

Vielseitig interessiert und von der Renaissance-typischen Verknüpfung religiöser, philosophischer und ästhetischer Ideen geprägt, begannen sich die Künstler und Gelehrten auch mit Stadtgestaltung oder den Proportionen des menschlichen Körpers zu befassen, der in der (griechischen) An-

tike als Grundmaßstab für alle Gestaltung gedient hatte. So definierte man den Menschen als Zentrum der Welt und setzte diesen Gedanken um in einem System zur Erfassung und Darstellung des Raumes – die *zentralperspektivische* Raumkonstruktion. Bei ihrer Entwicklung soll sich Brunelleschi Euklids mathematischer Optik bedient haben.

Die Wiederentdeckung antiken Wissens spielte auch beim Wiederaufleben des Kuppelbaus eine Rolle. Entscheidend war dabei aber natürlich nicht nur das Können, sondern auch der Wille zum Bau so großer Kuppeln wie in Florenz. Etwa zur gleichen Zeit wie die Domkuppel entwarf Brunelleschi mit dem Findelhaus ein Gebäude mit bogentragenden Säulen, und mit der Alten Sakristei in San Lorenzo den ersten Zentralbau der Renaissance. Mehr noch als Quadrat und griechisches Kreuz – die anderen gleichmäßigen Formen, die in den Grundrissen dieser Epoche immer wieder auftauchen – symbolisierte der Kreis vollkommene Harmonie und Ausgewogenheit. Für Alberti konnte nur er das Wesen Gottes und seiner Schöpfung ausdrücken; Proportionsstudien zeigten zudem, daß der „nach Gottes Ebenbild" geschaffene menschliche Körper genau in diese Form paßt.

Der Kreis oder das Polygon (Vieleck) wurden folglich nicht nur von Alberti als Idealform für Kirchen betrachtet; die einzige angemessene Bekrönung eines solchen Baukörpers war eine Kuppel, die zudem traditionell das Universum symbolisierte. Der Altar gehörte dieser Konzeption zufolge in die Mitte der Kirche, die Gemeinde sammelt sich um ihn. Statt Umherschreiten ist Ruhe geboten, von jedem Punkt des Raumes aus ist der Blick in die Kuppel gleich, er steigt in die Höhe, verliert sich dort aber nicht wie in gotischen Kathedralen, sondern wird durch das Halbrund wieder zur Erde zurückgeführt.

Zentralbauten waren im Christentum bis dahin nur für Tauf-, Grab- und gelegentlich Marienkir-

chen gebräuchlich gewesen, und die Kirche zögerte, vom gewohnten Richtungsbau Abschied zu nehmen. Als Typus wegweisend wurde daher das 1470 von Alberti entworfene Gotteshaus Sant' Andrea in Mantua, das einen Kompromiß darstellte: Die einschiffige, tonnenüberwölbte Saalkirche mit je drei ebenfalls tonnenüberwölbten Seitenkapellen (als Widerlagern), gleichgebildetem Querhaus, Chorrechteck, halbrunder Apsis und Vierung mit Tambourkuppel orientierte sich in der Wandgestaltung an antiken Vorbildern wie den Thermen und der Maxentiusbasilika; die Fassade vereint die Motive von Triumphbogen und Tempelfront und zeigt zusammen mit der Grundrißgestaltung den Versuch, zu einer vollkommenen Einheit und Harmonie des Baukörpers zu gelangen – auch ohne einen Zentralbaugrundriß zu verwenden.

HOCH- UND SPÄT-RENAISSANCE (MANIERISMUS) 1500–1600

Organisch gewachsene Baukörper

Mitte des 15. Jahrhunderts wurde der Humanismus zu einer großen Bewegung, begünstigt von der 1453 erfolgten Eroberung Konstantinopels durch die Osmanen, die viele griechische Gelehrte von dort nach Italien fliehen ließ, und der Erfindung des Buchdrucks mit beweglichen Lettern durch Johannes Gutenberg. Sie war die Voraussetzung für die weite und schnelle Verbreitung von Erkenntnissen und Theorien. Viele Architekten veröffentlichten nun ihre Erfahrungen und Gestaltungsweisen; auch „nicht-gebaute Architektur" bekam damit Bedeutung, bloße Entwürfe konnten die Entwicklung der Baukunst beeinflussen.

Während die Kirche viele Entwicklungen und Entdeckungen der Renaissance, vor allem auf naturwissenschaftlichem Gebiet, erbittert bekämpfte, entwickelte sie zugleich – ebenso wie die Fürsten – ein erhebliches Bedürfnis nach Ruhm, so daß

Piero della Francesca: *Idealstadt*, um 1470

Die absolute Regelmäßigkeit der von Piero della Francesca entworfenen Idealstadt basiert auf dem perspektivischen Raster der Stadtanlage. Die kreisförmige Kirche in der Mitte des Bildes demonstriert die Position der Kirche in der Gesellschaft eindeutig. Aber auch die den Platz einfassenden Häuserfronten lassen auf Repräsentation schließen, womit der Entwurf als ein schematisches Abbild der gesellschaftpolitischen Strukturen einzustufen ist.

So gut wie nie wurden derartige Idealstädte tatsächlich gebaut, da die Bedingungen in der Realität meist andere waren als in ästhetischen und sozialutopischen Entwürfen.

Leon Battista Alberti: *S. Andrea*, Mantua, ab 1470

Donato Bramante: *Tempietto San Pietro in Montorio*, Rom, 1502-1503

Der Tempietto (kleiner Tempel) von Bramante gilt als Modell des vollkommenen Baus der Hochrenaissance. Seine Symmetrie beruht auf der konsequenten Verwendung des Kreises als reinster geometrischer Form. Die Proportionen der einzelnen Bauglieder sind so aufeinander abgestimmt, daß sie in einem ausgewogenen Verhältnis zueinander stehen. Über einem runden, dreistufigen Sockel erhebt sich ein Säulenring, der ein Gebälk und eine darüberliegende Balustrade trägt. Der Säulenumgang umschließt einen schlanken, überkuppelten Mauerzylinder. Als Vorbild dieses vollkommen harmonischen Zentralraumes kann das römische Pantheon angesehen werden. Unverwirklicht blieb Bramantes Plan, den Hof so umzugestalten, daß der Tempietto im Zentrum eines runden Kreuzganges gestanden hätte.

Jacopo Sansovino: *Libreria Vecchia*, Venedig, 1536-1553

Der aus Rom zugereiste Architekt, der mit der Neugestaltung des Markusplatzes beauftragt worden war, führte in Venedig die strengeren Ordnungen der römischen Hochrenaissance ein.

bis zum Ende des 15. Jahrhunderts aus gesundem Individualismus teils maßlose Selbstverherrlichung geworden war. Die weltliche Haltung der Renaissance-Päpste und die daraus resultierende Kritik des Humanismus an der Lebensführung des geistlichen Standes läßt bereits erahnen, wo die Ursachen für ein Bedürfnis nach Reformation lagen. Als handele es sich um einen Indikator für Umschwünge, verlagerte sich der Brennpunkt der Architekturentwicklung von Florenz nach Rom.

Auch die Baugestaltung selbst änderte sich. Statt sie in gleichmäßigen Abständen zu reihen, wur-

den Fenster nun oft zu Gruppen zusammengefaßt, oder auf eine Fensterachse folgten abwechselnd schmalere und breitere Wandstreifen. Der daraus entstehenden stärkeren Bewegung entsprach, daß die Fassadendekorationen plastischer wurden. Fenster rahmte man mit Sockeln, Säulen, Pilastern und bekrönte sie mit einer „Verdachung" in Form von Architraven, Rundbogen oder Dreiecksgiebeln. Portale wurden ähnlich betont oder als Rundbogen mit Schlußstein gestaltet, zu den Gesimsen gesellten sich Friese mit Medaillen und Triglyphen, die Dachkante bekrönten Balustraden. Auch bei den Bauten der Frührenaissance gab es eine gewisse Korrespondenz zwischen innerer und äußerer Gestalt. Doch nun wollte man die Gebäude von ihrem Kern her gleichmäßig entwickeln und diesen organischen Aufbau auch in der äußeren Gliederung sichtbar machen.

Als Musterbau der Hochrenaissance gilt der Tempietto im Hof von San Pietro in Montorio in Rom. Vom mehrstufigen Sockel aus wächst dieser kuppelbekrönte Rundbau stetig und harmonisch immer weiter empor. Zugleich zeigt das kleine Gebäude gut, wie die Renaissance zwar antike Formen aufnahm, diese aber ihrem Geist gemäß abwandelte: Die Säulenringhalle des Tempietto hat mit dem festgefügt-lagernden Charakter klassisch-griechischer Tempel so wenig zu tun wie der innere Baukörper, der aus ihr hervordringt. Der Tempietto war ein Werk Donato Bramantes, der mit Santa Maria della Consolazione in Todi (ab 1504) und dem Dom in Como (ab 1519) bald auch große Zentralbaukirchen schuf. Seine umfangreichste Arbeit sollte der Neubau von Sankt Peter in Rom (San Pietro in Vaticano), der Hauptkirche des Papstes, werden.

Mit Sixtus IV. (Papst von 1471-84) und dem Auftrag zu der nach ihm benannten Sixtinischen Kapelle hatte im Vatikan die großzügige Förderung der Künste begonnen, die unter Julius II. (1503-13) ihren Höhepunkt erreichte. Bramantes Plan für St. Peter, in dessen Grundriß es vor griechischen Kreuzen, Kreisen, Quadraten und gegenseitigen Durchdringungen dieser Formen nur so wimmelte, wurde schließlich nicht ausgeführt. Der Neubau der Kirche erfolgte wesentlich nach Ideen Michelangelos, der in der Sixtinischen Kapelle die monumentale Deckengestaltung vorgenommen hatte – unter Einsatz immer ausgefeilterer Möglichkeiten der perspektivischen Täuschung. Da der betrachtende Mensch in der Renaissance das Maß aller Dinge ist, wird sein räumliches Wahrnehmungsvermögen das Maß der Architektur. Getäuscht soll der Betrachter vor allem dann wer-

MICHELANGELO

Seine entscheidenden Jahre hat Michelangelo in Florenz verbracht, wo er bei Ghirlandaio das Malen erlernte und später bei Bertoldo di Giovanni die Bildhauerei. Für beides brachte der junge Mann eine ganz ungewöhnliche Begabung mit, wie bereits seine frühesten Skizzen zeigen. Ihm dienten Gemälde von Giotto und Masaccio als Vorbild. Seine Skulpturen sind zunächst strak von Donatello inspiriert. Lorenzo di Medici förderte den fünfzehnjährigen Künstler, dessen Genie er schnell erkannte, indem er ihn in die anregende Umgebung seines Palastes aufnahm. Aber Michelangelo wurde trotz des frühen und intensiven Kontaktes mit dem prächtigen Hof der Medici niemals ein Hofmann. Er blieb sein langes Leben immer unverbindlich und spröde, mehr Einzelgänger als Kontaktmensch, anders als der gewandte und höfische Leonardo da Vinci (1452-1519), der bereits berühmt war, als Michelangelo am Beginn seines Wirkens stand.

Die ersten Arbeiten Michelangelos – wie etwa der Kentaurenkampf – entstanden in Florenz. Doch schon 1496, mit einundzwanzig Jahren, ging Michelangelo nach Rom, wo 1498 seine Pietà für die Peterskirche entstand. Er hat mit dieser herrlichen Gruppe Marmor zum Leben erweckt und zu Recht die Bewunderung seiner Zeitgenossen erreicht. Er ist von Rom zweimal für längere Zeit nach Florenz zurückgekehrt, und er nach 1501 die Figur des David schuf. In Rom begann er 1509 mit den Fresken der Sixtinischen Kapelle, die ihn mit Unterbrechungen fast dreißig Jahre beschäftigt haben.

Zur Architektur kam Michelangelo erst relativ spät, als er ab 1516 – er war immerhin schon vierzig Jahre alt – an Entwürfen für die Fassade von S. Lorenzo in Florenz arbeitete, die freilich nicht zur Ausführung gelangten. Mit der Biblioteca Medicea Laurenziana und der Grabkapelle der Medici hat er dann zwischen 1520 und 1534 in Florenz seine architektonischen Vorstellungen verwirklichen können: Wandzerlegungen negieren deren Begrenzung, Außen und Innen werden austauschbar, die Geschoßteilung verunklärt, die Architektur-

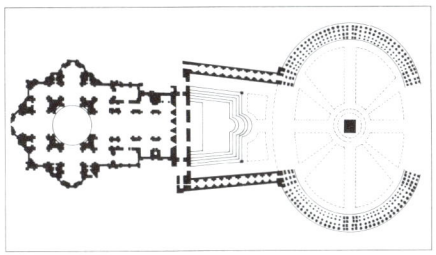

glieder werden wie Skulpturen behandelt. Dabei läßt Michelangelo mit dem Bibliotheksgebäude einen Raum entstehen, der den damals noch ziemlich kostbaren Büchern einen würdigen Rahmen bietet. Der fast sakrale Eindruck entsteht vielleicht auch, weil die Bücher in Gestellen untergebracht sind, die an Kirchenbänke erinnern, und, wie diese, senkrecht zu einem Mittelgang angeordnet sind. Wie fast alle Architekturen Michelangelos wirkt auch seine Biblioteca Laurenziana gesetzt und pathetisch, nicht liebenswürdig, sondern ernst, bis ins kleinste Detail durchdacht, voller Kraft und Würde.

Von 1534 an blieb Michelangelo die letzten dreißig Jahre seines Lebens in Rom, wo er das Fresko des Jüngsten Gerichtes in der Sixtinischen Kapelle schuf. 1547 übernahm der greise Künstler die Bauleitung der Peterskirche. Diese in der Vatikanstadt gelegene Repräsentationskirche des Papstes gab es in verschiedenen Formen bereits seit 324 n. Chr., aber der Grundstein für einen völligen Neubau wurde 1506 durch Julius II. gelegt. Durch Bramantes Entwurf und die bereits bestehenden Teile war die Größe des Baus zwar vorgegeben, Michelangelo konnte aber unter Beibehaltung der Hauptidee – der Zentralbauform eines griechischen Kreuzes mit

Die gewaltige Kuppel des Petersdoms in Rom

Kapitol, Fassade des Konservatorenpalastes (oben)

H. Cock: *Blick auf den kapitolinischen Hügel in Rom*, um 1544-45 (links oben)

Etienne Duperac: *Das Campidoglio nach dem Entwurf Michelangelos*, 1569 (links)

Grundriß Peterskirche (Michelangelo) *und Petersplatz* (Bernini) (links unten)

Zentralkuppel – den Grundriß straffen und ihm eine klare und einheitliche Form geben. Duch einen Säulenportikus und eine Freitreppe erhält die Kirche eine Hauptachse und eine eindeutige Orientierung zur Stadt, die Gian Lorenzo Bernini fünfzig Jahre später nutzte, um vor ihr mit einer großartigen Raumwirkung den Petersplatz zu entwerfen (der Grundriß links zeigt vorgreifend bereits beides: Kirche und Platzgestaltung).

Michelangelo setzte auf die Vierung seine herrliche Kuppel, ein Meisterwerk der Ingenieurkunst und der architektonischen Harmonie. Sie besitzt – wie das Pantheon – einen Durchmeser von 42 Meter und erreicht bis zum Kreuz über der Laterne die Höhe von 132 Meter über dem Marmorboden der Kirche. Wie Brunelleschis Kuppel Florenz, beherrscht Michelangelos Kuppel die an Kuppeln wahrlich nicht arme Stadt Rom. Sie ist der Ausdruck vollendeter Harmonie, gleichgültig aus welcher Blickrichtung oder Entfernung man sie betrachtet.

Michelangelo hat noch in den letzten Lebensjahren den Konservatorenpalast für das Kapitol entworfen, das ihn schon seit 1536 beschäftigt hat, als er den dazugehörigen Platz entwarf. Dies geschah nach dem Sacco di Roma (1529), als Söldner Kaiser Karls V. Rom plünderten, das danach umfassend erneuert wurde. So arbeitete Michelangelo nicht nur für den geistlichen Herrscher, sondern auch für die Stadt selbst, indem er ihr den ersten neuzeitlichen Monumentalplatz entwarf. Die Neugestaltung des Platzes nahm ihren Anfang, als Michelangelo 1538 die Reiterstatue des Marc Aurel aufstellte, die das Zentrum der Anlage bilden sollte. Erst 120 Jahre später, mit der Vollendung des Kapitolinischen Museums im Jahre 1654, war der Platz vollendet. Michelangelo erlebte nur noch den Baubeginn des Konservatorenpalastes, der jedoch weitgehend nach seinen Plänen weitergeführt wurde: Die für ihn typische Großordnung, d. h. Pilaster oder Halbsäulen über zwei Stockwerke als Hauptgliederung der Fassade, führt zu feierlicher Ausgewogenheit.

Michelangelo ist unbestritten einer der bedeutendsten und vielseitigsten Künstler der Weltgeschichte. Als Maler, Bildhauer, Architekt hat er vollendete Werke hinterlassen. Sein Universalgenie hat alle drei Kunstrichtungen nachhaltig und über Jahrhunderte beeinflußt.

Juan Bautista de Toledo und Juan de Herrera: *El Escorial*, bei Madrid, 1563-89

Das von Philipp II. in Auftrag gegebene Kloster steht mit seiner streng durchkomponierten Anlage und der nüchternen Fassade ganz unter dem Einfluß der italienischen Hochrenaissance. Der von Juan de Bautista de Toledo entworfene und zum größten Teil von Juan de Herrera ausgeführte monumentale Baukomplex ist axial-symmetrisch angelegt. Vier enorm lange (ca. 160 Meter) Flügelbauten umschließen die quadratische Anlage, deren Ecken durch Türme betont sind. Im Inneren liegen entlang der Hauptachse die Klosterkirche und der unmittelbar an den Chor anschließende Palast des Königs, der vom Bett aus direkt auf den Altar blicken konnte. Seitlich daran gruppieren sich um rechteckige Innenhöfe Bauten für die Hofhaltung und das Kloster.

In seinem Zusammenwirken von Religiosität und monarchischem Gottesgnadentum ist der Escorial ein typischer Bau der Gegenreformation. Die Verbindung von Schloß und Kloster hatte großen Einfluß auf die prachtvollen Klosterbauten des Barock.

den, wenn die Architektur – aus Platzgründen – nicht die Möglichkeit hat, ein eindringliches Raumerlebnis zu schaffen. So gaukelt z. B. Bramante dem Besucher seiner Kirche Santa Maria presso San Satiro in Mailand einen beeindruckenden Chorraum vor, der doch nur „gezeichneter Schein" ohne tatsächliche Tiefe ist. Im Barock wurde dieses Phänomen zum Illusionismus perfektioniert.

Fließender Übergang zum Barock

Derartige Barocktendenzen wurden in Venedig noch deutlicher. Der schlechte Baugrund der Lagunenstadt hatte hier seit je her eine möglichst leichte Bauweise, also eine großflächige Auflösung der Fassade erforderlich gemacht, wie sie etwa bei der Libreria Vecchia zu finden ist. Die scheinbar endlose Säulenbogenreihung hatte der Architekt Andrea Sansovino direkt antiken Vorbildern wie dem Colosseum entlehnt; die stark plastische Ausbildung der Fassade (die auch ein starkes Hell-Dunkel-Spiel erzeugt), die Friese mit Medaillons bzw. Putten und Girlanden und die Bekrönung mit einer Balustrade, die Statuen und Obelisken trägt, erzeugen statt imperialer Strenge jedoch einen festlich-heiteren Eindruck.

Erste Anzeichen des Manierismus werden hier deutlich. Als „Künstelei" (von ital. manierismo) wird immer die als unecht empfundene Nachahmung eines Stils bezeichnet, die als Vorbotin seine Überwindung andeutet. Während die stilistischen Mittel mit spielerischer Leichtigkeit und Virtuosität verwendet werden, verkümmert die ursprünglich dahinterstehende Idee zu Makulatur. Mithilfe bewußt komponierter, scharfer Gegensätze zwischen einzelnen Architekturteilen sollte die Ord-

nung ironisch durchbrochen werden, das Aus-den-Fugen-Geraten der Welt baulich manifestieren.

Der Renaissancegeist hatte eine Entwicklung ausgelöst, deren Eigendynamik zum Ende dieser Epoche führte. Kopernikus erkannte durch Beobachtung der Planeten, daß das von der Kirche hartnäckig verteidigte „geozentrische" System, nach dem die Erde Zentrum des Universums war, falsch sein mußte („Kopernikanische Wende" 1543). Die Entdeckung Amerikas erbrachte zusammen mit den anderen großen Seefahrerexpeditionen den Beweis, daß die Erde keine Scheibe unter einer Käseglocke ist. Und die Prachtentfaltung der Renaissancepäpste führte zur Gründung einer neuen, von Rom unabhängigen Konfession. Die ausbalancierte Welt geriet ins Wanken.

Die Antwort der Fürsten wie des Klerus war ein Zurückdrängen des Strebens nach individueller Freiheit. In Spanien, wo seit dem Ende des 15. Jahrhunderts die Inquisition besonders heftig gegen vermeintlich „Ungläubige" wütete und das sich im 16. Jahrhundert auf der Höhe seiner Macht befand, entstand mit dem Escorial ein Monumentalbau, der dem Übergang zum neuen Denken beispielhaft Ausdruck verlieh. Als geschlossene Anlage mit turmartig betonten Ecken, organisch aus dem Kern der Zentralkirche heraus entwickelt, wurzelt der Bau noch in der Renaissance. Die Vereinigung von Kloster, Schloß und Kirche, in der der König direkt neben dem Gotteshaus residiert und zu diesem unmittelbaren Zugang hat, zeigt dagegen den Anspruch des Monarchen, „von Gott begnadeter" Herrscher zu sein und dessen Willen auf Erden auszuführen – ganz im Sinne des Barock.

DIE RENAISSANCE NÖRDLICH DER ALPEN 1520–1620

Renaissanceschmuck an gotischen Baukörpern

In ihren Hochburgen Frankreich und Deutschland war die Gotik noch so dominant, daß sich der neue Baustil nur schwer durchsetzen konnte. Daß Kirchen dabei kaum eine Rolle spielten, hatte zunächst praktische Gründe: Die großen gotischen Gotteshäuser genügten den Bedürfnissen, viele waren im 15. und 16. Jahrhundert sogar noch im Bau. Für das gotische Münster von Bern (die Schweiz gehörte bis 1648 zum Deutschen Reich) wurde erst 1421 der Grundstein gelegt, ein Jahr nachdem Brunelleschi mit dem Bau der Florentiner Domkuppel begonnen hatte.

ANDREA PALLADIO

Eine reife und glückliche Synthese erreichte die Architektur der Renaissance mit Andrea Palladio im 16. Jahrhundert in der Republik Venedig, der ihr unterstehenden Stadt Vicenza und der Landschaft des Veneto. Auf besonders harmonische Weise verband Palladio die Antike mit dem Humanismus seiner Zeit und schuf klassische Bauten vor dem Hintergrund seiner Schriften. Der „Palladianismus" war so tragfähig, daß er die Architekten folgender Epochen stark beeinflußte, beispielsweise im englischen Klassizismus.

Andrea di Pietro dalla Gondola wurde am 30. November 1508 in Padua geboren. Mit dreizehn Jahren trat er dort in die Werkstatt von Bartolo-

Villa Rotonda, Vicenza, 1566-69

meo Cavazza als Steinmetz ein. Zwei Jahre später setzte er in Vicenza seine Ausbildung bei Porlezza mit Bauplastik fort. Seinen wichtigsten Lehrmeister traf er jedoch 1537 bei der Arbeit auf der Baustelle der Villa Trissino in Cricoli. Trissino war es, der ihn dazu brachte, von der Antike aus seine eigene Identität als humanistischer Architekt zu entwickeln. Vermutlich gab er ihm den Namen „Palladio", ein Künstlername, der genauso elegant ist wie sein späteres Werk. Als Humanist, der mit dem Neu-Platonismus vertraut war, verwies er ihn auf die Architekturtheorie der Antike, die Zehn Bücher des Vitruv. Ausgehend vom Diktum des Aristoteles, daß das Wissen aus eigener Anschauung und Erfahrung entstehen müsse, trieb Palladio nicht nur theoretische Studien, sondern besichtigte und vermaß auch zahlreiche antike Gebäude, zum Beispiel auf seinen römischen Reisen zwischen 1545 und 1547. 1570 gab er seine eigenen Vier Bücher zur Architektur heraus, die die große Tradition von Vitruv und Alberti fortsetzten.

Er verarbeitete die zeitgenössischen Ansichten über Proportion und Schönheit beim Bauen und erläuterte, was Architekten wie Serlio und Vignola aus der antiken Säulenordnung gemacht hatten. Vor allem aber stellte er sein eigenes Werk und dessen Typologie vor.

Palladio war schon eine fachliche Autorität, als er spät, mit Anfang vierzig, seinen Durchbruch als Architekt hatte. Das zentrale kommunale Gebäude von Vicenza, die Basilika, wurde 1549 umgebaut, und dies war zugleich das Initial für ein neues Selbstbewußtsein und den wirtschaftlichen Aufschwung der Stadt. Da die Basilika schon ein antiker Gebäudetypus war, konnte Palladio hier mit seinen Ambitionen gut ansetzen und der noch mittelalterlichen Fassade ein neues, urbanes Gesicht geben. Er öffnete sie auf die Piazza dei Signori hin mit zweigeschossigen Loggien hinter Arkaden, die den Bau ganz neu rhythmisierten mit dem von Serlio übernommenen Säulenmotiv. So ging Palladio eine dauerhaft günstige Verbindung zu Vicenza ein, die den Bau einiger Paläste nach sich zog, wie den Palazzo Chiericati (1550-1609), wo er durch die Öffnung der Front und die Betonung des Mitteltraktes städtischen Charme erzeugte, entgegen den festungsgleich rustizierten und gleichförmigen Fassaden früherer Bauten.

Doch das Thema, mit dem sich die Anmut und Originalität von Palladios Kunst am schönsten entfaltete, ist der Bautypus des Landhauses. Er formulierte ihn neu für die anspruchsvollen, gebildeten und wohlhabenden Adeligen in seiner Umgebung, die die Landwirtschaft auf ihren Gütern mit dem gesellschaftlichen Leben verbinden wollten. So glich Palladio den römischen Typ einer „Villa Rusticana" dem einer „Villa Suburbana" an, wie bei den um 1560 vollendeten Villen Badoer in Fratta Polesine, Emo in Fanzolo und Barbaro in Maser. Wirtschaftsgebäude und Lagerräume sind dort in Flügeln hinter Loggien symmetrisch zu den Seiten eines erhöhten Mittelbaus angeordnet, der einen repräsentativen Eingang zu einem Festsaal bildet mit einem Tympanon auf antikischer Säulenordnung. Was bei der Basilika und den Palästen von

Il Redentore, Venedig, 1577-92

Vicenza die urbane Öffnung zum Platz hin ist, macht hier die Verbindung von Gebäude und Garten mit schattigen Zonen hinter Säulen und Arkaden aus. Der Höhepunkt im Werk Palladios aber ist die ideale Architektur der Villa Almerico-Capra in Vicenza. Man nennt sie nur „La Rotonda", als Modell eines perfekten Zentralbaus mit einem kreisförmigen Kuppelsaal in der Mitte und identischen Seiten mit vorgelagerten Tempelfassaden. Sie symbolisierte so wie das Pantheon und der Tempietto von Bramante die vollkommene Harmonie zwischen Mensch und Kosmos. Das war den Humanisten gerade recht als erhabener Ort zum Austausch ihrer Ideen.

1571 war Palladio am Zenit seiner Karriere angelangt. Prominent und vielbeschäftigt wurde er Nachfolger von Sansovino als leitender Architekt in Venedig. Er entwarf hauptsächlich Kirchen, konnte aber sein Ideal des Zentralbaus im Rhythmus antikischer Ordnung nicht noch einmal kompromißlos fassen. Denn der Sakralbau stand im Konflikt dazu, allein schon durch die Struktur des Langhauses mit seinen Seitenschiffen, die sich aus der Hierarchie des religiösen Rituals ergab. So entwickelte Palladio mit der Fassade von San Francesco della Vigna (ab 1562) und mit San Giorgio Maggiore (1565-1575, Fassade nach 1600) Zwischenlösungen für dieses Problem auf dem Weg zu seiner letzten Kirche, Il Redentore. Die Fassade zurrt Hauptschiff und Seitenkappellen durch ineinander gefügte Säulenstellungen und geschachtelte Tympana kraftvoll zusammen. An die Stelle feingliedriger Öffnung ist eine plastische Geschlossenheit getreten, die auch den späten Palazzo Valmarana (1566-81) und die Fassade der Loggia del Capitaniato (1565-71) in Vicenza in die Nähe des Barock verweisen.

Doch 1580, im Jahr seines Todes, kehrte Palladio mit dem Teatro Olimpico in Venedig noch einmal zur Antike zurück. Zur Wiederaufführung antiker Stücke baute er dort eine halbkreisförmige Arena für die Zuschauer ein sowie perspektivisch fluchtende Gassen im Bühnenraum.

Teatro Olimpico, Vicenza, 1580-85

Domenico da Cortona (?) und **Jacques und Denis Sourdeau**: *Schloß Chambord*, begonnen 1519
Treppe um 1530 (unten)

Schloß Chambord, das im Auftrag von Franz I. entstand, zeigt die eigenwillige Verarbeitung der Renaissance in Frankreich. Mit seiner symmetrischen, rechtwinkligen Anlage liegt dem Bau, der wahrscheinlich nach dem Entwurf von Domenico da Cortona ausgeführt wurde, ein klares Grundrißschema zugrunde. Die weit ausgedehnte, regelmäßige Gartenfront gibt sich offen, während der eher festungsartige Mittelbau dem Donjon einer mittelalterlichen Burg ähnelt. Die Steildächer und die scheinbar willkürlich auf dem Dach verstreuten Kamine, Dacherker und Türmchen sind dagegen noch ganz der späten Gotik verpflichtet.

Mit der im Zentrum des Mittelbaus gelegenen, doppelläufigen Wendeltreppe, die möglicherweise auf einem Entwurf Leonardo da Vincis beruht, trägt das Loire-Schloß aber auch manieristische Züge: Die Treppenspirale mit ihren, einer Kordel vergleichbaren, sich gegenseitig umwindenden Treppenläufen ist kein in sich ruhender Idealraum der Renaissance, sondern ein verwirrender, irrationaler Raum mit beträchtlicher Sogwirkung (für den, der im Zentrum der Spirale steht).

Im zentralistischen Frankreich hatte der Schloßbau bereits im 16. Jahrhundert eine herausragende Bedeutung. Franz I. und Heinrich II. entfalteten in und um Paris sowie in den Jagdgebieten an der Loire eine reiche Bautätigkeit. Franz I. hatte bei seinen Kriegszügen in Oberitalien gesehen, welche Möglichkeiten zur Selbstdarstellung die Renaissancearchitektur bot, und italienische Baumeister nach Frankreich geholt. Oft waren nördlich der Alpen jedoch Architekten tätig, die weder Renaissance- noch antike Bauten aus eigener Anschauung kannten und sich statt dessen an Kupferstichen und den Architekturbüchern von Vitruv, Palladio, Vignola und anderen orientierten.

Die spätgotische Vorliebe für „malerisch" verschachtelte Anlagen fand sich etwa noch in den Schlössern von Blois, Amboise, Fontainebleau und Saint Germain-en-Laye, während in Ecouen, Ancy-le-Franc oder Charleval klar gruppierte, meist rechteckige Anlagen um einen Innenhof entstanden.

Zu den berühmtesten Bauten dieser Kategorie zählen der 1546 nach Plänen von Lescot begonnene Louvre in Paris (der dann in anderer Form fortgeführt wurde) und das größte, wenn auch nie vollendete Loireschloß: Chambord. Mit seinen 365 Türmchen, Kaminen und architektonisch betonten Dachfenstern (*Lukarne*) ist es zugleich das extreme Beispiel der gotischen Tradition steiler, mit reich verzierten Aufbauten versehener Dächer, die bei fast jedem französischen Renaissanceschloß fortgeführt wurde. Typisch waren auch betonte Ecktürme, aus den mittelalterlichen Burgen übernommene Formen, die natürlich längst nicht mehr Verteidigungszwecken dienten, oder an die Fassaden angefügte Treppentürme. Mit ihren auf das jeweilige Schloß bezogenen Gärten wiesen die Anlagen in Verneuil und Charleval bereits in Richtung Barock.

Der Protestantismus und seine Folgen

In Deutschland war die Situation ähnlich. Hier kam allerdings hinzu, daß weite Teile des Landes nie von den Römern beherrscht worden waren, es also keine eigene antike Tradition gab, an die man hätte anknüpfen können. Wie in Frankreich benutzte man Elemente der neuen Architektur – Rechteckfenster, Gurtgesimse, teils von Obelisken bekrönte, von Voluten flankierte und von Stockwerk zu Stockwerk schmaler werdende („gestaffelte") Giebel – vor allem zur Dekoration von Baukörpern, die sich seit der Spätgotik kaum verändert hatten. Beispiele dafür sind das Hamelner Rattenfängerhaus (1602-03), das Heidelberger Schloß (ab Mitte des 16. Jahrhunderts) oder das Rathaus von Antwerpen (Cornelis de Vriendt, 1561-65), das mit seiner von Geschoß zu Geschoß stärker aufgelösten Fassade zum Vorbild für das ganze nördliche Mitteleuropa wurde. Erst spät entstanden auch im Renaissancesinn entwickelte Baukörper wie das Aschaffenburger Schloß (Georg Riedinger, 1605-14), die erste große regelmäßige Schloßanlage in Deutschland, oder das Augsburger Rathaus von Elias Holl, das als eine der originellsten Leistungen des bürgerlichen Bauens gilt. Kuppelbauten gab es praktisch nicht.

Bedeutender als die Baukunst waren die Konsequenzen, die sich in Deutschland aus dem Renaissancedenken auf religiösem Gebiet ergaben. Hier war der Unmut gegen die „zu stark verweltlichte" Kirche besonders groß geworden. Die Renaissancepäpste verschärften diese Situation durch ihre Prunksucht, die zu massiven Finanzproblemen führte. Die Kirche versuchte diesen unter anderem durch den Ablaßhandel beizukommen, bei dem sich der Gläubige von seinen Sünden freikaufen konnte. Im Renaissancegeist wurde die gesamte kirchliche Praxis von ihren Kri-

Bau als so leicht und zerbrechlich wirkend betrachtet, daß man ihn dem Rokoko zurechnen will. Bald nach der Mitte des 18. Jahrhunderts klang das Rokoko mit eher linearen, recht strengen und sparsamen Verzierungen aus, die man in Frankreich nach dem ab 1774 herrschenden König Ludwig XVI. „Louis-seize" nannte und in Deutschland später als „Zopfstil" verspottete.

ENGLAND UND DER TREND ZUM KLASSIZISMUS 1700-1770

Reduktion und Strenge

Zeitgleich zum Rokoko und der späten Barockblüte in Deutschland entwickelte sich seit der Mitte des 18. Jahrhunderts eine immer deutlichere Tendenz zu größerer Strenge. Dies gilt für Frankreich, wo der Barock ohnehin eine kühlere Form gefunden hatte als in Italien, mehr und mehr aber auch ein schon aus der Spätrenaissance bekannter Schematismus um sich griff: Harmonie und Schönheit sollten durch die Befolgung verbindlicher, insbesondere mathematischer Bauregeln produziert werden. So wurden beim Pariser Invalidendom von Jules Hardouin-Mansart sämtliche Flächen- und Höhenausdehnungen vom Grundmaß des Radius des kreisrunden Mittelraums aus berechnet. Die dreischalige Kuppel ist ein weiteres typisches Beispiel für Inszenierung und Illusionismus im Barock: Die erste, flachere Kuppel gibt durch ein kreisrundes Loch den Blick in eine zweite, stärker gewölbte frei, die heller strahlt als die erste – unerklärlich für den Betrachter im Innenraum, da sie durch tieferliegende Fenster belichtet wird, die er nicht sehen kann. Die dritte Kuppelschale ist schließlich allein auf die Außenwirkung hin kalkuliert.

Einen ähnlichen Aufbau besitzt die Kuppel der Londoner St. Pauls-Kathedrale, dem bedeutendsten Werk des wichtigsten britischen Barockarchitekten Christopher Wren, der nach dem großen Brand in London 1666 zum Generaldirektor des Wiederaufbaus der Stadt ernannt wurde. Das Äußere dieser Kirche unterscheidet sich jedoch stark von dem des Invalidendoms: Hier schwingt sich nichts mehr dynamisch von Stufe zu Stufe in die Höhe, sondern die einzelnen Bauteile sind klar voneinander getrennt und hart aufeinandergesetzt. Der Säulenring kreist nicht mehr rhythmisch, sondern fast gleichmäßig und endlos; die aufstrebende, in die Laterne mündende Form der Kuppelhaube wird nicht mehr durch breite, farblich abgehobene Bänder betont, sondern nur

noch durch schmale Linien. Auch die Art, wie die ganze *Tambourkuppel* auf die Kirche aufgesetzt ist, ist eigentlich schon klassizistisch, während die Verwendung eines *Portikus* – wie auch bei der Londoner Kirche St. Martin in the Fields von James Gibbs – und die gewisse Strenge der Kirchenaußenwände, ihre schematischen *Pilaster*, der endlosen Reproduktion der Architektur Palladios entspricht, die auf der Insel seit dem frühen 17. Jahrhundert praktiziert wurde.

Allerdings erlebte England, während in Frankreich der Absolutismus seinem Höhepunkt zusteuerte, bereits 1642-49 seine bürgerliche Revolution samt Bürgerkrieg, Hinrichtung des Königs, Abschaffung der Monarchie und 1653 Einführung einer schriftlichen Verfassung. Zwar bestand die Republik nicht lange, doch nach weiteren Konflikten wurde das Land 1689 mit einem vom Parlament eingesetzten König endgültig zur konstitutionellen Monarchie. Niederer Adel und das mit diesem eng verbundene Bürgertum (der Adelstitel ging nur auf den ältesten Sohn über, die anderen verdienten meist mit Handelsgeschäften ihren Lebensunterhalt) hatten sich Mitbestimmungsmöglichkeiten und die Förderung ihrer wirtschaftlichen Interessen erkämpft und die Stände weitgehend entmachtet. In anderen Ländern versuchte man statt dessen vergeblich, die immer weiter wachsenden wirtschaftlichen Probleme und gesellschaftlichen Spannungen ohne grundlegende Veränderungen zu lösen. Die bösen Ahnungen vom nahen Ende der feudalen Welt, die man mit der Vorspiegelung eines endlosen Festes überspielen wollte, sollten sich am Ende des 18. Jahrhunderts erfüllen.

Architektur der Vernunft
KLASSIZIS-MUS
1750-1840

Demokratie statt Absolutismus

Im rigiden Herrschaftssystem des Absolutismus entwickelte sich die Geistesbewegung der „Aufklärung". Nicht nur das Denken, das gesamte Leben wollte sie aus den traditionellen Bindungen lösen und strikt an der Vernunft, der Ratio, ausrichten („Rationalismus"). Für den Philosophen Immanuel Kant war Ziel der Aufklärung „der Ausgang (= die Befreiung) des Menschen aus selbstverschuldeter Unmündigkeit". Die Vernunft und der von ihr bestimmte kritische Geist allein sollten über Richtigkeit oder Irrtum jeder Erkenntnis ebenso entscheiden wie über die Normen des ethischen, politischen und sozialen Handelns (Friedrich Schiller: „Glaube niemandem als deiner eigenen Vernunft!").

Folglich forderte die Aufklärung, die im Laufe des 18. Jahrhunderts immer mehr Anhänger fand, auch politische Änderungen, zumal sie wesentlich vom Bürgertum getragen wurde: Durch ihre Tätigkeit als Gelehrte, Geld- oder Warenhändler war rationales Denken und Handeln für die Bürger alltagsbestimmend; wirtschaftlich wurde ihre Bedeutung immer größer, doch von der Teilhabe an der politischen Macht blieben sie in Ländern wie Deutschland oder Frankreich weitestgehend ausgeschlossen. Auch Monarchen, die einen „aufgeklärten Absolutismus" vertraten wie Friedrich II. von Preußen oder Joseph II. von Österreich konnten mit Reformen wie relativer Religionsfreiheit, Abschaffung der Folter oder Einführung eines geregelten Justizsystems die gesellschaftlichen Probleme nicht lösen. Eher mußte sich noch der Eindruck verstärken, daß die bestehende Feudalordnung überlebt und grundsätzliche Änderungen notwendig seien.

Das Gegenmodell schufen Philosophen wie John Locke, Jean-Jacques Rosseau und der Staatstheoretiker Montesquieu mit ihren Ideen vom Volksstaat und der Gewaltenteilung: Träger der Nation sollte nicht mehr der Fürst, sondern das Volk sein. Von ihm mußte folglich alle Staatsgewalt direkt oder indirekt (über gewählte Vertreter) ausgehen, wobei anfangs noch an eine Kontrolle und Machtbeschränkung des Monarchen durch Parlament und Verfassung gedacht war. Um Mißbrauch und selbstherrliche Entscheidungen zu verhindern, sollte die Macht, die der absolut herrschende Fürst in seiner Hand vereinte, auf drei „Gewalten" (gesetzgebende, ausführende, rechtsprechende) aufgeteilt werden. Ferner sollte sich alles staatliche Tun nach festen, bekannten Regeln (Verfassung, Gesetze) richten, und nach einer gewissen Zeit sollte sich der Regent vom Souverän, also dem Volk, erneut einen Auftrag zum Handeln geben lassen. Und es sollte der Kontrolle durch die anderen Gewalten unterliegen, vor allem aber durch die öffentliche Kritik, in

„Boston Tea Party" als Protest gegen Importzölle und Teemonopol Englands am 16. 12. 1773, kolorierte Lithographie von 1846

1750: Der Komponist Johann Sebastian Bach stirbt.

1759: In London wird das British Museum eröffnet (Bestand aus privaten Sammlungen).

1762: Jean-Jacques Rousseaus Staatstheorie *Du contrat social* (*Der Gesellschaftsvertrag*) entwirft das Idealbild einer Demokratie.

1764: Johann Joachim Winckelmanns Schrift *Geschichte der Kunst des Altertums* erscheint.

1765: James Watt erfindet die Dampfmaschine (Patent 1769). Die Kartoffel wird in Europa menschliches Nahrungsmittel.

1768: James Cook erforscht auf drei Seereisen Australien, Neuseeland, die Südsee und Alaska.

1773: Als Indianer verkleidete Bürger vernichten eine Ladung Tee der ostindischen Handelskompanie im Bostoner Hafen und verschärfen dadurch den Konflikt mit dem englischen Mutterland.

1776: Der amerikanische Kongreß erklärt die Unabhängigkeit der 13 Kolonien von der britischen Krone. Erklärung der Menschenrechte.

1781: Immanuel Kant veröffentlich seine philosophische Abhandlung *Kritik der reinen Vernunft* Johann Heinrich Voß übersetzt Homers *Odyssee*.

1789: Beginn der Französischen Revolution mit dem Sturm auf die Bastille.

1796: Der englische Arzt Edward Jenner führt die erste Pockenschutzimpfung durch.

1797: Senefelder entwickelt das Steindruckverfahren (Lithographie).

1804: Napoleon Bonaparte krönt sich in Paris selbst zum Kaiser der Franzosen. Ausarbeitung des Code Napoléon (Zivilgesetzgebung).

1808: Goethes *Faust* (1. Teil) erscheint. Die Volksliedersammlung *Des Knaben Wunderhorn* wird von Achim von Arnim und Clemens von Brentano herausgegeben.

1813: Völkerschlacht bei Leipzig; Preußen, Österreich und Rußland siegen gegen Napoleon I.

1814: Napoleon dankt ab und wird nach Elba verbannt. Wiener Kongreß der Verbündeten zur politischen Neuordnung Europas.

1824: Ludwig van Beethoven vollendet seine 9. Symphonie.

1832: Hambacher Fest der deutschen Demokraten.

1838: Samuel Morse entwickelt einen Code, um Nachrichten per Telegraph zu übermitteln.

um 1840: Frédéric François Chopin komponiert seine wichtigsten Klavierwerke (Nocturnes).

der sich der Aufklärung nach ohnehin alles Tun und Denken bewähren muß. Dahinter stand die Überzeugung, daß sich aus dem Widerstreit der Ansichten (Pluralismus) schließlich – mit Hilfe der Vernunft – die richtige herauskristallieren würde und gravierende Fehlentscheidungen vermieden werden könnten. Daß Entscheidungsprozesse in der Demokratie oft kompliziert und lang sind, ist also von den Schöpfern dieses Systems so gewollt. Daß es nie richtig, aber auf Dauer als einziges überhaupt funktioniert, wohingegen jede Diktatur früher oder später zumindest im wirtschaftlichen Desaster endet, zeigt, wie recht sie hatten. Gleichwohl liegt diesem System der Aufklärung ein etwas schwärmerisches Menschenbild zugrunde: Für Rousseau war der Mensch „von Natur aus" gut, inzwischen aber von der Zivilisation verdorben. Die Lösung sah er in der Rückkehr zur „natürlichsten" Form des Staates, einer Gemeinschaft gleichberechtigter Individuen, die aus Gründen und nach Regeln der Vernunft einen „Gesellschaftsvertrag" schließen sollten. Schon John Locke hatte Freiheit, Gleichheit und Unverletzlichkeit der Person und des Eigentums als oberste Rechtsgüter bezeichnet. Erstmals wurden diese Menschenrechte und die hier skizzierten Regeln des demokratischen Staatsaufbaus in den Verfassungen festgeschrieben, die sich die nordamerikanischen Staaten 1776-80 gaben, schließlich in der Verfassung ihres Zusammenschlusses, den USA, 1787/88 und in der französischen Verfassung von 1791.

Bauen nach moralischen Maßstäben

Der Glaube an die menschliche Vernunft, die letztlich stets obsiegen und das Gute und Richtige bewirken werde, hatte aber nicht nur gravierende politische Folgen, sondern leitete auch eine starke Säkularisierung („Verweltlichung") der Gesellschaft ein, die bis heute anhält: Der allein seiner Vernunft folgende Mensch kann einen Gott letztlich höchstens noch als Schöpfer, nicht aber als Lenker akzeptieren. Die Architektur sollte von nun an weder der Religion und noch viel weniger den Feudalherrschern dienen. Man war davon überzeugt, mit Hilfe der gebauten Umwelt den Geist der Menschen positiv beeinflußen, sie zu vernunft- und moralgeleitetem Handeln bewegen zu können. Dazu mußte das Bauen jedoch selbst ethisch-moralische Kriterien erfüllen. So entwickelte Carlo Lodoli schon in den 1740er Jahren die These, Architektur solle zweck- und materialgerecht und damit „wahr" sein; so forderte ganz ähnlich der französische Abbé Laugier 1753 in seinem *Essai sur l'Architecture* eine „ehrliche Baukunst", bei der Konstruktion und Dekor wieder eine Einheit bilden sollten. Folglich mußte die Architektur selbst „sprechen" und die Ideen der Aufklärung zum Ausdruck bringen.

In einem so deutlichen Maße, daß man sie oft als „expressiv" bezeichnet, setzten diese Gedanken die Vertreter der französischen „Revolutionsarchitektur" um. Ihre architektonischen Entwürfe ordnet man deshalb der „architecture parlante" zu, der – von selbst – sprechende Architektur. Die Demokratisierung der Kunst könne über die Emotionen erfolgen, habe den Intellekt, die Bildung, nicht als Voraussetzung, so lautete ihre Utopie.

„O Newton, durch die Größe deiner Weisheit und die Erhabenheit deines Genius' hast du die Form der Erde bestimmt; mein Gedanke war, dich in deine Entdeckung einzuhüllen", schrieb Etienne-Louis Boullée zu seinem 1784 gefertigten Entwurf eines Kenotaphs zu Ehren Newtons: An den Grund einer 150 Meter hohen Kugel sollte der Schrein des Physikers plaziert, darüber ein Planetarium eingerichtet werden.

Claude-Nicolas Ledoux, der andere Hauptvertreter dieser Architektur, entwarf etwa gleichzeitig ein Haus der Flußinspektoren der Loue: Als liegender

Etienne-Louis Boullée: *Entwurf des Newton-Kenotaphs*, 1784, Ansicht und Innensicht/Querschnitt

Boullées Projekt des Newton-Kenothaps (gr. „leeres Grab"), das an ein Planetarium erinnert und auf die wissenschaftliche Leistung Newtons hinweisen soll, ist ein bezeichnendes Beispiel für zwei wesentliche Merkmale der Revolutionsarchitektur: die Häufung der Baumassen und die Verwendung einfacher, geometrischer Formen.

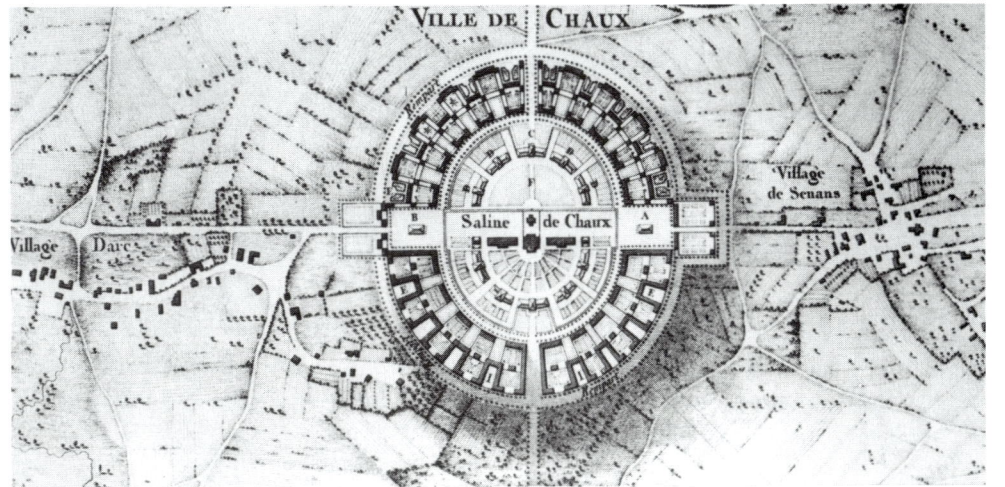

Claude-Nicolas Ledoux: *Entwurf der Idealstadt Chaux bei Arc-et-Senans*, 1806 als Folioausgabe erschienen

Die Idee einer Idealstadt, die bereits im Altertum auftaucht, folgt der Vorstellung, alle materiellen und ästhetischen Forderungen einer Stadt zu erfüllen. Hauptmerkmal ist die Verwendung einfacher, geometrischer Formen und die Regelmäßigkeit der Anlage. Ledoux' Plan ist jedoch nicht abstrakt, sondern ausdrucksvoll, „parlant". Sein dazu veröffentlichter Text sprüht vor sozialen Reformgedanken. So wollte er z. B. ein Gebäude für den „Kult der moralischen Werte" errichten. Das Prinzip der Idealstadt wurde zu Beginn des 20. Jh.s von Bruno Taut und Le Corbusier weitergeführt.

eine nur auf geringer Grundfläche stehende Kugel mit ganz dünner, glatter Außenwand. Von Boullée wurde kaum etwas gebaut, zumal seine Entwürfe – wie der Newton-Kenotaph – oft monströse Ausmaße hatten.

Stilistisch stellt die Revolutionsarchitektur als Teil des Klassizismus vor allem eine Gegenreaktion auf die überschwengliche Formensprache des Barock und Rokoko dar: klare und elegante Linienführung an kompakten, meist *stereometrischen* Baukörpern, deren Prototyp der antike Tempel ist.

KLASSIZISMUS ALS STAATS- ARCHITEKTUR 1780–1840

Ruhe, Strenge, Erhabenheit

„Es gab und gibt nur Eine Baukunst, und wird nur Eine Baukunst geben, nämlich diejenige, welche in der griechischen Geschichts- und Bildungsepoche ihre Vollendung erhielt", schrieb Leo von Klenze 1830 in seiner *Sammlung architektonischer Entwürfe*. Die Architektur des klassischen Griechenlands betrachtete er als „die Baukunst der Welt und aller Zeiten und kein Klima, kein Material, keine Sittenverschiedenheit steht ihrer allgemeinen Anwendung entgegen". Angesichts der Tatsache, daß die Aufklärung die geistigen Ansätze der Renaissance und des Humanismus fortführte, war der abermalige Rückgriff auf die Baukunst des Altertums nur folgerichtig. Stärker noch als im 15. und 16. Jahrhundert sah man die Antike als Ursprung der Architektur an, die die ewigen Gesetze von Harmonie und Schönheit berge.

Schon Mitte des 18. Jahrhunderts war jedoch ein heftiger Streit darüber ausgebrochen, ob die griechische oder die römische Antike historischen wie bauhistorischen Vorrang genießen sollte, ob Rom die griechische Kultur verfeinert oder verfälscht oder sich nicht ohnehin viel stärker an den Etruskern orientiert habe. Beide Parteien konnten auf archäologische Erkenntnisse zurückgreifen, weit stärker als zu Zeiten der Renaissance, als man sich an den antiken Bauten bzw. Bauresten in ihrem Ursprungsland Italien orientierte sowie an den Schriften Vitruvs, also im wesentlichen am römischen Altertum.

Ab dem 18. Jahrhundert pilgerten dagegen zunehmend Westeuropäer nach Griechenland, das damals eine unbedeutende Provinz des Osmanischen Reichs war. Die jungen Briten James Stuart und Nicholas Revett fertigten dort 1751-53 detaillierte Zeichnungen antiker Bauten an, die sie ab 1762 veröffentlichten (*Antiquities of Athens*).

Jacques-Germain Soufflot: *Sainte-Geneviève*, Paris, 1764-1790, seit der Revolution *Panthéon* genannt

Als Hauptwerk seiner Zeit beginnt mit dem Panthéon der romantische, an der Größe des antiken Roms sich orientierende Klassizismus in Frankreich. Schon Soufflots Zeitgenossen charakterisierten das Panthéon als „das erste Beispiel vollkommener Architektur".
Der gigantische Kuppelbau, der selbst mit St. Peter in Rom, St. Paul in London und dem Pariser Invalidendom konkurrierte, sollte das Viertel weit überragen und die Stelle kennzeichnen, wo sich das Grab der Stadtpatronin befand. Soufflot wollte mit dem Bau eine Synthese der Leichtigkeit gotischer Konstruktionen mit Formen der Antike schaffen: Der Grundriß des griechischen Kreuzes folgt dem Renaissanceideal. Tragendes Element ist nicht mehr die Wand, sondern die Säule. Richtungsweisend für die Architektur der Moderne ist der Einsatz von armiertem Beton an dem mit 22 Säulen versehenen Portikus. Soufflots Verzicht auf ein kompliziertes System von Pfeilern, Stützen und Wandmassen sowie Rationalität und Reinheit der Form führen zu einer eindrucksvollen Konstruktion.

Zylinder, durch den ein Bach geführt wird, der sich dann als Wasserfall in den Fluß ergießt, symbolisierte es dessen Bändigung. Weitere herausragende Werke Ledoux' waren die Salines Royales in Arc-et-Senans und die dazu entworfene „Idealstadt" Chaux, das Theater von Besançon und die Pariser Zollhäuser (Barrières, 1785-89).

Wie die Jahreszahlen schon andeuten, nannte man diesen Stil nicht etwa deshalb „Revolutionsarchitektur", weil er aus der französischen Revolution von 1789 heraus entstanden wäre. (Ledoux hatte seine produktivste Zeit, nachdem er in den 1770er Jahren zum Hofarchitekten ernannt worden war; der politische Umsturz beendete seine Karriere.) Vielmehr artikulieren sich neue Gesellschaftsmodelle, wie die Utopien, denen Boullée, Ledoux und andere anhingen, immer in „revolutionären" Bauvorhaben. Das Revolutionäre an dieser Architektur war die Tatsache, daß sie mit den Traditionen brach und die Ausführbarkeit der Entwürfe nicht mehr Bedingung war. Viele von ihnen hätten zu ihrer Zeit auch gar nicht realisiert werden können, etwa Ledoux' Haus der Flurwärter,

1738 bzw. 1748 begann die Ausgrabung der antiken Städte Herculaneum und Pompeji, die im Jahre 79 bei einem Ausbruch des Vesuv verschüttet und dadurch „konserviert" worden waren. Die Ausgrabungen und was dabei zu Tage kam beschrieb der in Rom lebende Altertumsforscher Johann Joachim Winckelmann, der mit seinem 1764 erschienenen Werk *Geschichte der Kunst des Altertums* die modernen Kunstwissenschaften begründete. Seine Auffassung vom Wesen der griechischen Kunst als „edle Einfalt und stille Größe" sollte später bestimmend für die deutsche Klassik.

In Frankreich und den angelsächsischen Ländern, wo das „klassische" Bauen – vor allem in Form des Palladianismus – seit der Renaissance kontinuierlich fortgeführt worden war, nannte man den neuen Stil „Neoklassizismus"; in Deutschland verwendete man diese Bezeichnung erst für das Wiederaufleben klassizistischer Tendenzen um 1900, die dann jedoch eine immer stärkere Vergröberung und Monumentalisierung erfuhren.

Wie früh der („neo-")klassizistische Trend in Frankreich bereits einsetzte, zeigt die Pariser Kirche Sainte-Geneviève, die ab 1757 von Jacques-Germain Soufflot geplant und 1764-1790 gebaut wurde. Ihr Grundriß erinnert an die Renaissance: Über einem Kreis im Zentrum eines griechischen Kreuzes erhebt sich eine *Tambourkuppel*, deren einzelne Bauteile jedoch hart aufeinandergesetzt sind, so wie die ganze Kuppel übergangslos auf der Kirche thront. 1791 wurde das Gebäude zur Gedächtnis- und Begräbnisstätte bedeutender Franzosen umgewidmet und „Panthéon" genannt. Dabei war nicht nur die Bezugnahme auf eines der bedeutendsten erhaltenen Bauwerke der römischen Antike im Sinne der Zeit: An die Stelle der Gesamtheit der Götter, der dieses Gebäude geweiht war und auf die sich sein Name bezieht, trat im revolutionären Paris nun die Gesamtheit der Geistesgrößen.

Die gesamten letzten Jahrzehnte des 18. und ersten Dekaden des 19. Jahrhunderts hindurch dominierten klassizistische Gestaltungsprinzipien die Architektur: Klarheit und Reduktion in der äußeren Ansicht wie in den Grundrissen, Dominanz rechter Winkel und gerader Linien, *stereometrische* Baukörper, hart auf- und nebeneinandergestellte Elemente, Ruhe, Strenge und Erhabenheit wie sie der „Größe" der verkörperten Ideen bzw. der von den Gebäuden zu erfüllenden Aufgaben angemessen waren, Ethos und Moral statt bewegter Pracht und Repräsentation. Das sparsame Dekor wirkte oft wie angeheftet, *Risalite* und *Pilaster* wie vorgeblendet. Noch immer waren die Bauten streng symmetrisch; doch so oft an der Frontseite Portiken verwandt wurden, so oft verzichtete man auch auf die Betonung der Mittelachse, etwa wenn dem Gebäude eine Säulenhalle vorgesetzt wurde. Beim British Museum in London z. B. sollten die Säulen ursprünglich um den ganzen Bau herumgeführt werden. Da dieser aus einem langgestreckten Kubus besteht, wäre dann wie beim griechischen *Peripterostempel* eine weitgehende Vereinheitlichung der Außenansichten erzielt und keine eindeutige Schauseite mehr festgelegt worden. Man setzte die Säulen wieder verstärkt konstruktiv und nicht nur schmückend ein: Die Form sollte wieder stärker der Konstruktion entsprechen, weshalb man auch dorische oder ionische Ordnung der prächtigeren korinthischen oder gar dem Kompositkapitell vorzog.

Sir Robert Smirke: *British Museum*, London, 1823-47

Das frühe 19. Jahrhundert ist in England durch den sog. *Greek Revival* gekennzeichnet, die Erforschung der Baukunst des klassischen Griechenland, die schnell Vorbildfunktion einnimmt. Dabei drückt die äußere Formensprache eines Bauwerks dessen Funktion und Historie aus. Öffentliche Gebäude können jetzt nicht nur mit Sakralbauten oder Fürstenhäusern konkurrieren, sondern sie sogar architektonisch übertreffen.

Das British Museum stellt einen Höhepunkt des europäischen Klassizismus dar. Die Südseite des Baus folgt dem Stil der griechischen Tempelarchitektur: Sie zeigt eine gewaltige Kolonnade mit 48 ionischen Säulen. Die strenge Monumentalität des Museumsentwurfs steht im Gegensatz zur Idee des Gesamtkunstwerks im Barock. Das dort vorherrschende, verspielte Schachtelungsprinzip wird hier durch eine blockhaft additive Baugliederung ersetzt.

Kapitol der Vereinigten Staaten, Washington, D. C., Entwurf von William **Thornton**, Baubeginn 1793, Bauleitung 1803-17 Benjamin **Latrobe**, bis 1824 Charles **Bulfinch**; Erweiterungsbau und Kuppel von Thomas **Walter** (1851-65)

Der Bau eines staatlichen Kapitols bewegte in Amerika die Gemüter. Als Vorbild diente das antike Kapitol in Rom als Ort demokratischen Handelns. Die architektonische Ausführung greift deutlich auf den Klassizismus Palladios und dessen Proportionslehre zurück.
Die gewaltige Kuppel von Thomas Walter ist das Wahrzeichen der Stadt. Sie verkörpert den amerikanischen Traum von Freiheit und unbegrenzter Möglichkeit. Dennoch war sie ein technisches Wagnis. Walter benutzt hier zum ersten Mal Gußeisen. Als Schutz vor den Ausdehnungskräften dieses Materials konstruierte er zwei Schalen, kompliziert umgürtet und miteinander verbolzt. Die Kuppel des Kapitols steht durchaus in Konkurrenz zu Michelangelos barocker Kuppel am Petersdom in Rom und Brunelleschis Kuppel am Florentiner Dom.

Thomas Jefferson und die Architektur der USA

Auch dem Multitalent Thomas Jefferson diente Roms Pantheon beim Entwurf seines Landsitzes Monticello vor den Toren Charlottesvilles als Vorbild: Auf der Kuppe eines kleinen Hügels, dessen Wölbung die Kuppel wiederholt, steht das Haus mit seinen ausladenden Seitenflügeln. Trotz der Verwendung von Sichtbackstein vermittelt der Bau weniger Zurückhaltung und Bescheidenheit als Selbstbewußtsein. Bei dem Entwurf hatte Jefferson Palladios Villa Rotonda im Sinn, und die Verbindung zur Spätrenaissance und über sie zur römischen Antike ist kein Zufall, wie auch der Sitz der ersten US-Staatsuniversität zeigt, den Jefferson 1817-1826 in Charlottesville schuf: Abermals findet sich hier ein dem Pantheon entlehnter Baukörper, diesmal als Bibliothek auf dem Gipfel einer leicht ansteigenden Allee, die von Säulenpavillons für die einzelnen Fakultäten gesäumt wird; diese zeigen die verschiedenen römischen Ordnungen oder Varianten davon – einschließlich des Stils Ledoux', dessen Werke Jefferson während seiner Zeit als Botschafter im vorrevolutionären Paris kennengelernt hatte.

Das republikanische Rom war für ihn das gesellschaftliche und damit auch architektonische Vorbild, das er in den USA wiedererstanden sah. Dies ging bis zur Namensgebung der Volksvertretung, dem Senat, der auf dem Kapitolshügel tagt. Als Gouverneur von Virginia, Außenminister und schließlich Präsident der USA förderte Jefferson eine vom Vorbild des besiegten Ex-Mutterlandes Großbritannien unabhängige Architektur in einer Zeit, als nicht nur für Behörden und Regierung Gebäude nötig wurden, sondern das Land generell erst begann, in größerem Umfang Massivbauten zu errichten.

Seine monumentalste Ausprägung erlangte der amerikanische Klassizismus im Kapitol, dem damals wohl größten und prachtvollsten Bau in dem neuen Staat, der aus den Ideen der Aufklärung heraus entstanden war und diese weitgehend verwirklicht hatte.

Besonders seine beeindruckende Kuppel führte dazu, daß nach dem Vorbild des Kapitols auch viele weitere Parlamentsgebäude der Einzelstaaten der USA sowie der meisten mittel- und südamerikanischen Staaten gebaut wurden.

Thomas Jefferson: *Monticello*, Charlottesville, Virginia, USA, 1769 entworfen

Dem antiken Demokratiebegriff folgend erkennt Jefferson ein grundsätzliches, regelgeleitetes Ordnungsprinzip in der antiken Architektur. In einer Gesellschaft, die auf Gleichheit aller beruht, darf Architektur nicht überschwenglich und diffus, sondern muß einfach und verständlich sein: Der Präsident zeigt diesen Gedanken in der Architektur seines Hauses. Inspiriert von Palladio, diente ihm als Vorbild der Typus der idealen Villa. Die architektonische Ausführung besticht durch die horizontale Gestaltung und den symmetrischen Aufbau unter Betonung der beiden Portiken an Vorder- und Rückseite des Baus. Jefferson verbindet die Geradlinigkeit Palladios, die sich in den Portiken und den antiken Fenstergewänden zeigt, mit der französischen Eleganz des mit hohem Gesims und abschließender Balustrade gegliederten Baukörpers.
Die Verwendung roter Ziegel, von denen sich die weißen Architekturglieder abheben, folgt der amerikanischen Tradition.

Klassizismusblüte im restaurativen Deutschland

Anders stellte sich die Lage in Europa dar: Wie manch andere Revolution war auch die französische von 1789 bald weit über ihr Ziel hinausgeschossen. Erst wurde die Monarchie abgeschafft, die christliche Zeitrechnung durch eine neue, auf dem Dezimalsystem beruhende ersetzt, Kirchen und Klöster als „Stätten des Aberglaubens" geschlossen, wie Sainte-Geneviève zu Tempeln der Heldenverehrung umgewidmet oder gar abgerissen – wie als wohl bedeutendstes Bauwerk die Abtei von Cluny, die als Steinbruch verpachtet wurde. Der Höhe- und Endpunkt des Umkehrprozesses war erreicht, als nach Jahren der Machtkämpfe und des Terrors Napoleon Bonaparte an die Macht kam und sich 1804 zum Kaiser krönte. Zwar wurden seine Träume von einem Weltreich, nachdem er schon halb Europa unterworfen hatte, zu Fall gebracht; 1814-15 ordneten die europäischen Großmächte den Kontinent auf dem Wiener Kongreß neu, die während der Kriege von den bedrängten Fürsten gegebenen Reformversprechen wurden gebrochen und unter Führung des österreichischen Außenministers und späteren Kanzlers Metternich setzte vor allem in Mitteleuropa eine rigide Restaurationspolitik ein. Doch die alten Zustände, die unter dem Ansturm Napoleons oder durch dessen Reformen beseitigt worden waren, konnten nur mühsam und für begrenzte Zeit wiederhergestellt werden, wenn überhaupt. Die Ideen der Aufklärung lebten weiter, und der Klassizismus kam nun auch im restaurativen Deutschland zur Blüte.

Seine Zentren wurden Baden, Bayern, Preußen und deren Hauptstädte: Karlsruhe, wo Friedrich Weinbrenner den barocken Stadtgrundriß mit klassizistischen Bauten füllte; München, wo Leo von Klenze, ein Schüler Gillys und Durands, ab 1816 als Hofarchitekt fungierte, und Berlin, wo mit dem Brandenburger Tor von Carl Gotthard Langhans der Gründungsbau des deutschen Klassizismus entstand. Dieses errichtete man als Triumphtor am Anfang der Prachtstraße Unter den Linden; daß dieser eigentlich römische Bautypus jedoch in griechisch inspirierter Form gestaltet wurde, sollte typisch werden für die starke Orientierung an der griechische Antike in Bayern und Preußen. Sie ging bis hin zur Nachahmung einzelner Bauten oder zur Namenswiederholung, wie etwa bei den Propyläen in München oder der ebenfalls von Klenze entworfenen Walhalla in der Nähe von Regensburg: Hoch über der Donau wurde diese Parthenon-Kopie als Ruhmeshalle für „große" Deutsche errichtet. Der bayerische König Ludwig I. ließ also ein Gebäude zum gleichen Zweck bauen, dem die Kirche Sainte-Geneviève von Frankreichs Revolutionären geweiht worden war. Auch dies ein Beleg für die Tragweite der Ideen der Aufklärung.

Kirchen oder Schlösser von herausragender architektonischer Bedeutung entstanden nun kaum noch. Dem Bildungsideal des aufgeklärten Bürgertums folgend, wurden statt dessen nicht nur in Deutschland überall Museen, Bibliotheken, Theater gebaut – und diese oft mit einem *Portikus* versehen, also einem ursprünglich dem Sakralbau entstammenden Element. Dies war nur konse-

Friedrich Gilly: *Entwurf für das Berliner Schauspielhaus*, 1798 (nicht realisiert)

Das Theater gehörte zu den Bauaufgaben, die im späten 18. Jh. mit dem Entstehen einer bürgerlichen Öffentlichkeit in den Mittelpunkt des Interesses rückten. Es galt dem Bürgertum als „moralische Anstalt" und Bildungsinstitution, in der sich auch seine Emanzipation vom Adel vollzog. Planung und Ausführung der Theaterbauten wurden deshalb von einer regen öffentlichen Diskussion begleitet. Im Gegensatz zum höfischen Logentheater konzipierten einige Architekten an den antiken Amphitheatern inspirierte Zuschauerräume, die den gleichen Rang aller Zuschauer betonten. Gilly entwarf für Berlin nach dem Vorbild der französischen Revolutionsarchitektur ein aus klar gegliederten, streng geometrischen Raumkörpern zusammengesetztes Bauwerk. Die Fassade wird duch einen monumentalen Säulenportikus akzentuiert. Auch Gilly plante den Zuschauerraum als offenes Halbrund, das im Sinne der neuen Aufgabe des Schauspiels vor allem auf die Bühne hin ausgerichtet ist und nicht, wie im höfischen Theater, das Publikum selbst zum wichtigsten Schauspiel werden läßt.

quent: Die Bildungsstätte war an die Stelle des Gotteshauses getreten, tatsächlich „Kunsttempel" oder „Bildungstempel" geworden; im Sinne der Aufklärung ging es nicht mehr um Glauben, sondern um Wissen. So erhielten beispielsweise auch Banken und Börsen der Antike entlehnte Tempelfronten. Daneben wurden zunehmend Universitäten gegründet, Schulen, Regierungs- und Verwaltungsgebäude errichtet: Funktionen, die früher im Schloß oder Kloster zusammengefaßt waren, erhielten nun eigenständige Häuser. Die moderne Gesellschaft verlangte nach stärkerer Spezialisierung.

Die Finanzierung all der Bauten ließ sich jedoch nicht mehr wie in der Feudalgesellschaft durch hemmungslose Ausbeutung der Bevölkerung bewerkstelligen. Schon Anfang des 19. Jahrhunderts hatte daher Durand, ein Schüler Boullées, in seinem *Abriß der Vorlesungen über Baukunst* Kostenfragen in die ästhetischen Überlegungen einbezogen: Der Zweck des Bauens als kostspieligste aller Künste könne „nur in der Nützlichkeit für Publikum und Privaten, in der Wohlfahrt der Einzelnen, der Familien und der Gesellschaft begründet sein". Folglich seien „Zweckmäßigkeit und Sparsamkeit die Mittel, welche die Baukunst natürlicher Weise anwenden, und die Quellen, worin sie ihre Prinzipien schöpfen muß, die einzigen, die uns bei dem Studium und der Ausübung dieser Kunst zum Führer dienen können."

Zwei Entwicklungsmöglichkeiten

Wie in Frankreich entstand auch in Deutschland neben eher konventioneller Antikennachahmung Zukunftsweisendes. Fast nur mit seinen Entwürfen übte etwa Friedrich Gilly, der 1800 mit 28 Jahren starb, großen Einfluß aus, insbesondere mit seinem Plan eines Denkmals für Friedrich II. in Berlin. Wurden Herrschern oder anderen hervor-

ragenden Persönlichkeiten früher Standbilder gewidmet, so war der Monarch hier als Idee gegenwärtig. Im Sockel des Monuments hätte der Sarkophag untergebracht werden können, hoch erhob sich darüber der griechische *Peripterostempel*, Sinnbild für den Geist des Königs; der Besucher hätte von dort weit über Berlin und das Umland, also Friedrichs Wirkungsstätte und in gewissem Sinne auch Werk, blicken können. Stilistisch kombinierte Gilly in seinem Entwurf griechische und ägyptische Merkmale mit denen der französischen Revolutionsarchitektur. Stark beeinflußte er vor allem Karl Friedrich Schinkel, der Gillys Ansatz einer Verschmelzung von antiker Formensprache und neuer Funktionalität vervollkommnete.

Zunächst nahm die Architektur jedoch eine andere Entwicklung, deren Möglichkeit ebenfalls im Klassizismus angelegt war: Eigentlich war die gefühlsbetonte, träumerische Romantik eine Gegenbewegung zur rationalistischen, unsentimentalen Aufklärung gewesen; andererseits hatte schon Rousseaus Naturschwärmerei ein derartiges Element in sich getragen.

Wie gut Romantik und Klassizismus in der nachnapoleonischen Zeit etwa in Deutschland verschmolzen, wo sich die Flucht aus der politisch bedrückenden Realität besonders anbot, zeigen die damals beliebten „Englischen Gärten", in denen Barockschlösser völlig deplaziert gewirkt hätten, die aber mit klassizistischen Bauten gut harmonierten. Am angelsächsischen Vorbild orientiert, schufen Gartenarchitekten wie Hermann Fürst von Pückler-Muskau oder Peter Joseph Lenné herausragende Anlagen. Die Häuser wurden ohne trennende Terassen direkt in den Englischen Garten hineingestellt, den Zusammenprall zwischen streng gestaltetem Menschenwerk und sich frei entwickelnder Natur mit ihren Seen und hügeligen Rasenflächen, unregelmäßigen Wegen und Wasserläufen, wuchernden Hecken und vereinzelt stehenden Bäumen betonend. Alles in der Natur sollte zufällig und harmonisch wirken, nicht – wie im Französischen Garten – in eine künstliche Form gezwungen, sondern vervollkommnet werden. Wollten die Sichtachsen im Barock durch Monumentalität beeindrucken und durch die klare Ausrichtung des Blicks in Erinnerung rufen, wer Mittelpunkt war, so ging es jetzt darum, die Natur mit überraschenden und anregenden Durchblicken zu verfeinern. Was man erblickt, ist dagegen von betonter Romantik: antike Tempel, Steinbrücken, kleine Schlösser und künstliche Ruinen. Gern bediente man sich dabei gotischer Formen.

KARL FRIEDRICH SCHINKEL

Die kleine Stadt Neuruppin, nördlich von Berlin, hat zwei für das Königreich Preußen bedeutende Männer hervorgebracht: den Dichter Theodor Fontane (1819-1898) und den Architekten Karl Friedrich Schinkel (1781-1841). Schinkel lernte an der Bauakademie in Berlin vor allem bei David Gilly (1748-1808) die klassischen Bauformen kennen, die seit dem Ende des 18. Jahrhunderts in Mode gekommen waren.

Erst einige Jahre zuvor hatte man die griechischen Tempel und damit ihren Vorbildcharakter für die Baukunst (wieder-)entdeckt. Den dorischen Tempel in Paestum z. B. hatte man nicht gekannt, so daß dessen Säulen ohne *Basen* jetzt größtes Aufsehen erregen konnten. In der Erkenntnis, daß die griechische Antike die vollendete Schönheit zum Ideal erhoben hatte und in ihrer materialgerechten Funktionalität gleichzeitig die absolute Wahrheit verkörpere, wendete sich die Architektur des 18. Jahrhunderts radikal gegen die vorhergehenden Epochen von Renaissance und Barock und begann auch die akademische Lehre an den neuen Idealen zu orientieren. Das organisch-körperhafte Baudenken sollte überwunden werden zugunsten der klaren Kubenformen, die die Antike hervorgebracht hatte. Das Architekturstudium Schinkels fiel also genau in jene revolutionäre Umbruchzeit der Baugeschichte, die erstmals tatsächlich ihre ganze Geschichte zu würdigen wußte. Die Berliner Bauakademie hat außer Schinkel auch Leo von Klenze (1784-1864) ausgebildet, dessen Bedeutung für Bayern der Schinkels für Preußen vergleichbar ist.

Nach seiner Ausbildung bereiste Schinkel von 1803 bis 1805 Italien, wo er sowohl romantische Bilder malte als auch Bauwerke entwarf – schon damals nicht mehr nur im klassizistischen, sondern auch bereits im gotischen Stil. Er entwarf Bühnenbilder für Opern wie die *Zauberflöte*, Denkmäler, Brücken und Wehre. Die Begabungen Schinkels waren damit so vielseitig wie die der meisten Architekten seiner Zeit.

Schinkels große Zeit begann nach den Befreiungskriegen, als in Preußen – durch den Wiener Kongreß ungeheuer vergrößert – die Bautätigkeit wieder begann. Bald wurde Schinkel Hofarchitekt, Mitglied der einflußreichen preußischen Oberbaudeputation und schließlich Oberlandesbaudi-

Das Schauspielhaus am Gendarmenmarkt in Berlin, 1818-1824

rektor. Sein großer Einfluß auf das preußische Baugeschehen führte zu einer Art „Schinkelschule" aus der seine Nachfolger Persius, Stüler und Strack hervorgingen.

Schinkel entwarf in mindestens drei Stilarten – Klassizismus, Neugotik und Romantik – gleichzeitig. Den meisten Ruhm brachten ihm jedoch die klassizistischen Bauten ein, die zu den schönsten gehören, die in diesem Stil in Deutschland entstanden sind. Sie verbinden Zweckerfüllung mit harmonischer Klarheit und gelten deshalb als reinster Ausdruck der klassischen Antike.

Von allen Schinkel-Kirchen wirkt die Potsdamer Nicolai-Kirche, einst in unmittelbarer Nachbarschaft des Schlosses, noch heute am imposantesten. Ihre mächtige Kuppel erinnert an die einstige Schönheit Potsdams. Der von Schinkel umgebaute feine Berliner Dom mußte 1890 dem protzigen Neubau Raschdorffs weichen. Erhalten ist die Friedrichwerdersche Kirche in Berlin im neugotischen Stil, in der heute das Schinkel-Museum untergebracht ist. Andere Kirchen wie die in Moabit sind florentinisch-romantisch.

Es gibt zahlreiche Schloßentwürfe Schinkels. Besonders erwähnenswert der für die Athener Akropolis, ein Projekt, das auch Klenze und andere

namhafte Klassizisten beschäftigte. Quasi am Ursprungsort der Klassik ein Schloß errichten zu dürfen, war eine große Herausforderung für einen Klassizisten. Besonders liebenswert ist das Schlösschen Charlottenhof im Potsdamer Park von Sanssouci und das kleine Palais Liegnitz beim Berliner Schloß Charlottenburg. Eher streng dagegen das neugotische Schloß Kamenz in Schlesien.

Schinkels sogenanntes Altes Museum am Berliner Lustgarten (1822 begonnen) zeichnet vor allem die offene Treppenhalle, von der aus man einst das Stadtschloß bewundern konnte, sowie die runde Mittelhalle – ein schönes Beispiel für klassizistische Raumgestaltung – aus.

Auch die Neue Wache am Forum Fridicianum (1817), einst ein Gebäude für den Aufenthalt einer Wachkompanie, heute Mahnmal für die Opfer des 2. Weltkriegs und der Völkervernichtung, gehört zu Schinkels Meisterwerken.

Die leider vernichtete Bauakademie (1825 begonnen) war ein Musterbeispiel für die Backsteinarchitektur. Mit diesem Gebäude verarbeitete Schinkel die Erfahrungen eines Englandbesuches, als er die Fabrik- und Spinnereigebäude in Manchester sah. Diese seien nichts anderes als monströse Massen und hätten mit Architektur, die doch Baukunst sein wolle, nichts mehr zu tun. Wie sich Zweckbauten auch entwerfen ließen, zeigte er mit dem Berliner Packhof mit Zoll-, Verwaltungs- und Speichergebäuden aus den Jahren 1829-1832, die längs dem Kupfergraben als Warenumschlagplatz errichtet wurden. Diesem Gebäuderiegel gab er eine streng kubische Ästhetik, vergleichbar jener der Bauakademie.

Eingerahmt von den steilen Kuppeln des deutschen und französischen Domes ist das Schauspielhaus am Gendarmenmarkt, eines von Schinkels wichtigsten Bauten. Hinter der griechischen Tempelfront, wie alle Säulen, Gebälke und Giebel dem Baukasten der Antike entnommen, verbirgt sich ein nach streng funktionalistischen Kriterien entworfener Bau, dessen einzelne *stereometrische* Baukörper wiederum aus mehreren selbständigen Teilen bestehen.

Hier wurde Mozarts *Zauberflöte* mit Bühnenbildern des Architekten zur Eröffnung aufgeführt. Daß dieses kostbare Gebäude den Krieg überstanden hat, ist ein Glücksfall für Berlin.

Die Bauakademie, 1825 begonnen

Die technische Revolution

HISTORISMUS UND INGENIEUR- ARCHITEKTUR

1840-1900

Geborgte Stilformen

Von der Antike ausgehend und einige ihrer Gestaltungselemente aufgreifend, hatte der Klassizismus manch Zukunftsweisendes hervorgebracht: Die *stereometrischen* Baukörper, die *tektonische* Klarheit, die geraden Linien und die Sparsamkeit des Dekors – dies alles barg bereits moderne Ansätze in sich. Der Historismus, den man auch als manieristischen Ausklang des Klassizismus verstehen könnte, verleugnete diese Ansätze nicht, sondern nutzte sie im Gegenteil in Baukonstruktion und Raumgestaltung. Doch statt ein solches Vorgehen konsequent sichtbar zu machen, ging man dazu über, zusätzlich andere Stilformen der Vergangenheit – nicht allein der abendländischen Baukunst – in die Fassadengestaltung einzubringen. Wie spielerisch, oder in der Angst vor dem technischen Fortschritt, versteckte man neue bautechnische Möglichkeiten hinter vertrauten, aber eben nurmehr vorgeblendeten Formen.

Den Anfang machte die Rückbesinnung auf die Gotik. In England war dieser Stil in recht eigenständiger Weise fortentwickelt worden und blieb weit über das Mittelalter hinaus bestimmend. Seit der Mitte des 18. Jahrhunderts vor allem bei Landsitzen, ab der Wende zum 19. Jahrhundert dann generell, hatte es immer wieder Ansätze zur Wiederbelebung der Gotik gegeben („Gothic revival"). Ähnlich verhielt es sich in Deutschland, dessen nationales Selbstbewußtsein nach dem Sieg über das Napoleonische Frankreich gestärkt worden war, jedoch noch keine Erfüllung in einem Nationalstaat gefunden hatte. Dort hielt man den seit der Renaissance verpönten Stil – der Begriff „Gotik" war als Schimpfwort für eine als barbarisch empfundene Gestaltungsweise eingeführt worden – nun für spezifisch deutsch. Erst in der zweiten Hälfte des 19. Jahrhunderts legten die Kunstwissenschaftler dar, daß die strenge, erhabene Kathedralgotik – wie man sie etwa im Kölner Dom perfekt umgesetzt fand – französischen Ursprungs war, also ausgerechnet aus dem Land kam, das man als „Erbfeind" betrachtete.

Die offensichtliche Abkehr vom reinen Klassizismus hin zu historisierender Architektur begann im Jahr 1840, als man in London mit der Errichtung eines neuen Parlamentsgebäudes begann: ein riesiger Komplex mit rund 1100 Räumen und einer Front, die sich über 275 Meter hinweg an der Themse entlangzieht. Wie in der englischen Spätgotik, dem *Perpendicular style*, wurde den Fassaden des kastenförmigen Baukörpers eine gitterförmige Dekoration aufgelegt. Der dem Klassizismus verpflichtete Architekt Charles Barry weigerte sich, den Forderungen des Wettbewerbs nach einem „gotischen" Gebäude zu entsprechen. Deshalb engagierte er Augustus Welby Pugin, einen leidenschaftlichen Anhänger der Gotik, als Gestalter der Fassadendetails. Dieser gliederte die langen Wände optisch; doch so wenig wie es dahinter eine gotische Raumvereinheitlichung geben konnte, so wenig gab es ein machtvolles Aufstreben der Formen. Durch Gesimsbänder erhielten die Fassaden im Gegenteil einen starken

1842: China tritt Hongkong an England ab und öffnet seine Häfen den westeuropäischen Mächten und dem britischen Opiumhandel.

1843: Felix Mendelssohn-Bartholdy komponiert die Schauspielmusik zu Shakespeares *Sommernachtstraum*.

1845: Latein verschwindet als Vorlesungs- und Prüfungssprache an der Berliner Universität.

1847: Gesetzlicher 10-Stunden-Tag in England.

1848: Karl Marx veröffentlich sein *Kommunistisches Manifest*. Entdeckung von Goldvorkommen in Kalifornien führt zum Goldrausch.

1861: Abraham Lincoln wird Präsident der USA und schafft die Sklaverei ab.

1863: Gründung des Internationalen Roten Kreuzes.

1864: Jules Verne schreibt *Die Reise zum Mittelpunkt der Erde*, den ersten Science-Fiction-Roman.

1865: Lewis Carroll schreibt *Alice im Wunderland*. Georg Johann Mendel veröffentlich seine Vererbungsregeln (erst ab 1900 beachtet).

1869: Der Suez-Kanal wird eröffnet und verkürzt den Seeweg nach Asien. Alfred E. Brehms *Tierleben* erscheint.

1871: Gründung des Deutschen Reiches nach dem Ende des deutsch-französischen Krieges in Versailles. Bismarck wird erster Reichskanzler (bis 1890).

1874: Erste Gruppenausstellung der Impressionisten in Paris.

1876: Alexander Bell patentiert seinen Sprechapparat, den Vorläufer des Telefons.

1877: Leo N. Tolstoi veröffentlicht *Anna Karenina*.

seit 1880: Indem sie die Kolonialpolitik des 16.-18. Jh.s fortführen, kämpfen die Großmächte um die wirtschaftliche und politische Auf-

Stand für Kultur- und Weltpolitik einer ganzen Epoche: Viktoria, Königin von Großbritannien und Irland, Portraitaufnahme um 1890

teilung der Welt (Imperialismus).

1882: Uraufführung von Wagners *Parsifal* in Bayreuth.

1885: Gottlieb Daimler und Carl Benz konstruieren die ersten Automobile. Erstes erfolgreiches U-Boot von Nordenfeldt.

1886: Entmündigung und Selbstmord des geisteskranken Ludwig der II., König von Bayern (seit 1864)

1892: Gerhart Hauptmann veröffentlicht *Die Weber*, das Drama der sozialen Massenrevolution.

1894: Der jüdisch-französische Offizier Alfred Dreyfuß wird wegen angeblichen Landesverrats verurteilt und deportiert.

1895: Wilhelm Conrad Röntgen entdeckt die nach ihm benannten Strahlen. Sigmund Freud begründet die Psychoanalyse. Erste Filmvorführungen in Berlin durch die Brüder Skladanowsky und in Paris durch die Brüder Lumière.

1899: Haager Friedenskonferenz über friedliche Beilegung internationaler Konflikte und Landkriegsordnung.

waagerechten Akzent. Die Dekoration ist kleinteilig, aber auch schematisch – wie es die Ausmaße des Baus bedingten: Immer und immer wieder wurden die gleichen überkommenen Schmuckformen dem Gebäude aufgelegt, bis man es endlich vollständig verziert hatte.

Damit waren wesentliche Merkmale des Historismus vereint: Man bediente sich eines vergangenen, in seiner Entwicklung längst abgeschlossenen Stils – dies wird wie der gesamte Historismus auch als „Eklektizismus" bezeichnet – und versuchte mit diesem eine völlig neuartige Bauaufgabe, wie sie ein so riesiges Parlamentsgebäude darstellte, zu lösen. Dabei wandte man die Regeln des Stils entweder in „akademischer" Strenge und Exaktheit an, wie sie den Baumeistern in jener vergangenen Epoche kaum jemals in den Sinn gekommen wären, da gerade ihr freier Umgang mit dem Formenkanon sie Bedeutendes schaffen ließ. Anders als in der Renaissancearchitektur oder dem Klassizismus wurde somit Altes im Historismus nicht zum Ausgangspunkt kreativer, eigenständiger Neuschöpfung, sondern vielmehr schematischer und seelenloser Nachahmung. Die teilweise willkürliche Kombination von Stilelementen aus einer oder gar mehreren Epochen ließ das Ergebnis manchmal entsprechend

falsch und chaotisch wirken: So besitzt das Londoner Parlament *Risalite*, die es in der gotischen Architektur noch gar nicht gegeben hatte. Die Stilformen seien „erborgt und erstohlen, sie gehören uns gar nicht an", schrieb Gottfried Semper, einer der wenigen Architekten, die im Historismus mit der Maßgabe, die Funktion eines Gebäudes solle in Grundriß, Außenbau und Schmuck ihren Ausdruck finden, auch Positives schufen.

Welche Versatzstücke auch verwendet wurden, so stimmten doch in den meisten Fällen vor allem die Proportionen nicht mehr. Die neuen Gebäude – wie das Londoner Parlament – hatten ganz andere Dimensionen als jene, für die die Stile einst geschaffen worden waren. Übertrug man das Dekor eines Renaissancebürgerhauses etwa auf die zweihundert Meter lange, vier Stockwerke hohe Fassade eines Verwaltungsgebäudes, so mußte dies zwangsläufig zu einer Vergrößerung, Vergröberung und Wiederholung der Formen führen. Doch nicht nur immer mehr einzelne Bauten erlangten bis dahin kaum gekannte Dimensionen; auch die Menge der Häuser, die gebaut wurden, erreichte ab der Mitte des 19. Jahrhunderts einen Umfang, gegen die die Baulust barocker Fürsten sich beinahe geringfügig ausnahm.

Charles Barry und A. W. Pugin: *House of Parliament*, 1840-88, London, Sitz des englischen Parlaments, mit Victoria Tower (1858, 102m hoch) und „Big Ben" (1859, 97m hoch)

Das neue Parlamentsgebäude – das den Platz des alten, 1834 durch einen Brand zerstörten Westminsterpalastes einnahm – ist Zeugnis des „Gothic Revival", der Begeisterung der Engländer für die Gotik, die in der Mitte des 18. Jahrhunderts aufkam.
Der rechteckige Baukomplex ist in zahlreiche, asymmetrisch aneinanderfolgende Trakte aufgegliedert. Die Westfront an der Themse wird durch den Victoria Tower bestimmt, die Nordseite durch „Big Ben". Pugins Gotik stellt eine dekorative Verkleidung dar. Im Rückgriff auf den *Perpendicular Style* (die englische Sonderform der Spätgotik) werden vertikale Dekorationselemente betont und die Flächen vergittert. Es entsteht der Eindruck, als sei dem Baukörper ein Furnier aufgelegt worden. Es wird auch deutlich, daß das zuvor ausschließlich dem Sakralen zugehörige Formenvokabular jetzt für eine ebenso ausschließlich profane Bestimmung benutzt werden kann: Das „Irdische Jerusalem" hat das „Himmlische Jerusalem" abgelöst.

Charles Garnier: *Opéra*, Große Treppe, Innenansicht, 1871-74, Paris

Sehen und gesehen werden! Nach dieser Devise stellt sich die Oper als Symbol des Seconde Empire, als „Kathedrale" der Pariser Bourgeoisie des 19. Jahrhunderts und als Inbegriff des „Style Napoléon III." dar. Gerade das Ensemble von Grand Escalier und Grand Foyer bildet den architektonischen Höhepunkt: Hier bietet sich genügend Raum zum Flanieren und zur Selbstinszenierung. Deutlich wird in der Verwendung eines eklektizistischen Dekorations- und Formenvokabulars die Abkehr von einer normativen hin zu einer deskriptiven Ästhetik: Diese will nicht mehr werten, sondern beschreiben. Die historischen Stile werden als reine Formen angesehen, die nach Belieben neu kombiniert werden können. Sie sind nicht mehr Ausdrucksträger, vielmehr richtet sich ihr Wertmaßstab nach modisch-gesellschaftlichen Gesichtspunkten.

Neues in vertrauter Verpackung

Der Zeitgeschmack wurde von zwei wesentlichen Aspekten bestimmt: Nicht mehr einzelne, oft hoch gebildete Personen – Fürsten, Bischöfe oder wohlhabende Bürger – waren jetzt die Bauherren, sondern meist anonyme Gruppen und Gremien. Sie handelten im Auftrag abstrakter Gebilde wie Verwaltungen oder Unternehmen, was die Risikofreude nicht gerade belebte. Hinzu kam, daß mit der Entwicklung zur arbeitsteiligen Industriegesellschaft von nun an die verwaltende und politisch führende Elite oft nicht mehr identisch mit der geistigen war. Dies bewirkte zwangsläufig eine größere Dominanz des Massengeschmacks: Man orientierte sich an dem, was seit langem bekannt und anerkannt war.

Der Massengeschmack wurde jedoch – als zweiter wesentlicher Aspekt – von tiefgreifender Verunsicherung geprägt: Der Siegeszug der Maschi-

nen brachte zusammen mit den sich ebenso stürmisch entwickelnden Naturwissenschaften innerhalb weniger Jahrzehnte größere Veränderungen in allen Lebensbereichen mit sich als jedwede Epoche zuvor. Angesichts der ersten Eisenbahnen äußerte zum Beispiel ein deutscher Arzt die Überzeugung, daß bei dem rasanten Tempo der Züge schwerste Gehirnschäden bei den Reisenden unvermeidlich wären – die Durchschnittsgeschwindigkeit betrug etwa dreißig Stundenkilometer. Man war zerrissen zwischen Fortschrittseuphorie und romantischer Verklärung der Vergangenheit.

So zeigte der Berliner Reichstag von Paul Wallot Anklänge an die Spätrenaissance, wies aber nichts von deren so heiterer wie nobler Pracht auf, sondern wirkte klobig und schwer. Diesem Bau wurde dann eine leichte Eisen-Glas-Kuppel aufgesetzt – für ein Gebäude mit so herausgehobener Funktion selbst in den 1880er Jahren noch ein ästhetisches Wagnis.

Nicht unüblich war es hingegen, etwa dampfbetriebene Pumpen effektvoll in Szene zu setzen und ihren gewaltigen Bewegungen begeistert zuzusehen, die Pumpstation aber äußerlich beispielsweise einem normannischen Kastell nachzuempfinden. Nichts war bezeichnender für den Historismus als dieses Vorgehen: Man „verpackte" etwas Neues als etwas Vertrautes, etwa ein riesiges Parlamentsgebäude als gotische Kathedrale (wie in London, wo man selbst den für die englische Gotik typischen hohen *Vierungsturm* nicht vergaß), Fabriken, Kraft- oder Wasserwerke als Burgen, Rathäuser oder Kirchen (im Turm wurde dann der Schornstein versteckt), oder die Einkaufspassage, die Teil der nun beginnenden Verlagerung des Einzelhandels vom offenen Marktplatz in geschlossene Räume war, als Renaissancepalast.

Angesichts der neuen, chaotisch anmutenden Zeit wurde vielerorts das Mittelalter romantisch verklärt. Italien, dem dieser Geschichtsabschnitt zwischen dem Untergang des Römischen Reichs und der Renaissance als „finster" erschienen war, verlor nun endgültig die Impulskraft, die es in der abendländischen Kulturentwicklung seit der Renaissance wieder gehabt hatte.

Vor allem in Ländern, die im Mittelalter eine kulturell führende Rolle gespielt hatten wie Frankreich, Deutschland oder England, wurden zahlreiche historische Gebäude oder auch ganze Burganlagen restauriert. Die sich angesichts des Geschichtsinteresses nun stürmisch entwickelnden Kunstwissenschaften lieferten dazu die Kenntnisse. Häufig ging man aber auch bei den Restaurierungen mit

Paul Wallot: *Reichstagsgebäude*
Berlin, Platz der Republik, 1884-1894

Bei der rasanten Entwicklung Berlins zur
Weltstadt mußte die Architektur bald
zum Ausdruck eines nationalen und repräsentativen Selbstgefühls werden.
Die architektonische Umsetzung dieses
Ziels beim „dem deutschen Volke würdigen Reichstag" basiert auf einer gesteigerten Monumentalisierung – betont
durch die exponierte und freistehende
Lage – mit paralleler Verwendung barocker Elemente und Formen der italienischen Renaissance. Der dreigeschossi-
ge, querrechteckige Baukörper ist in sich
geschlossen und zur Mittelachse symmetrisch. Das Zentrum bildet der Sit-
zungssaal, über dem sich die aus einer
Eisen-Glas-Konstruktion bestehende
Kuppel erhob. Für den aufwendigen Bau
verwendete Wallot geschoßübergreifen-
de, antikisierende Säulen, einen stark
plastisch wirkende *Risalit*, dem ein *Portikus* vorgeblendet ist, sowie einen her-
vortretenden *Architrav*.

einer akademischen Strenge und Starrheit vor, die
mehr Schaden anrichtete als nutzte, zumal man
gern die Geschichte der Bauten „korrigierte", „Stil-
unreinheiten" oder spätere Veränderungen entfernte, dafür aber unausgeführt Gebliebenes
„nachholte". So kam es zur Fertigstellung unvollendet gebliebener Großbauten wie dem Kölner
Dom, dem Ulmer Münster oder dem Berner
Münster. Und wo nichts zum Restaurieren vorhanden war, entstanden einfach Neubauten in
freier Nachahmung, etwa das bayerische Schloß
Neuschwanstein in einer Mixtur aus etwas Romanik und viel Phantasie.

Mit Hilfe solch architektonischer Fälschungen ließ
sich nicht nur hervorragend aus der Gegenwart
fliehen, sondern auch kulturellem Minderwertig-
keitsbewußtsein entgegenwirken oder ein anderer Verlauf der Geschichte vortäuschen: Für Städte, die erst im 18. oder 19. Jahrhundert zu Bedeutung gelangt waren, wurden neogotische Rathäuser erbaut, in den USA entstanden neogotische Kathedralen, in den preußischen Gebieten
östlich der Elbe, in denen sich zur Zeit der Spätro-
manik die deutsche Besiedlung erst durchgesetzt
hatte, neoromanische Großbauten. Und schließlich wollte sich das Bürgertum, das einst zur gesellschaftlichen Veränderung gedrängt und auch
für neue Impulse in der Architektur gesorgt hatte,
den Glanz der untergegangenen Feudalordnung
aneignen – nun, da es endlich zur Macht gelangt
war. Dies um so mehr, weil der soziale Spreng-
stoff und der Unmut der Arbeiterschaft immer be-
drohlicher wuchsen und weil die politischen Verhältnisse noch feudale Elemente aufwiesen, etwa
im 1871 gegründeten deutschen Kaiserreich oder
dem (im selben Jahr untergehenden) französi-

schen Kaiserreich unter Napoleon III. Das vielleicht herausragendste architektonische Zeugnis
dafür war die 1861-74 errichtete Pariser Oper; sie
war unter den vielen Opernhäusern, die in jenen
Jahrzehnten gebaut wurden, das grandioseste –
und auch ein besonders gutes Beispiel für den
später bis Amerika reichenden Einfluß der Pariser
École des Beaux-Arts (Kunsthochschule) auf die
historische Architektur.

Dem Geschmack und Repräsentationsbedürfnis
der wohlhabenden Pariser Opernbesucher entsprechend, wählte der Architekt Charles Garnier
für seinen Entwurf eine Mischung aus Barock
und Renaissance. Mehr als ein Drittel des gesamten Hauses widmete er dem gesellschaftlichen
Leben. So realisierte er eine riesige Eingangshalle,
ein großes Foyer und ein bis unter das Dach rei-
chendes Treppenhaus, das keinen in sich abgeschlossenen Raum mehr bildet, wie im Barock,
sondern Teil ineinander übergehender Räume ist
– eigentlich also schon eine Raumfolge in sich.
Bei allem Schwelgen in überkommenen Formen
zeigten sich dadurch bereits moderne Tendenzen.

Maschinen imitieren Handarbeit

Im Laufe der Zeit kam es zu einer verhängnisvol-
len Wechselwirkung: Die Maschinen schufen die
Ursache zur Flucht in überkommene Formen, zugleich aber auch die Mittel dazu. Etwa ein reich
verziertes, geschliffenes und schwungvoll geform-
tes Trinkglas zu produzieren hatte früher Zeit und
handwerkliches Können erfordert und war entsprechend teuer gewesen. Doch so versiert Glas-
bläser und Glasschleifer auch waren, glich niemals ein Stück bis in die allerfeinsten Nuancen
dem anderen. Mit der Erfindung von Preßglas

Schloß Neuschwanstein, erbaut 1869-1886 für König Ludwig II., bei Schwangau im Allgäu

Wie kein anderes Schloß dokumentiert Neuschwanstein jene verklärende Vorstellung vom Mittelalter, der man seit der Romantik anhing Es entstand in wildromantischer Landschaft an der Stelle einer mittelalterlichen Burgruine. Inspiriert von der Scheinwelt des Theaters ließ der Monarch hoch oben auf einem Felsen seine „Wartburg" als Tempel Richard Wagners errichten. Gerade dieses Bauwerk zeugt von seiner spätromantischen Introvertiertheit. Im Rückgriff auf die Romanik stellt das Schloß den Versuch dar, Kunst, Natur und Architektur zum Gesamtkunstwerk zu vereinen.

wurde aus dem Luxus- ein billiger Gebrauchsgegenstand. Angesichts der Konkurrenz schneller und preiswerter maschineller Produktion mußten viele Handwerker ihre Werkstatt aufgeben, in die Stadt ziehen und sich in einer Fabrik verdingen. Das Wissen und Können, das sie an die nächsten Generationen weitergegeben hätten, ging verloren; statt eigenständiger Schöpfungen produzierten sie nun an einer Maschine Massenware, die Handarbeit in zehntausenden Exemplaren schematisch imitierte.

So war es in allen Bereichen: Was schweres Schmiedehandwerk gewesen war, ließ sich nun aus Gußeisen herstellen; an die Stelle aufwendiger Bildhauerarbeit traten maschinell produzierte Dekorteile – wie Katalogware, die nach Bildern ausgesucht, bestellt und dann nur noch an die Wände geklebt wurde. Nichts gibt diese Situation besser wieder als das Bonmots der Frage eines Maurermeisters an den Bauherrn: „Das Haus ist fertig, welcher Stil soll nun dran?"

Die Kunstgewerbebewegung versuchte dem entgegenzuwirken, indem sie Gestalter wie Konsumenten dazu anregte, in neugegründeten Museen beispielhaftes Kunsthandwerk der Vergangenheit wie der Gegenwart zu studieren. Doch letztlich verschärfte dies die Krise nur, denn abermals schlug sich die Vorstellung nieder, daß die vollendetsten Gestaltungsformen längst gefunden worden waren und man ihnen nun nur noch folgen mußte. Die Sammlungen der Museen wur-

den als Stilfundus genutzt, aus dem man meinte, sich nach Belieben einzelne Versatzstücke herausgreifen zu können.

Technik und Naturwissenschaften rissen eine scheinbar unumstößliche Gewißheit und ewige Erkenntnisgrenze nach der anderen ein; warum sollten nicht auch in der Kultur die Grenzen von Raum und Zeit aufgehoben werden? Die Elemente der abendländischen Baugeschichte ergänzte man bald um solche fremder Kulturen, auf die die europäischen Kolonialmächte im Zuge ihrer Eroberungen gerade stießen und die sie gerne kopierten. Der Justizpalast in Brüssel, den Joseph Poelaert in den Jahren 1866-83 errichtete, seinerzeit das größte Verwaltungsgebäude Europas und eigentlich ein verschachtelter, *stereometrischer* Baukörper, wurde in der zeittypischen Furcht vor der leeren, undekorierten Fläche mit barocken, römischen, griechischen, assyrischen und Renaissance-Zierformen übersät. Auch indische oder chinesische Elemente fanden sich bisweilen – immer wildere „Neo-Stile" und Mixturen entsprangen der Phantasie der Baumeister. So sehr man Überkommenes imitierte, so wenig Achtung schenkte man aber den historischen Stilzeugnissen, die aus ihren ursprünglich reinen Zusammenhängen gerissen wurden.

Durch das starke Bevölkerungswachstum und die Landflucht derer, die in der Agrarwirtschaft und dem dörflichen Handwerk keine Zukunft sahen, stattdessen aber in den städtischen Fabriken Arbeit fanden, vervielfachten die Städte ihre Einwohnerzahl oft innerhalb weniger Jahrzehnte. Entsprechend dehnten sie sich immer weiter aus und wurden zugleich immer dichter besiedelt.

Stadtplanung bestand in der zweiten Hälfte des 19. Jahrhunderts noch immer im wesentlichen in der Festlegung von Fluchtlinien, Traufhöhen und einigen feuerpolizeilichen Bestimmungen – eine berühmte war jene in Berlin, nach der die Mindestgröße der Hinterhöfe dem Wendekreis der Feuerwehrspritzen entsprechen mußte: ganze 28,52 Quadratmeter. Alles andere blieb dem freien Wettbewerb überlassen. Sozialhygienische Ansätze, wie sie etwa noch Peter Joseph Lenné in den 1840er Jahren mit seinen Grünzugsplänen für Berlin verfolgt hatte, spielten keine Rolle mehr. Auch die Boulevards, die der Pariser Präfekt Baron Haussmann von 1853-70 anlegen ließ, hatten damit kaum zu tun: Vor allem sollte die immer stärker gestaltlos zerfließende Masse der Stadt mit diesem 137 Kilometer langen System breiter, geradliniger Straßenzüge geordnet, der Verkehr beschleunigt und der Hauptstadt ein repräsentatives Gesicht gegeben werden. Daneben spielte der Gedanke eine Rolle, daß durch die Breite der Boulevards der Bau von Barrikaden erschwert würde – eine politische Vorsichtsmaßnahme nach den Aufständen von 1848. Die historische Stadtstruktur wurde mitsamt den Gebäuden rücksichtslos beseitigt – Haussmann brüstete sich später damit, im erweiterten Stadtgebiet für den Abriß von 20 000 Häusern gesorgt zu haben, davon über 4 300 allein im alten Kern von Paris. Auch die Chance, durch Beseitigung der Festungsringe, die längst veraltet waren und die Ausdehnung der Stadt behinderten, Grünanlagen zu gewinnen, wurde nur in wenigen Orten wahrgenommen; häufiger nutzte man den freigewordenen Raum rund um die Altstadt zur Anlage repräsentativer Ringstraßen, am eindrucksvollsten in Wien.

INGENIEURARCHITEKTUR

Zerbrechliche Gebilde aus Eisen und Glas

Das Zeitalter der Moderne hatte nun begonnen. Doch wo war die moderne Architektur? Man übersah, daß ein Weg aus der Sackgasse, in die der Historismus geführt hatte, längst gefunden worden war. Um 1750 hatte die Verbilligung der Roheisenproduktion begonnen. Ende des 18. Jahrhunderts war die Dampfmaschine soweit entwickelt, daß sie zur Herstellung immer größerer Mengen von Roh-, Guß- und Schmiedeeisen eingesetzt werden konnte. Schon zuvor war 1775-1779 die gußeiserne Bogenbrücke über den Severn bei Coalbrookdale errichtet worden, die erste ihrer Art. Fünf parallel angeordnete *Binder* überspannten rund dreißig Meter, in ihrer halbkreisar-

tigen Form hatten sie mit der Konstruktionsweise oder dem Äußeren von Holzbrücken gar nichts mehr zu tun. Die Leichtigkeit und Transparenz der fast zerbrechlich wirkenden Konstruktion unterschied sie aber auch deutlich von einem Steingewölbe und wurde noch dadurch betont, daß sie zwischen zwei steinernen Widerlagern eingespannt war.

Leichtigkeit, Transparenz, der Eindruck von Spannung und Zerbrechlichkeit – damit sind die wesentlichen ästhetischen Merkmale des Metallbaus benannt. Es sollte aber mehr als ein halbes Jahrhundert dauern, bis sie auch einer breiten Öffentlichkeit bewußt wurden: In den Jahren 1836 bis 1840 ließ der Direktor der Gärten des Herzogs von Devenshire, Joseph Paxton, in Chatsworth ein Gewächshaus errichten, das 100 Meter lang, 38 Meter breit und 20 Meter hoch war, mit gußeisernen Säulen, durch die er das Regenwasser ableitete, und ausschließlich genormten Glasscheiben. Für die erste Weltausstellung, die 1851 im Londoner Hyde Park stattfand, vervollkommnete Paxton diesen Ansatz im Kristallpalast, einer extrem breit gelagerten, fünfschiffigen Halle. 600 Meter lang, 120 Meter breit und bis zu 34 Meter hoch, umfaßte der Bau einen riesigen Raum, der von der Außenwelt nur durch eine Haut aus Glas und Eisen getrennt war. Revolutionär war am Kristallpalast jedoch nicht nur das Raumerlebnis: Es handelte sich auch um den ersten Bau, der ausschließlich aus vorgefertigten und genormten Teilen zusammengesetzt worden war, und somit um das Pionierwerk des rationalisierten Bauens. Nur durch diese Standardisierung konnte es gelingen, den Kristallpalast in lediglich siebzehn Wochen zum großen Teil mit Hilfsarbeitern zu errichten;

Joseph Paxton: *Christal Palace*,
London, 1851,
1936 durch einen Brand zerstört

Das Bauen mit Eisen und Glas steht in enger Verbindung mit den typischen Bauaufgaben des 19. Jahrhunderts: Markthallen, Passagen, Brücken, Bahnhöfe und Ausstellungsgebäude. So gilt auch der Kristallpalast als Produkt des industriellen und kommerziellen Aufschwungs, der mit der Industriellen Revolution in England einsetzte.
Für die erste Weltausstellung in London legt Paxton unaufgefordert seinen Entwurf für das Ausstellungsgebäude vor. In nur weniger als fünf Monaten errichten die Ingenieure Fox und Henderson im Hyde-Park eine Halle, die eine Fläche von 8,4 ha einnimmt. Diese ist nicht nur aufgrund ihres klaren und rationalen Aufbaus epochal; durch das 1748 patentierte Puddelverfahren konnte Eisen in größeren Mengen vorfabriziert werden: Paxtons Ausstellungsgebäude gilt als das erste Beispiel der Präfabrikation.

Gustave Eiffel: *Eiffelturm*, Paris, eingeweiht zur Weltausstellung 1889

Charles Dutert (Architekt) und **Victor Contamin** (Ingenieur): *Galérie des machines*, Paris, Weltausstellung 1889, 422 m lang, 47 m hoch, 117 m Spannweite

achtzig Mann setzten 18 392 Glasplatten pro Woche ein, einer allein bis zu 108 pro Tag. Nur so war es möglich gewesen, die Bauteile (unter anderem 3 300 Säulen und 2 300 *Binder*) von verschiedenen Firmen gleichzeitig herstellen zu lassen. Der Kristallpalast verschlang ein Drittel der damaligen Glasjahresproduktion Englands! Und nur so konnte das Bauwerk nach Ende der Ausstellung demontiert und leicht verändert in London-Sydenham wiedererrichtet werden, wo es 1936 durch Brand zerstört wurde.

In der zweiten Hälfte des 19. Jahrhunderts wurden die Weltausstellungen zu stolzen, publikumswirksamen Leistungsschauen des immer beeindruckenderen technischen und wissenschaftlichen Fortschritts. Zur Weltausstellung 1889 in Paris errichtete der Ingenieur Gustave Eiffel einen Turm von für damalige Zeiten unvorstellbarer Höhe: Den Turmbau am Ulmer Münster hatte man im Mittelalter bei siebzig Metern einstellen müssen, 162 Meter hoch war er geplant gewesen. Der Eiffelturm dagegen maß 300 Meter und

blieb für vierzig Jahre das höchste Bauwerk, das Menschen je errichtet hatten.

Zu ihm gesellte sich ein in der Flächenausdehnung nicht minder atemberaubendes Gegenstück: die Galérie des machines. Sie erreichte eine Länge von 422 Metern, eine Spannweite der Stahlträger von 114 Metern und eine Höhe von 47 Metern.

Im Vergleich dazu: Die größte gotische Wölbung, die nicht einstürzte − die der Kathedrale von Amiens −, ist 145 Meter lang, 14,6 Meter breit und 42,3 Meter hoch. Und während in der Gotik eine ähnliche Transparenz der Wände nur erreicht werden konnte, indem man um das Gebäude herum ein ausuferndes Gerüstsystem errichtete, so verjüngten sich die zwanzig Dreigelenkbogen der Galérie des machines zur Erde hin auf einen einzigen Punkt. Obwohl die Konstruktion auf jeden Träger einen Druck von 412 Tonnen und einen Schub von 115 Tonnen ausübte, stand sie buchstäblich auf Spitzen, die wiederum auf Rollen ruhten.

Durch die Verwendung des herkömmlichen Bausystem von senkrechter Stütze und auf dieser ruhendem Querträger hatte der Kristallpalast noch recht statisch gewirkt. In der Galérie des machines flossen Stütze und Last hingegen kontinuierlich ineinander, es entstand der Eindruck eines riesigen Zeltes.

Künstlerischer Ausdruck mit Eisen und Stahl

Die Konstruktion der Galérie des machines, welche 1910 abgerissen wurde, demonstrierte in eindrucksvoller Weise die ungeheuren technischen Möglichkeiten des Stahlbaus und zeigte so eines der herausragendsten Monumente des Industriezeitalters. Dabei hing diese Konstruktion direkt mit den funktionalen Erfordernissen zusammen: zum Beispiel konnte die unterschiedliche Längenausdehnung des Materials bei Temperaturschwankungen durch die Lagerung der Halle auf Rollen ausgeglichen werden. „Ich glaube fest, daß mein Turm seine eigenartige Schönheit haben wird. Stimmen die richtigen Berechnungen der Stabilität nicht jederzeit mit denen der Harmonie überein?" so hatte Eiffel geschrieben.

All dies, was man heute als Ingenieurarchitektur bezeichnet, wollte man im 19. Jahrhundert jedoch nicht als Architektur ansehen. Fabriken, Warenhäuser, Ausstellungs- oder Bahnhofshallen, Brücken mit großen Spannweiten, also lauter zeittypische, neue Bauaufgaben, galten als „Zweckbauten", die mit Baukunst nichts zu tun hatten. Eisen oder Stahl waren „unechte" Materialien, mit denen keine künstlerische Gestaltung möglich sei und die man deshalb nicht offen zeigen dürfe. Der Eiffelturm wurde folglich zur „Schande von Paris" erklärt und sollte nach der Weltausstellung wieder abgerissen werden.

Architektur wurde auf Fassadenarchitektur reduziert. So wurde vor die Bahnhofshalle der Londoner St. Pancras Station, die bis zum Bau der Galerie des machines mit 75 Metern die größte Spannweite der Welt besaß, ein pseudo-gotisches Schloß gesetzt; in dem sich das Midland Grand Hotel verbarg. Das Vorgehen war typisch für die großen Bahnhöfe, die nun entstanden. Die Ausgangspunkte des revolutionären Verkehrsmittels, das bis zur Mitte des 20. Jahrhunderts Hauptträger des Fernverkehrs bleiben sollte, waren fast überall „mi-usine, mi-palais" (halb Fabrik, halb Palast); sie versteckten die grandiosen Hallen, die „Kathedralen des Industriezeitalters" (die wegen des Rauchs des Lokomotiven so hoch sein mußten), zur Stadt hin hinter historisierenden Steinfronten. Daß die Hallen in so direkter, nüchterner Form zum Vorschein kamen wie in der King's Cross Station, die direkt neben St. Pancras liegt, blieb die Ausnahme.

Dennoch wurden die neuen Materialien auch bei Nicht-Ingenieurbauten verwendet. Schon das brüchige Gußeisen ist etwa viermal so druckfest, Schmiedeeisen vierzigmal so zug- und biegefest wie Stein, aber nur viermal so schwer. Außerdem läßt es sich in jede beliebige Form bringen. Gußeiserne Säulen schmückte man – um die Fremdheit zu verbergen – mit *Kapitellen* der klassischen Ordnungen. Baukonstruktionen aus metallenen Stützen und Trägern benötigten zumindest für ihre Statik keine Wände mehr. Damit wurde die größte technische Revolution in der Baugeschichte der Menschheit eingeleitet: Der Massiv- konnte durch den *Skelettbau* ersetzt werden, der es ermöglichte, Bauten von beinahe beliebiger Höhen- wie Flächenausdehnung, aus vorgefertigten Teilen und in rasantem Tempo zu errichten.

Schon 1801 konstruierte James Watt, der die Dampfmaschine wesentlich weiterentwickelt hatte, mit seinem Firmenkompagnon Boulton das erste gußeiserne Skelett für ein siebenstöckiges Spinnereigebäude bei Manchester, und sie schufen damit den Musterbau für die Fabriken und Lagerhäuser des 19. Jahrhunderts. Schule machte jedoch auch, daß sie dem Bau eine massive Außenmauer gaben. Nicht anders verfuhr Henri Labrouste bei der Bibliothèque Sainte-Geneviève. Seine Leistung bestand jedoch nicht nur darin,

diese Konstruktionsweise erstmals bei einem öffentlichen Gebäude anzuwenden, er führte auch die unverkleideten Stützen mitten durch den Raum und nahm, indem er die „Gewölbe"-Decke als gipsverkleidetes Eisenstabnetz ausführte, das Prinzip des Eisenbetonbaus vorweg. Noch eine Steigerung erlebte Labroustes Gestaltungsweise im Lesesaal der Pariser Nationalbibliothek, dessen mittlere Stützen zwar in historisierenden Formen, aber mit äußerster Zartheit ausgeführt wurden.

Ein weiterer neuer Baustoff: Beton

Die Erfindung der Eisen- oder Stahlkonstruktionen war wichtig, doch vollendet wurde die Revolution der Bautechnik erst, indem man das Metall mit Beton kombinierte – einem Material, das aus preiswerten, überall auf der Welt vorhandenen Rohstoffen wie Kalk, Ton, Mergel, Gips und Wasser besteht, die , sich zu vorgefertigten Bauteilen oder vor Ort schnell und relativ einfach verarbeiten läßt, vielseitig verwendbar und äußerst beständig ist sowie bei Wärme die gleiche Längenausdehnung wie Eisen oder Stahl aufweist. Beton, für dessen neuzeitliche Form die Entwicklung des Portlandzements in der ersten Hälfte des 19. Jahrhunderts wesentlich war, ist äußerst druckfest, aber kaum zugfest, so daß er schon bei geringer Dehnung reißt. Dies wird ausgeglichen durch meist runde Stahleinlagen (früher Eiseneinlagen), die die Zugkräfte aufnehmen.

Bei der Entwicklung des Eisenbetonbaus spielte François Hennebique eine wesentliche Rolle, der insbesondere die Schwachstelle der bisherigen Eisenbetonkonstruktion behob, jenen Punkt, an dem die Decke in den Balken – auch „Unterzug" genannt – und der Balken in die Stütze übergeht. Hier bog er die Eiseneinlagen aus und verband sie – anstelle der zuvor verwendeten Gußeisensäulen – mit Stützen, die ebenfalls aus Eisenbeton waren. Es entstand also ein zusammenhängendes Eisenbetonskelett, die „monolithische" Verbundbauweise.

Je größer die „Bewehrung" oder „Armierung" des Betons mit Metall und die Festigkeit von Beton und Eisen ist, desto dünner können die Bauteile ausgebildet werden. Da damit das Eigengewicht der Skelettkonstruktion, das ohnehin viel geringer als das eines Massivbaus ist, noch weiter sinkt, konnten immer mehr Stockwerke übereinandergestapelt werden – und zwar ohne daß die tragenden Elemente zum Fundament hin stark verbreitert werden mußten. Auf der gleichen Grundfläche ließ sich also immer mehr Nutzfläche unterbringen.

Henri Labrouste: *Bibliothèque National*, Paris, 1858-1868, Innenansicht

Labrouste verwendet hier Eisen in den Säulen und im Gewölbe unter Betonung schlanker Formen, die gerade dieses Material ermöglicht. Die Bibliothek ist das erste monumentale, öffentliche Gebäude, in dem Eisen derart konsequent eingesetzt wurde.

George Gilbert Scott: *St. Pancras Station*, London (Vorbau: Midland Grand Hotel), ab 1861

DIE SCHULE VON CHICAGO
1880–1900

In die Höhe gebaut

Auch für den Bau von Wohn- oder Verwaltungshäusern galt das Gebot der optimalen Ausnutzung einer gegebenen Grundfläche. Gerade aber die zur Bebauung zur Verfügung stehenden Grundflächen wurden immer rarer und teurer. Dies gilt im besonderen Maße für die Wirtschafts- und Verwaltungszentren der Vereinigten Staaten und hier vor allem für Chicago: 1850 zählte die Stadt erst 30 000 Einwohner, 1870 zehnmal so viele, 1880 eine halbe und 1890 mehr als eine Million. Zu diesem Zeitpunkt war Chicago längst zur beherrschenden Metropole des amerikanischen Mittelwestens geworden, Knotenpunkt von Eisenbahn und Schiffahrt, Umschlagplatz für Getreide und Holz, Standort von Metallverarbeitungsbetrieben und der größten Schlachthöfe der Welt.

1871 hatte man hier auf besonders bittere Weise erfahren müssen, daß Eisen bei weitem nicht so feuerfest war, wie man geglaubt hatte: In dem Großbrand, der fast die ganze Stadt vernichtete, schmolzen die Eisenkonstruktionen wie Butter. Angesichts des Booms suchte man nach Möglichkeiten, immer höher und zugleich feuerfest zu bauen. Doch der höchste Ziegelbau, den man 1884-1892 errichtete, das Monadnock Building von Burnham und Root, mußte für seine fünfzehn Stockwerke mit gut zwei Meter dicken Erdgeschoßmauern ausgestattet werden – was wertvolle Laden- wie Schaufensterfläche kostete. Zukunftsweisend war dagegen die Gestaltung des Gebäudes als schmucklose rote Ziegelscheibe, die nur von flachen, haushohen Erkern und den tief in die Wand eingelassenen Fenstern gegliedert wurde.

Form follows function

In Chicago, der zukunftseuphorischen Metropole, stand man einer schlichten und damit auch ökonomischen Gestaltung aufgeschlossener gegenüber als etwa in New York, wo man die Hochhäuser noch mit schweren, historisierenden Außenwänden versah. Hier wollte man nicht die Motive der europäischen Architekturgeschichte imitieren, sondern selbstbewußt einen eigenen Stil schaffen. Schon 1879 hatte William le Baron Jenney an den Fassaden seines von gußeisernen Säulen getragenen First Leiter Buildings nur noch die Stützen und Querträger (Geschoßdecken) verkleidet und das so entstandene Raster mit riesigen Fensterflächen ausgefüllt. Ähnlich ging der Architekt, nach dessen Entwurf mit dem Home Insurance Building 1883-85 das erste zehnstöckige Hochhaus mit reinem Stahlskelett gebaut wurde, rund zehn Jahre später beim Second Leiter Building vor: Dessen natursteinverkleidetes Äußeres war fast ganz schmucklos und wurde nur von waage- wie senkrechten Mauerbändern gegliedert; einzig angedeutete *Kapitelle* am Kopf der breiten Mauerstreifen, die jeweils im Abstand von vier Fenstern die Fassade strukturierten, erinnerten noch schwach an *Pilaster*. Die Feuerfestigkeit dieses Gebäudes gewährleistete die Ummantelung seines Metallgerüstes - erstmals aus dem für die weitere Entwicklung der Bautechnik wichtigen Bessemerstahl - mit Hohlsteinen.

Indem sie zwischen zwei Fenster jeweils einen hervorgehobenen, senkrechten Wandstreifen legten, unterstrichen Dankmar Adler und Louis H. Sullivan beim Wainwright Building in St. Louis 1890-1891 und dem noch bekannteren Guaranty

Daniel Hudson Burnham: *Flatiron*
(Fuller Building), New York, 1902

Das Hochhaus am New Yorker Broadway, das auf einem äußerst spitzwinkligen – bügeleisenförmigen (daher sein Name) – Grundstück steht, gilt als extremes Beispiel für die optimale Nutzung einer begrenzten Fläche.

D. Adler und L. H. Sullivan: *Guaranty Building*, Buffalo, New York, 1894-95 (links); **D. H. Burnham und J. W. Root**: *Reliance Building* mit sog. „Chicago-Fenstern" in Erkerform, Chicago, 1890-95 (Mitte); **L. H. Sullivan**: *Carson Pirie Scott*, Chicago 1899-1906 (rechts)

WOLKENKRATZER

Als das alte „Dorf" Chicago 1871 durch Brand zerstört worden war, dauerte es einige Jahre, bevor die Furcht vor weiteren Katastrophen soweit überwunden war, daß mit Hilfe intensiver städtischer Förderung der Aufbau eines modernen Geschäftszentrums mit Bürohäusern, Kaufhäusern und Hotels begonnen wurde. Die erste Entwürfe stammten zumeist von Ingenieuren und sie ähnlich sich vor allem deshalb, weil mehrere technische Erfindungen die Rahmenbedingungen lieferten: die inzwischen perfektionierte Konstruktion mit Stahlskeletten sowie neue Systeme steinerner Fundamente. Gleichmäßig und blockhaft wuchs das neue Chicago in die Höhe – wobei als „Skyscraper" schon 8 bis 9-etagige Häuser galten –, immer unter der Maßgabe, die Feuerfestigkeit der Gebäude zu gewährleisten. Dazu kamen die bahnbrechenden Erfindungen des elektrischen Aufzugs, des Telephons und der Rohrpost. Erstmals schien es möglich, unbegrenzt in die Höhe zu bauen und die zuvor billigeren oberen Etagen wurden nun zu begehrten und teuren „guten Adressen".

Das Chicagoer Architektenduo Adler und Sullivan ergänzte sich vor allem deshalb hervorragend, weil Adler Technik- und Finanzexperte, Sullivan dagegen eher Visionär war und schließlich maßgeblich zur Erneuerung der internationalen Architektur der 1890er Jahre beitragen sollte. Vor allem Formkriterien spielten dabei eine wesentliche Rolle: Mit sparsamer Dekoration und großflächiger Verglasung gab Sullivan den Gebäuden ein neues Erscheinungsbild. In theoretischen Abhandlungen gliederte er das Gebäude nach dem Vorbild der klassischen Säule in Basis, Schaft und Kapitell. Die Basis blieb Ladenzeilen vorbehalten, im Schaft befanden sich die Geschäfts- oder Wohnetagen, das Kapitell, das besonders hervorgehoben wurde, enthielt die Gebäudetechnik. Die kühle und schmucklose Fassadengliederung stellt sich für den Theoretiker Emilio Cecchi folgendermaßen dar: „Der Wolkenkratzer ist keine Symphonie von Linien und Massen, von Flächen und Öffnungen, von Kraft und Widerstand, er ist vielmehr eine arithmetische Operation, eine Multiplikation". Die Architektur der Chicagoer Schule ist Vorbote der „Neuen Welt".

Building in Buffalo 1894-1895 das Aufstreben der rechteckigen Baukörper. „Es muß in jedem Zoll stolz und imposant sein, sich in reinem Jubel erheben, daß es vom Boden bis zur Spitze eine Einheit ohne eine einzige abweichende Linie bildet", hatte Sullivan zur Gestaltung eines Hochhauses erklärt. Sein Motto „form follows function" (sinngemäß: „Die Form folgt aus der Funktion") wiederholte er immer und immer wieder, bis es zum Leitsatz der gesamten modernen Architektur wurde. Entsprechend läßt sich an der nach *Sockel*, *Schaft* und *Kapitell* differenzierten Fassadengestaltung seiner Hochhäuser die Nutzung der verschiedenen Geschosse ablesen: Erd- und erstes Obergeschoß sind als dem Einzelhandel dienende Sockelzone mit großen Fenstern ausgestattet, darüber liegt das gleichmäßige Raster der als Büros genutzten Hauptgeschosse, unter dem vorstehenden und damit betonten Flachdach schließlich eine fast geschlossene Fläche mit Bullaugen: Hier befinden sich technische Einrichtungen. Zwar gibt es Jugendstildekor, doch dies ist für den Gesamteindruck des Gebäudeäußeren so gut wie von keiner Bedeutung mehr.

Ähnlich verhält es sich bei Sullivans Warenhaus Carson Pirie Scott in Chicago. Hier betonte er jedoch nur die abgerundete Gebäudeecke durch senkrechte Wandstreifen, die Verkaufszwecken dienenden Hauptgeschosse erhielten dagegen breite „Chicago-Fenster". Wenn man von dem aufgesetzten Dekor in der Sockelzone absieht, wirkt dieses Gebäude bereits wie eines aus den 1920er oder 50er Jahren. Mit derlei Bauten, deren Gestaltung in konsequenter Schlichtheit aus den konstruktiven Bedingungen und den funktionalen Erfordernissen abgeleitet wurde, besaß Chicago an der Wende zum 20. Jahrhundert die modernste Architektur der Welt. Und nirgends ballte sie sich mehr als im Geschäftsviertel der Stadt, dem „Loop". Diese Art des Hochhausbaus wurde daher als „Schule von Chicago" bezeichnet. Schule machte sie zunächst jedoch nicht. Im Gegenteil „verriet" einer ihrer Hauptvertreter – Daniel H. Burnham– ihre offensive Modernität durch seine Rückwendung zu einem leichter kommunizierbaren Neo-Klassizismus, wie z. B. seine historisierende Fassadengestaltung des Flatiron-Gebäudes in New York deutlich macht.

DIE SUCHE NACH EINER NEUEN FORM 1890-1925

Zurück zur Natur

Die Industrialisierung war mit ungeahnten wirtschaftlichen, technischen und gesellschaftlichen Veränderungen verbunden. In den hoch entwickelten Staaten lebten die meisten Menschen nun nicht mehr auf dem Land und arbeiteten im Agrarbereich, sondern in der Großstadt, wo sie sich in der industriellen Produktion verdingten und unzureichende Wohnbedingungen vorfanden: In extrem dicht bebauten Häuserblocks, überbelegt und oft wegen des Profitstrebens der Eigentümer nur mangelhaft instandgehalten, mußten viele Menschen in größter Enge leben. Die sanitäre Ausstattung (fließend Wasser, Toiletten, von Bädern gar nicht zu reden) war meist ebenso unzureichend wie die Besonnung und Belüftung der Wohnungen; „Armutskrankheiten" wie Rachitis oder Tuberkulose waren an der Tagesordnung. Unübersehbar rührten diese Zustände von der Benachteiligung breiter Kreise der Bevölkerung her: In solchen Gegenden, die nicht nach sozialen oder hygienischen Gesichtspunkten, sondern einzig nach den Kriterien der profitabelsten Ausnutzung des Baulands entstanden waren, in denen es so end- wie baumlose Straßenzüge gab, wohnten nur jene, die sich nichts Besseres leisten konnten − Arbeiter.

Zu Beginn des 20. Jahrhunderts hieß die Reaktion auf diese ebenso unmenschlich wie unnatürlich erscheinenden Zustände zunächst einmal „Zurück zur Natur". Dabei blieb die Feindlichkeit gegenüber der modernen, mit der Industrialisierung entstandenen Großstadt nicht auf die Arbeiterschaft beschränkt. Auch viele Angehörige der bessergestellten Schichten fühlten sich vom Tempo der technologischen und daraus resultierenden gesellschaftlichen Entwicklungen überfordert und von der Natur entfremdet; unbebautes Land war durch die immer größere Ausweitung der Städte für viele Menschen in große Ferne gerückt, die sie nur sonntags überwinden konnten. Die „Lebensreform" wurde zum vieldiskutierten Thema. Kennzeichnend für diese Stimmung waren beispielsweise die Jugendbewegung des „Wandervogels", die von Rudolf Steiner begründete Anthroposophie, die die menschliche Entwicklung in Einklang mit der des Universums bringen wollte, oder auch das Reformkleid, das den Frauenkörper vom Korsett befreite.

Auch für Architekten und andere Künstler, die einen Ausweg aus dem erstarrten Historismus suchten, schien die Besinnung auf die Natur vielversprechend: Sie verwendeten pflanzliche Formen und fließende Linien, wählten gern Motive wie Ranken, Wasserläufe oder langes, wallendes Frauenhaar. „Jugendstil" nannte man diese Ornamentik in Deutschland, nach der 1896 gegründe-

---

Neuer Mensch und neues Bauen

ERSTE HÄLFTE DES 20. JAHRHUNDERTS

1900–1945

1900: Weltausstellung und Olympiade in Paris. Imperialistische Großmächte werfen in China antieuropäischen Aufstand des „Boxer"-Geheimbundes blutig nieder.

1901: Theodore Roosevelt wird Präsident der USA. Thomas Mann veröffentlicht seine *Buddenbrooks*.

1902: Der russische Sozialist Leo Trotzkij flüchtet aus der ostsibirischen Verbannung nach London.

1903: Erster Motorflug der Gebrüder Wright mit einem Doppeldecker. Margarethe Steiff führt auf der Leipziger Messe ihren „Teddy" vor.

1905: Erich Heckel, Ernst Ludwig Kirchner und Karl Schmidt-Rottluff gründen die expressionistische Künstlervereinigung „Brücke".

1910: Igor Strawinsky komponiert das Ballett *Der Feuervogel*.

1912: Untergang der Titanic.

1913: Der indische Dichter und Philosoph Rabindranath Tagore erhält den Literatur-Nobelpreis.

1914: Attentat auf den Erzherzog von Österreich, Franz Ferdinand, in Sarajevo führt zum Ausbruch

des Ersten Weltkriegs (bis 1918). Henry Ford beginnt mit der Fließbandproduktion des Modell-T.

1917: Oktober-Revolution in Rußland stürzt das Zarentum. Lenin, Trotzkij und Stalin errichten die Sowjetunion.

1919: Die Weimarer Republik wird ausgerufen. Beginn der Prohibition in den USA.

1920: Mary Wigman eröffnet in Dresden ihre Tanzschule und begründet den Ausdruckstanz.

1921: Entdeckung des Insulins als Heilmittel gegen die Zuckerkrankheit. Arturo Toscanini wird Direktor der Mailänder Scala.

1926: Uraufführung von Fritz Langs Film *Metropolis*. Das Fernsehen wird erstmals erfolgreich in London vorgeführt.

1927: Charles Lindbergh überfliegt nonstop den Atlantik. Hermann Hesse veröffentlicht seinen Roman *Steppenwolf*, Marcel Proust den letzten (7) Band der *Suche nach der verlorenen Zeit*.

1928: Tschiang Kai-schek einigt China. Das Penicillin wird von dem englischen Bakteriologen A. Fleming entdeckt

1929: Zusammenbruch der New Yorker Börse: „Schwarzer Freitag".

1935: Nürnberger Rassengesetze gegen die Juden in Deutschland.

1937: Picasso malt das monumentale Gemälde *Guernica* als Reaktion auf die Bombardierung dieser Stadt durch die Faschisten.

1939: Deutsche Truppen greifen am 1. September Polen an. Beginn des Zweiten Weltkriegs.

1940: Entdeckung der steinzeitlichen Höhlenmalereien in Lascaux. Charlie Chaplin spielt die Titelrolle in *Der große Diktator*.

1941: Kriegseintritt Japans mit dem Angriff auf Pearl Harbour.

1945: Kapitulation Deutschlands. Amerikanischer Atombombenabwurf auf Hiroshima und Nagasaki. An der University of Pennsylvania wird der erste elektronische Digitalcomputer gebaut.

Ford Modell T, Produktion in Detroit, Foto aus dem Jahr 1913.

ten Zeitschrift „Jugend", die ihren Namen auf die Jugendlichkeit und Neuartigkeit des Denkens bezog. In Österreich sprach man vom „Sezessionsstil", da es sich um eine Sezession (Abspaltung) von der bisher vorherrschenden Kunstauffassung und Formensprache handelte, in Italien vom „Stile Liberty", nach dem Londoner Kaufhaus, das dort mit seinen importierten Stoffen als Sendbote des neuen Stils fungierte; in England selbst redete man vom „Modern Style", in Belgien und Frankreich von „Art Nouveau". Die Besonderheit des Jugendstils ist das stark individualistische, kunsthandwerklich geprägte Moment, das in Abhängigkeit von der jeweiligen Künstlerpersönlichkeit steht. Seine Begrenzung auf das rein Dekorative läßt den neuen Stil zwar an den Historismus erinnern, doch wohnen ihm die modernen Bestrebungen nach stoff- und zweckgerichteter Formgebung inne.

Eine Sonderstellung nahm in dieser Bewegung, die regional und national unterschiedlich ausgeprägt war, der Katalane Antonio Gaudí ein, der herausragende Architekt des in Spanien „Modernismo" genannten Jugendstils. Statt sich mit der Dekoration der Fläche zu begnügen, verstand Gaudí das Haus als Bauskulptur, die er vollständig plastisch durchgestaltete: Hausfassaden wurden zu porösen, unruhigen Flächen, die wie berankte oder behauene Felswände aussahen, Fenster zu Höhleneingängen, Dächer zu Korallenriffen, mit abstrakten Mosaiken aus Ton- und Glasscherben überzogen. 1883 wurde der Architekt beauftragt, den Bau der im neogotischen Stil begonnenen Kirche La Sagrada Familia in Barcelona fortzuführen. Gaudí tat dies in einer eigenwilligen Interpretation und Umformung der Gotik, die er mit maurischen Elementen vermischte, vollendete das Werk aber bis zu seinem Tod im Jahre 1926 nicht. Sein Credo war eine „totale", umfassende und zugleich individualistische Architektur. Wie er sich von den überkommenen Vorstellungen von Außen- und Innenraum abwandte, beide auflöste und eine intelligent ausgeklügelte, neuartige Statik dafür einsetzte, war fortschrittlich; daß er dazu eine dicke Steinverkleidung der Stahlkonstruktionen nutzte, nicht. Und die ausufernde handwerkliche Bearbeitung seiner Gebäude, an denen er jedes Detail bestimmen wollte und in den Luxusapartments der Casa Battló oder der Casa Milá nicht einmal mehr gerade Wände und rechte Winkel beließ, konnte nicht richtungweisend für die Bekämpfung der drängenden Wohnungsnot, einer Hauptaufgabe der Architektur des 20. Jahrhunderts, sein.

Materialgerechtigkeit und Materialwirkung

Wichtiger als die konkreten Formen des Art Nouveau waren die Gesinnung und die theoretischen Ansätze, durch die der Jugendstil in vielen Ländern zum Beginn einer modernen Gestaltung wurde. Zunächst einmal kehrte mit der betonten Linearität eine Dynamik in die Architektur zurück, wie sie so stark zuletzt in den emporstrebenden Formen der Gotik existiert hatte. Die historische Architektur war massiv, schwer, statisch gewesen. Nun ging der Trend zu Fließendem, Bewegtem, Graziösem und schwerelos Dahingetupftem – naheliegend für eine Zeit der enormen Beschleunigung von Verkehrswegen (Eisenbahn, Automobil, Flugzeug), Nachrichtenwesen (Telephon, drahtlose Telegraphie) oder auch Bildern (Kino). Noch wichtiger war die von den Vertretern des Jugendstils angestrebte Materialgerechtigkeit: Die verwendeten Werkstoffe sollten nicht mehr „vergewaltigt" und verkleidet, sondern ihrer Natur entsprechend behandelt und zur Wirkung gebracht werden. So sollte die ästhetische, dekorative Wirkung aus dem Material wie auch aus Konstruktion und Funktion heraus entstehen. Der bedeutende Jugendstilkünstler Henry van de Velde, der als Maler, Graphiker, Designer und Architekt tätig war, schrieb 1902: „Die Aufgabe des Ornamentes in der Architektur scheint mir eine doppelte. Sie besteht teils darin, die Konstruktion zu unterstüt-

Antonio Gaudí y Cornet: *Casa Batlló,* Barcelona, Umbau 1905-1907

Selbst der Grundriß der von Gaudí umgebauten Casa Batlló erinnert an ein pflanzliches Zellengeflecht. Der Schwung, der sanft Ecken krümmt und Wände buckelt, setzt sich fort in Türklinken, Lampen und Bilderrahmen, denn Gaudí entwarf auch das Mobiliar. Prächtig schimmert die farbige Keramikkruste der Fassade im Sonnenlicht. Das Dach erinnert an den Schuppenpanzer eines Drachen, und mit den wie Augenmasken geformten Balkonbrüstungen scheint das Haus selbst auf den Passeig de Gràcia, die Prachtmeile des reichen katalanischen Bürgertums, herunterzublicken: Architektur beginnt Skulptur zu werden.

Victor Horta: *Musée Horta,* Treppenhaus, Brüssel, 1899

Victor Horta hatte kurz vor der Jahrhundertwende erheblichen Einfluß auf die belgische Architektur bekommen, nachdem er bereits 1893 mit der Villa für den Industriellen Tassel ein Gebäude geschaffen hatte, das zu den ersten eindeutigen Jugendstil-Wohnbauten Europas gerechnet werden konnte.
Sein heute als Museum genutztes Haus in der Rue Américaine in Brüssel ist ein weiteres Beispiel für die Virtuosität des Architekten, der aus der Not – der typischen Schmalheit der Brüsseler Stadthausgrundstücke – die Tugend der Transparenz und Leichtigkeit entwickelte, die das Innere der Gebäude optisch vergrößerte. Jedes einzelne bauliche Detail gestaltete er nach seiner dem Material entwachsenen Ästhetik. Das Treppengeländer demonstriert die Entwicklung ornamentaler Formen aus neuen Konstruktionslösungen.

Hector Guimard: *Eingang zu einer Métrostation,* Paris, 1900

Industrialisierung und Landflucht ließen um 1900 die Verkehrsströme der Großstadt anschwellen. Mit den Eingängen der Métro in Paris gelang Hector Guimard, der sich selbst „L'architect d'art" nannte, ein programmatisches Symbol der neuen Mobilität. In ihren Gittern und Glasdächern kulminierte die Dynamik des Verkehrs, der unter die Erde umgeleitet wurde.
Die floralen Formen der lauchgrün aus dem Straßenpflaster wachsenden Lampen versöhnten die Welt der Technik, die den Alltag zu beherrschen begann, mit einer von ihr hervorgebrachten Natursehnsucht. Sinnlich, fast exotisch, brandeten die anschwellenden Formen aus Gußeisen gegen die festgefügten, steinernen Fassaden. Mit der Einbeziehung der Schrift in den eisernen Rahmen kündigte sich zugleich der Einzug der Werbung in den öffentlichen Raum an.

zen und ihre Mittel anzudeuten, teils durch das Spiel von Licht und Schatten Leben in einen sonst zu gleichmäßig erhellten Raum zu bringen. Ich behaupte, daß man mit solchen Prinzipien gänzlich neue architektonische Ornamente schaffen kann, die Schritt für Schritt den Intentionen des Baus und den einzelnen Konstruktionsmitteln und Gliederungen folgen werden."

Besonders gut ließen sich die fließenden Linien mit Eisen erzielen, bei dem das Biegen, Bündeln oder Stauchen von Stäben auch eine materialgerechte Behandlung darstellte Berühmte Beispiele dafür sind Hector Guimards Eingänge zur 1900 eröffneten Pariser Métro. Eisen war schon seit längerem ein gebräuchlicher Baustoff gewesen. Doch bisher hatte man es, ebenso wie den sich langsam durchsetzenden Beton, stets hinter Steinen, Stuck oder Holz versteckt. Nun wurde es – wie z. B. von Victor Horta 1893 im ästhetisch revolutionären Treppenhaus des Brüsseler Hauses Tassel – erstmals zur Gestaltung von Innenräumen eingesetzt. Anstatt weiterhin die Form der Konstruktion überzustülpen, wurde nun die konstruktive Struktur eines Gebäudes sichtbar gemacht und aus ihr das Dekor abgeleitet. Das Gerüst von Eisen- oder Stahlträgern trat bei den fortschrittlichsten Bauten auch in der Fassade in Erscheinung; sie wurde weitgehend in das Rastermuster von Stützen und Geschoßdecken aufgelöst und dazwischen großflächig verglast.

Abgesehen von der „Schule von Chicago", die in Europa folgenlos geblieben war, war derart bisher nur bei Brücken, Gewächshäusern, Bibliotheken, Bahnhofs-, Fabrik- oder Ausstellungshallen üblich gewesen – sogenannten „Ingenieurbauten", die man nicht als Bauaufgaben für Architekten betrachtet hatte. Doch nicht nur dies änderte sich nun: Auch die traditionelle Trennung zwischen Kunstgewerbe und „freien" Künsten wurde aufgehoben. „Nichts, was nicht brauchbar ist, kann schön sein", hatte der Jugendstilarchitekt Otto Wagner erklärt, dessen 1906 fertiggestelltes Wiener Postsparkassenamt zu den modernsten Gebäuden seiner Zeit zählte. Architekten kümmerten sich nun um alle Lebensbereiche: Kein Ding war zu banal, als daß sich nicht ein Gestalter damit befaßt hätte, ob Lampe, Sessel oder Salzstreuer. Hier kam zum ersten Mal jener Anspruch zum Ausdruck, der die gesamte moderne Architektur durchzog: Es ging nicht nur um eine Reform des Dekors oder der Konzeption eines Hauses. Es ging um die Umgestaltung der gesamten Welt, die man im buchstäblichen wie übertragenen Sinne neubauen wollte. Die technischen Möglichkeiten dazu glaubte man zu besitzen: Mit der Besinnung auf Materialgerechtigkeit und Materialwirkung knüpfte man zwar an die Intentionen der Kunstgewerbebewegung („Arts and Crafts") des 19. Jahrhunderts an. Doch anders als deren großer Wortführer, der 1896 verstorbene William Morris, gaben sich die fortschrittlichen Architekten und Designer am Anfang des 20. Jahrhunderts nicht mehr maschinenfeindlich. Sie erkannten, daß es falsch war, vom Mittelalter zu träumen, Maschinen als Wurzel allen Übels zu betrachten und auf traditionelle, handwerkliche Art produzieren zu wollen: Wer die Welt neugestalten wollte, mußte maschinengerecht entwerfen, so daß die Güter in großen Mengen und zu niedrigen Preisen unter die Massen gebracht werden konnten.

In Deutschland schlossen sich zu diesem Zweck gleichgesinnte Künstler, Handwerker, Experten und aufgeschlossene Unternehmer zusammen, die in der Annahme, daß gut gestaltete, qualitativ hochwertige und von Fachleuten gepriesene Produkte sich besser verkaufen ließen, wirtschaftlichen Nutzen daraus ziehen wollten. Sie gründeten 1907 den Deutschen Werkbund. Dieser Zusammenschluß, zu dem sich andernorts Schwesterorganisationen bildeten, propagierte die „gute Form" von Möbeln, Geräten und sogar Häusern: Was material- und funktionsgerecht ist, ist wahr, also gut, also schön. Zur Verbreitung seiner Ideen und Produkte veranstaltete der Werkbund Ausstellungen, von denen die – vor allem ihrer Bauten wegen – bedeutendsten 1914 in Köln und 1927 in Stuttgart – in Form der Weißenhofsiedlung, deren Planung und Leitung in der Hand Ludwig Mies van der Rohes lag – stattfanden.

Ist Ornament ein Verbrechen?

Die Formensprache des Jugendstils erstarrte jedoch nach kurzer Zeit zur Spielerei. Schnell wie eine Mode war seine Blüte deshalb auch vorüber. Schon vor dem Ersten Weltkrieg wurde diesem Stil in Künstlerkreisen wie der breiten Öffentlichkeit nur noch Spott und Verachtung zuteil, was sich erst Anfang der siebziger Jahre, mit dem Beginn der Nostalgiewelle, noch einmal ändern sollte.

Der Österreicher Adolf Loos, ein Vordenker der Moderne, nannte bereits 1908 in einem aufsehenerregenden Artikel Ornamente generell „ein Verbrechen", da verzierte Produkte aufwendiger herzustellen seien als glatte, aber nicht entsprechend teurer verkauft werden könnten, weshalb die Handwerker nur Hungerlöhne bekämen; außerdem würden die Waren durch den schnellen Wandel der Geschmacksmoden unerträglich werden, bevor sie sich abgenutzt hätten: „Das Ornament begeht ein Verbrechen dadurch, daß es den Menschen schwer an der Gesundheit, am Nationalvermögen und also in seiner kulturellen Entwicklung schädigt." Und weiter: „Wir haben das Ornament überwunden, wir haben uns zur Ornamentlosigkeit durchgerungen. Seht, die Zeit ist nahe, die Erfüllung wartet unser. Bald werden die Straßen der Städte wie weiße Mauern glänzen!" Mit dieser Prophezeiung lag Loos durchaus richtig, und seine eigenen Bauten – wie das Haus Goldman & Salatsch in Wien – waren mit ihren glatten, kahlen Fassaden und den einfachen Formen eine Provokation. Im Angesicht der Dekorationssucht mit den schmucküberladenen Wänden und vollgestopften Räumen stellte schon die freie, nackte Fläche allein einen Gewinn dar.

Gartenstädte

Der ambitionierteste Siedlungsbau der Zeit vor dem Ersten Weltkrieg – die ab 1909 nach einem Gesamtplan von Richard Riemerschmid entstandene Gartenstadt Hellerau bei Dresden – stand mit dem Werkbund in Verbindung. Die Idee der Gartenstädte war in Großbritannien entstanden, dem ersten und lange Zeit am weitesten industrialisierten Land der Welt, das entsprechend stark auch unter den sozialen Folgen des wirtschaftlichen Fortschritts zu leiden hatte. 1898 hatte Ebenezer Howard mit seinem Buch *To-morrow – A peaceful way to urban reform* das Programm der Gartenstadtbewegung veröffentlicht. 1903-1904 begann unter architektonischer Leitung von Barry Parker und Raymond Unwin im englischen Letchworth dessen Umsetzung. Nach Howards Vorstellung sollte eine Genossenschaft Land für

etwa 30 000 Menschen erwerben und Eigentümerin des Bodens bleiben, so daß Spekulation damit ausgeschlossen war. Um einen zentralen Park sollten sich ein- bis zweistöckige Häuser mit Vorgärten gruppieren, an baumbestandenen, kleinen Straßen entlang. Eigene Einkaufs- und Arbeitsstätten sowie die Gartenstadt umgebende Bauernhöfe, die frische Lebensmittel lieferten, sollten die Vorteile von Stadt- und Landleben miteinander verbinden. Doch die Unabhängigkeit von den Metropolen war nicht durchzuhalten. Die Gartenstädte, die auch in den Folgejahren meist in einer romantisierenden, kleinstädtischen bis dörflichen Architektur gehalten waren, verkamen bald zu reinen Wohnsiedlungen im Dunstkreis der Großstädte. Mit der Verbreitung des Autos konnten sich diese Vororte schließlich grenzenlos, ohne die vorher notwendige Rücksichtnahme auf die fußläufige Nähe zu einem Bahnhof, ausdehnen. Die „Auflockerung", „Durchgrünung" und „Entmischung" der Stadt, die von den modernen Planern propagiert wurde, nahm mit der Gartenstadt ihren Anfang.

In Deutschland wollte man mehr als die bloße Verbesserung der Wohnbedingungen: In Hellerau stand ein aufgeschlossener Unternehmer hinter

Adolf Loos: *Wohn- und Geschäftshaus Goldman & Salatsch*, Wien, 1909-1911

Die radikale Ablehnung des Ornaments in den polemischen Essays von Adolf Loos fand in der Schlichtheit seiner Bauten einen konsequenten Ausdruck. Klare Strukturen bestimmen das Eckhaus Goldman & Salatsch: Die beiden unteren Ladengeschosse sind durch eine marmorierte Fassung der Fassade und eine variierende Geschoßhöhe abgesetzt. Einfache Säulen nehmen dort den Rhythmus der Fensterachsen auf, deren Öffnungen glatt in die weißen Wände geschnitten sind. Diese Reduktion der Gestaltung entsprang einem Impuls sozialer Verantwortung: Loos, der drei Jahre die USA bereist hatte, wandte sich gegen eine Verschwendung der Ressource Raum, der in den Städten knapp wurde. Seine Idee einer Raumplanung orientierte sich an den Bewegungen und Bedürfnissen des Menschen. Mit diesem anthropomorphen Maßstab bereitete er den Rationalismus vor.

Peter Behrens: *AEG Turbinenhalle,*
Berlin, 1908-09

Mitten im Wedding, dem für seine dunk-
len und engen Mietskasernen berüchtig-
ten Arbeiterviertel von Berlin, baute Peter
Behrens die helle und hohe AEG-Turbi-
nenhalle. Während die bisherigen Fabriken des Elektro-Konzerns von zinnenbe-
wehrten Mauern umstanden waren und
wie respekteinflößende Stadtburgen
wirkten, propagierte Behrens mit dem
Bau der Turbinenhalle den Anbruch einer lichtdurchfluteten Epoche, zu deren
Realisierung die Produkte der AEG beitragen sollten.
Die Verschlankung der Baumassen und
die Sichtbarkeit des Gerüstes ließen
nicht nur die technische Konstruktion
hervortreten, sondern veredelten sie
gleichsam: Denn ganz wie fern zitierten
die pfeilerförmig aus der verglasten Fassade heraustretenden Träger und das
mit dem Firmenzeichen geschmückte
Giebelfeld die Form eines Tempels. Für
den Künstler und Architekten Behrens
bildeten Kunst und Industrie keinen Widerspruch: Ihre Annäherung betrieb er
im Entwurf der Fabrikgebäude ebenso
wie in der Produktgestaltung.

der Gründung, und die Möbelmanufaktur „Deutsche Werkstätten" wurde zum wirtschaftlichen
Herz der Siedlung. Hier betonte man jedoch noch
viel stärker als bei Howard das Bemühen um eine
„Lebensreform", hin zu sozialer Harmonie und einem Dasein im Einklang mit der Natur. Nicht zufällig diente das aufsehenerregende kulturelle
Zentrum der Anlage – auch Festspielhaus genannt – als Bildungsanstalt für rhythmische Gym-
nastik. Sein Entwurf stammt von Heinrich Tessenow.

Expressionismus und beginnender Rationa-
lismus

Stand Hellerau für das Gesellschaftskonzept, das
mit dem Werkbund verbunden war, so repräsen-
tierte dessen Gründungsmitglied Peter Behrens
zumindest in den ersten Jahren am besten die
Idee des universell schaffenden Künstlers. Der Architekt hatte als Maler begonnen, sich dann der
angewandten Kunst gewidmet und wurde 1900
nach Darmstadt berufen, wo er an der Künstler-
kolonie Mathildenhöhe, dem Zentrum der deutschen Jugendstilarchitektur, mitwirkte. 1907 wurde er zum künstlerischen Beirat des Elektrokon-
zerns AEG berufen. In dieser Stellung avancierte
Behrens zum Pionier dessen, was man heute
„Corporate Identity" nennt. Er gestaltete das gesamte Erscheinungsbild der AEG, vom Briefpapier
und dem Firmensignet über die produzierten
Lampen oder Haushaltsgeräte bis hin zu den Fa-
brikationsstätten. Seine Turbinenhalle in Berlin
wurde zu einem Meilenstein der modernen Ar-

chitektur: Eine Fabrik, die sich keiner historischen,
wesensfremden Verkleidung mehr bedient, deren
durchaus monumentale Form sich aus dem Konstruktionsgerüst ergibt; an den Seiten ragt dieses
Gerüst pfeilerförmig aus der Fassade heraus, an
der Stirnseite gibt es dem Giebel seine gebrochene Linie, innen schafft es eine hohe, stützenfreie,
lichtdurchflutete Halle.

Behrens spielte noch in einer anderen Hinsicht eine bedeutende Rolle: Mit Ludwig Mies van der
Rohe und Charles-Édouard Jeanneret alias Le
Corbusier, die beide kein Architekturstudium ab-
solvierten, arbeiteten und lernten um 1910 zwei
der wichtigsten Baumeister des 20. Jahrhunderts
in seinem Büro.

Walter Gropius, ein weiterer bedeutender Beh-
rens-Schüler aus dieser Zeit, trieb die Leistung,
die sein Lehrer mit der AEG-Turbinenfabrik er-
bracht hatte, schon 1911 weiter. Ein gewisser
Hang zur Monumentalität und zum Neoklassizismus, der bei Behrens immer wieder durchbre-
chen sollte, hatte aus der Maschinenhalle einen
Tempel der Arbeit gemacht. Bei den von Gropius
zusammen mit Adolf Meyer gestalteten Fagus-
Werken gab es dagegen keine Symbolik oder Fei-
erlichkeit mehr, keinen Giebel, keine betonten
Pfeiler, nicht einmal mehr massive Ecken (die bei
dem Behrens-Bau im übrigen keine konstruktive
Bedeutung besessen hatten). Statt dessen schlichte Sachlichkeit, ein leichter, transparenter Würfel,
der völlig aus Glas zu bestehen scheint. Wirkten
die großen Fensterflächen bei der Turbinenhalle
noch wie zwischen den Stützen eingespannt, so

FUTURISMUS UND KONSTRUKTIVISMUS

Als das 20. Jahrhundert begann, blickten ihm nicht nur die meisten Intellektuellen hoffnungsvoll entgegen: Das weitere Voranschreiten der technischen, geistigen und gesellschaftlichen Veränderungen würde in ein vollkommen neues Zeitalter mit völlig „neuen" Menschen führen, glaubte man. Besonders bemerkenswerte Ergebnisse im Bereich der Architektur zeigte dieser Enthusiasmus in zwei Ländern, deren politische und vor allem industrielle Entwicklung bis dahin eher zurückgeblieben war: Italien und Rußland.

El Lissitzky: *Entwurf Wolkenbügel am Nikitskije-Tor*, Moskau, 1923-26

In Italien entstand eine Stil- und Denkrichtung, die sich programmatisch „Futurismus" nannte, nach dem lateinischen und italienischen Wort für „Zukunft". In dem „Manifest des Futurismus", das Filippo Tommaso Marinetti 1909 veröffentlichte, wurden Tempo, Gefahr und auch Gewalt des industriellen Zeitalters thematisiert, als Last empfundene Allgegenwart des antiken Kunsterbes beklagt und zur Zerstörung der überkommenen Welt aufgerufen – ein Grund, weshalb auch der Krieg, „diese einzige Hygiene der Welt", und „die schönen Ideen, für die man stirbt" verherrlicht wurden. „Ein Rennwagen, dessen Karosserie große Rohre schmücken, die Schlangen mit explosivem Atem gleichen (...), ein aufheulendes Auto, das auf Kartätschen zu laufen scheint, ist schöner als die Nike von Samothrake", lautete ein berühmter Satz.

In der Architektur beschäftigten sich die Futuristen, allen voran der 1916 mit nur 28 Jahren gefallene Antonio Sant'Elia, aber auch Virgilio Marchi, vor allem mit Bauten, die Technik bzw. Verkehr dienen sollten, also neuen, erst durch die industrielle Revolution entstandenen Aufgaben, mit denen sich diese zugleich feiern ließ: Kraftwerke, Bahnhöfe, Flugplätze und natürlich auch ganze, aus gewaltigen Hochhausansammlungen und mehrstöckigen Verkehrssyste-

Alexander, Leonid und Viktor Wesnin:
Wettbewerbsentwurf für den Sowjetpalast,
Moskau, 1933 (nicht realisiert)

men bestehende Städte, wobei die Futuristen eine größere Begeisterung für das urbane Durcheinander der Metropolen zeigten als große Teile der Architekturavantgarde in anderen Ländern. Von den meist dynamisch in die Höhe schießenden und gigantomanischen Entwürfen wurde jedoch kaum etwas verwirklicht, zu weit griffen sie ästhetisch wie im Bezug auf die finanziellen Möglichkeiten ihrer Zeit voraus.

So wenig von ihnen gebaut wurde, so viele Manifeste veröffentlichten die Futuristen. Ihre flammenden Worte und utopischen Pläne drangen bis nach Rußland, wo aber bald der Konstruktivismus zur bestimmenden Stilrichtung wurde. Mit dem Futurismus verband ihn unter anderem die Begeisterung für die scheinbar unbegrenzten Möglichkeiten, die die neuen Bautechniken den Architekten boten. Wichtig waren auch der Einfluß des Kubismus und der von Kasimir Malewitsch begründete Suprematismus. Letzterem ging es um die Überwindung des Flächen- zugunsten des räumlichen Denkens in der Malerei und um die daraus folgende Weiterentwicklung zur „Kunst räumlicher, konstruktiver Gestaltung". Wesentlich für die Ausdehnung des Konstruktivismus auf den Bereich der Architektur war der Multikünstler El Lissitzky, der in den zwanziger Jahren längere Zeit auch in Deutschland arbeitete, 1922 die 1. Russische Kunstausstellung in Berlin mitorganisierte und zum Einfluß des Konstruktivismus vor allem auf de Stijl und das Bauhaus beitrug. Auf die Baukunst übertragen bedeuteten die Prinzipien des Konstruktivismus, daß man räumliche als raumgreifende Gestaltung verstand, mit Bauten, schräg oder steil in den Himmel ragend, aus hart auf- oder aneinandergesetzten ·Bauteilen, reduziert auf Grundformen und -farben, ihre Gestalt unmittelbar aus der Konstruktion ableitend und diese durch großflächige Verglasung offen zeigend. Berühmte Projekte waren Tatlins 1919 entworfenes Denkmal für die III. Internationale, eine bewegliche Bauskulptur, die der kommunistischen Weltorganisation als Büro- und Tagungsgebäude dienen sollte, El Lissitzkys 1920-24 konzipierte Rednertribüne für Lenin, ein Stahlfachwerkträger, der schräg über die zu agitierenden Massen hinweg auskragen sollte, und seine um 1925 entworfenen „Wolkenbügel"-Hochhäuser. Auch mit seinen „Proun" genannten graphischen Blättern – spielerisch freien Kombinationen geometrischer Körper und Flächen verschiedenster Struktur und Farbe, gab El Lissitzky der moder-

Wladimir Tatlin: *Skizze zum Denkmal der III. Internationalen*, 1919

nen Architektur wichtige Impulse. Zu den wenigen verwirklichten Bauten zählen das Haus der Leningradskaja Prawda in Moskau (1923, Gebrüder Wesnin) und das 1924 entworfene, erst 1930 ausgeführte Lenin-Mausoleum auf dem roten Platz in Moskau (A. Sstuschussew).

Daß sich die ästhetischen Utopisten mit ihren radikalen gestalterischen Ideen besonders stark zu radikalen politischen Ideologien hingezogen fühlten, war wohl naheliegend. Weit mehr als die Verbindung vieler italienischer Futuristen mit dem dortigen Faschismus, wirkte sich dies für die zum Kommunismus tendierenden russischen Konstruktivisten letztlich verhängnisvoll aus. Hatten sie zunächst mit den Dogmen der zur Macht gelangten Bolschewisten übereingestimmt, sahen sie sich im Zuge der politischen Erstarrung, die mit dem Aufstieg Stalins Mitte der zwanziger Jahre begann, zunehmenden Anfeindungen ausgesetzt und schließlich gänzlich verdammt. Die Ideen des Konstruktivismus waren dennoch zukunftsprägend: Golosovs Klub der Kommunalarbeiter (1927-29) in Moskau etwa wirkt mit seinem Gegensatz von Glas- und Wandflächen, von runden und ebenso klaren rechteckigen Formen wie ein Bau der neunziger Jahre.

Fritz Höger: *Chilehaus*, Hamburg, 1922-23

Gewaltig reckt sich die Ecke des Chilehauses vor dem Betrachter empor. Auf die gotische Backsteinarchitektur Norddeutschlands spielte Höger in den Spitzbögen der Fassade im Erdgeschoß, im Netz der Gewölberippen über dem Eingang und in den Backsteinornamenten an. Um drei Innenhöfe gebaut, beherbergte der gigantische Komplex Arbeitszelle neben Arbeitszelle wie am Fließband. Sein expressives Pathos verschluckte den einzelnen, um ihn dem Chor der fleißigen Angestellten einzuverleiben.

Walter Gropius und Adolf Meyer: *Fagus-Werk*, Alfeld/Leine, 1910-14

Für die jungen Architekten Gropius und Meyer bedeutete der Auftrag der Fagus-Schuhfabrik eine große Chance, den modernen Materialien Glas und Stahl neue Funktionsfelder zu erschließen. Mit diesen als „wesenlos" (Gropius) und unkörperlich empfundenen Baustoffen faßten sie das Hauptgebäude der Fagus-Werke in eine kompakte und zugleich durchsichtige Körperlichkeit. Die weitgehende Auflösung der Wand in Fensterflächen war bisher erst in der Realisierung großer Hallen erprobt worden. Das Architektenduo übertrug die transparente Struktur aufgehängter Glasfassaden erstmals auf einen gemauerten Stockwerksbau. Die stützenlosen Ecken des durchsichtigen Baukörpers, die den Blick auf freischwebende Podestplatten freigeben, widersprachen überkommenen Vorstellungen von Stabilität. Der Eindruck von Fragilität und Leichtigkeit des Treppenhauses wird noch durch die von schmalen Fugen gegliederte Wand des nebenliegenden Eingangs betont. Mit dem Fagus-Werk und einer Musterfabrik für die Werkbund-Ausstellung in Köln 1914 begründete Gropius seinen Ruf.

verschmelzen bei den Fagus-Werken Glas und massive Teile zu einer einheitlichen Fläche. Mit dieser Entmaterialisierung, der äußersten Reduktion des Baukörpers auf eine *stereometrische* Form und dem Gleichgewicht von senk- und waagerechten Linien, nahmen Gropius und Meyer die Formensprache des Rationalismus vorweg.

Zunächst jedoch rückte der Expressionismus in das Zentrum des architektonischen Interesses. Die Orientierung an Konstruktion, Material und Funktion verlor zugunsten dem persönlichen Ausdruckswillen des Künstlers an Bedeutung. Dessen Denken, Wollen, Fühlen, sein Blick auf die Welt gaben dem Bauwerk die Form. Vor allem in Norddeutschland, den Niederlanden und Skandinavien entstanden expressionistische Bauten. Hier hatte die effektvolle Fassadengestaltung mit unverputztem rotem Backstein eine große Tradition. An sie ließ sich mit der vom Expressionismus bevorzugten Zackenornamentik, den vorspringenden *Gesimsen*, *Lisenen* und *Pilastern* hervorragend anknüpfen; die breiten, weißgestrichenen, oft mit vielen Sprossen versehenen Fensterrahmen bildeten einen starken Kontrast zu den roten Ziegelflächen.

Das wohl monumentalste Beispiel dafür schuf Fritz Höger mit dem Chilehaus in Hamburg, einem gigantischen Bürokomplex, an dem sich nicht nur 2 800 identische Fenster finden, sondern auch mindestens ebensooft wiederholte Details; außerdem benutzte Höger an den Fronten Ziegel, die wegen Beschädigungen und Fehlern

bei der maschinellen Produktion deformiert und deshalb zu Ausschuß erklärt worden waren. Damit erzielte er eine kleinteilige und lebhafte, auch rauhe Gestaltung ohne den Aufwand handwerklicher Arbeit, die ökonomisch nicht vertretbar gewesen wäre – praktisch in rationalisierter und standardisierter Form. Sein Chilehaus war für Höger „die Wende deutscher Baukultur, das Gegenteil vom Eklektizismus, das Gegenteil auch des Klassizismus, vor allem aber der Sieg über die neue Sachlichkeit". „Gotisch-dynamisch ist sein geistiger Wert. Seine Erscheinung ist frei von Erdenschwere. Ja, gotisch ist der Bau, obwohl kein einziger Spitzbogen vorhanden ist. Körperlich ist seine Hauptdimension – horizontal – und in die Weite weisend; aber sein Wesen ist aufrecht sieghaft über die entsetzliche Zeit."

Dieses Pathos war für jene Jahre bezeichnend. Wegen des Ersten Weltkriegs und seiner Folgen war die Bautätigkeit weitgehend zum Erliegen gekommen. Das Chilehaus konnte während der Inflation nur begonnen werden, weil es einen ausländischen, dollarkräftigen Bauherrn hatte (dessen Reichtum seinen Ursprung in Chile hatte, daher der Name des Komplexes).

Die unterbeschäftigten Avantgardearchitekten ließen auf dem Papier ihrer Phantasie freien Lauf und entwarfen die kühnsten Projekte und Visionen für eine zukünftige Gesellschaft. Sie schlossen sich in Gruppen wie dem „Arbeitsrat für Kunst", der „Gläsernen Kette" oder dem „Ring" zusammen. Auch Behrens, Gropius und Mies van

Erich Mendelsohn: *Kaufhaus Schocken in Stuttgart*, Entwurfsskizzen, realisiert 1926-28; *Einsteinturm auf dem Telegrafenberg*, Potsdam, 1920-21

ERICH MENDELSOHN

Wie die Aufbauten eines U-Bootes aus den Wellen schiebt sich der Einsteinturm aus dem Boden. Und wie das Periskop die Bilder der Meeresoberfläche in den Schiffsrumpf leitet, so lenken die Spiegel des Observatoriums das Sonnenlicht in die unterirdischen Laboratorien. Sein Eingang gleicht einer Höhle, die mit weit ausladenden Armen nach dem Besucher greift. Tief sind die Fenster in die kurvigen Ausbuchtungen geschnitten. Schon unter den Zeitgenossen avancierte der Potsdamer Turm zum Inbegriff des gebauten Expressionismus. Obwohl seine weichen Konturen auf einem Mauerwerk beruhen, das von einem Zementmantel umschlossen ist, stand er wie ein Ausrufezeichen für den „Baustoff unseres neuen Formwillens", wie Mendelsohn den Eisen-Beton nannte.

Im Schützengraben an der russischen Front hatte Mendelsohn begonnen, seinem Bild der Zukunft, die nach dem Krieg endlich beginnen müßte, in kleinen Skizzen Gestalt zu verleihen. Mit kühnem Schwung zeichnete er Entwürfe, die aus dem Nichts auf den Betrachter zuzutreiben scheinen. Die Bauaufgaben der Industrie forderten ihn heraus: Silos, Hochöfen, Flugzeughallen. Nüchtern beschrieb er das Verhältnis zwischen Funktion und Ästhetik: „Wirtschaft, Industrie, Verkehr stellen den Architekten vor Aufgaben, bei denen das reale Moment 99 Prozent der Gestaltung ausmacht. Aber erst der Zuschlag von 1 Prozent Intuition macht aus dem ‚Material' ein Werk."

Die konstruktive Hochstimmung seiner programmatischen Skizzen prägte auch Mendelsohns Vorträge: „Faßt zu, konstruiert, umrechnet die Erde! − Aber formt die Welt, die auf euch wartet. − Formt mit der Dynamik eures Blutes die Funktionen ihrer Wirklichkeit, erhellt ihre Funktionen zu dynamischer Übersinnlichkeit. − Einfach und sicher wie die Maschine, klar und kühn wie die Konstruktion." Der Architekt sah sich als Schöpfer einer neuen Ordnung.

der Rohe verschlossen sich in jenen Jahren nicht dem Sog expressionistischer Ideen.

Als die Dekorationsweise des Expressionismus' nach einigen Jahren zurückhaltender wurde, zeigte sich, wie fließend angesichts der bevorzugt stereometrischen Baukörper die Grenzen zur rationalistischen Architektur waren. So etwa bei Erich Mendelsohn, dessen Einsteinturm in Potsdam als Betonskulptur konzipiert war, die jedoch wegen der noch unzulänglichen Technik als verputzter Backsteinbau errichtet werden mußte. Bald darauf fand Mendelsohn Wege, seinen Hang zur Dynamik direkter aus der funktionsgerechten Gestaltung eines Hauses abzuleiten: Die Bewegtheit seiner Bauten war nicht archaisch und behäbig wie bei Gaudí, entstand nicht aus aufgesetztem Dekor wie im Jugendstil, sondern aus der gewagten, ausdrucksstarken Schichtung von Gebäudeteilen, durch stromlinienartige Fensterbänder, hervortretende runde Treppenhäuser, aus der Grundstücksform abgeleitete Kurven.

INTERNATIONALER STIL ODER RATIONALISMUS 1920-1945

Radikaler Bruch mit der Vergangenheit

„Die Naturform aufheben" und damit „dasjenige ausschalten, das dem reinen Kunstausdruck, der äußersten Konsequenz jedes Kunstbegriffs, im Wege steht" wollte ihrem ersten Manifest zufolge die 1917 gegründete holländische Gruppe „de Stijl" („der Stil"). Im Bestreben nach einer „reinen Realität", die naturfeindlich und nicht weiter reduzierbar ist, entstanden Kompositionen wie jene Piet Mondrians aus roten, gelben, blauen und weißen Rechtecken, die von dicken schwarzen Li-

Gerrit Th. Rietveld: *Haus Schröder,*
Utrecht, 1924

Mit seinem „rood-blauwe stoel" war Gerrit Rietveld, Tischler und Architekt, berühmt geworden. Die Verteilung farbiger Flächen aus über- und untereinander gelegten Kanthölzern und Brettern ließ den Stuhl wie eine skulpturale Umsetzung der abstrakten Studien Piet Mondrians erscheinen. In seinen Theorien hoffte Mondrian auf eine Entwicklung, in der die Gestaltung der „greifbaren Realität unserer Umwelt das Kunstwerk ersetzen" könnte. Garant dieses Prozesses schien die Zerlegung des Sichtbaren in ein geometrisch abstraktes Vokabular, das die Suche nach einer Balance zwischen den Elementen ermöglichte. Dem Traum, in einer „Wirklichkeit gewordenen Kunst zu leben" (Mondrian), rückte Rietveld auch mit diesem Haus näher, das er mit der Innenarchitektin Truus Schröder baute. Die Wandflächen erscheinen als bewegliche Felder, die wie in einem Mobile von Balkonen, Vordächern und Geländern in einen schwebenden Tanz versetzt werden. Doch das Schröder-Haus blieb eine Ausnahme, denn dem visuellen Eindruck eines flexiblen Baukastensystems entsprachen weder die produktionstechnischen Voraussetzungen noch die ökonomischen Bedingungen.

nien getrennt wurden. Unter den wenigen Bauten der vielleicht bedeutendste ist das Haus Schröder in Utrecht von Gerrit Thomas Rietveld. Dieser hatte als Schreiner und Möbeltischler begonnen und 1917 einen aufsehenerregenden Lehnstuhl aus normierten Holzteilen gebaut. Sein Haus Schröder kam der rationalistischen Architektur, die sich nun in kürzester Zeit ausprägte und verbreitete, schon ganz nahe. Diese stellte einen radikalen Bruch mit der Vergangenheit dar. Die Moderne verlangte ganz neue ästhetische Formen, bar aller malerischen, assoziativen oder historisierenden Tendenzen. Folgerichtig sprach man auch vom „Neuen Bauen", ferner von „Funktionalismus" oder „Neuer Sachlichkeit". Um 1930 kam für den Rationalismus außerdem der Begriff „Internationaler Stil" auf, da er sich innerhalb weniger Jahre über große Teile der Welt verbreitet hatte; die globale Vereinheitlichung der Architektur wie der Kultur generell liegt dabei in der Natur moderner, immer schneller werdender Verkehrs- und Kommunikationswege.

Das Bauhaus

Das Bauhaus, diese völlig neuartige Kunstschule, wurde 1919 nach einem Konzept und unter der Leitung von Walter Gropius in Weimar gegründet. Sie wurde zur einflußreichsten Bildungsstätte des 20. Jahrhunderts für Architektur, Design und Kunstpädagogik. Schon mit seinem Namen spielte das Bauhaus, an dem zahlreiche der wichtigsten modernen Künstler lehrten, auf die mittelalterlichen *Bauhütten* an. Kunst und Handwerk,

Theorie und Praxis sollten in einem gemeinsamen Schaffen, dessen Krönung das Gesamtkunstwerk Bau war, vereint werden. Dabei galt es jedoch, sich der zeitgenössischen Techniken zu bedienen, die alten Handwerkertugenden auf die Bedingungen des Industriezeitalters zu übertragen. Vergleichbaren Ideen von Material- und Funktionsgerechtigkeit verpflichtet wie der Werkbund, wurde die Brauchbarkeit der Produkte Leitgedanke und die industrielle Produktion Ziel der Entwurfsarbeit. Entstehen sollte eine „industrielle Kunst".

Für die Baukunst forderte der „de Stijl"-Mitbegründer J. J. P. Oud, der vor allem als Stadtbaumeister von Rotterdam mit der Siedlung Kiefhoek oder den Gemeindewohnungen in Hoek van Holland hervorragende Beispiele für rationalistisches Bauen lieferte, schon 1921 „die Gespanntheit, wie sie sich ästhetisch verwirklicht in dem großen Rhythmus, in dem gleichgewichtigen Komplex von gegenseitig sich aufeinander beziehenden und einander beeinflussenden Teilen, wovon der eine die ästhetische Absicht des anderen unterstützt, wo weder etwas hinzugefügt noch etwas abgenommen werden kann, wobei jeder Teil in Stand und Maß so sehr im Verhältnis steht zu den anderen Teilen, für sich selbst und als Ganzes, daß jede – auch die kleinste – Veränderung eine völlige Störung des Gleichgewichts zur Folge hat. Was die heutige Baukunst mit eigenen Mitteln an einem derartigen Gleichgewicht schuldig bleibt, verbessert sie durch Anbringung von Ornament. Eine ornamentlose Baukunst erfordert die größtmögliche Reinheit der baukünstlerischen Komposition." Ohne in „dürren Rationalismus" zu verfallen, werde sie sachlich sein, doch darin „schon sofort das Höhere erleben", „den Reiz entfalten des kultivierten Materials, der Klarheit des Glases, des Blinkenden und Rundenden der Oberfläche, des Glänzenden und Leuchtenden der Farbe, des Glitzernden des Stahls usw." und so „durch das Fehlen jedes Nebensächlichen die klassische Reinheit übertreffen können".

In der deutschen, niederländischen und tschechischen Architektur bedeutete Neue Sachlichkeit: Klarheit der Formen, Reinheit der Oberflächen, also gerade Linien, rechte Winkel, strenge, glatte, elementare Formen, die wie von Maschinen bearbeitet aussehen sollten; außerdem flache Dächer, um die mancherorts ein Kulturkampf ausbrach, als hinge die Existenz des Abendlandes allein von der Dachform ab.

Meist waren die Bauten quaderförmig und weiß verputzt; Architekten wie Bruno Taut oder Le Corbusier kultivierten jedoch auch eine stark farbige

Auf der Suche nach einem „gesunden,
allgemeingültigen und großzügigen sozialen Wohnungsbau" überwand J. J. P.
Oud bald die flächigen Kompositionsge-
setze der „de Stijl"-Gruppe. Gelbe Sockel,
ziegelrote Eingangstufen, gestreifte Mark-
sen und blaue Türen beleben zwar die
weißen Mauerbänder der zweigeschossigen Reihenhäuser im Vorort Hoek van
Holland. Doch Oud betont nicht die Zer-
legbarkeit des Baukörpers, sondern den
Zusammenhalt. Verbunden durch die
Brüstung der Balkone, ziehen die Wohnungen wie ein Blick aus dem Zugfen-
ster am Auge des Betrachters vorbei, ohne sich in Monotonie zu erschöpfen. Die
abgerundeten Enden schließen die
Form.

Gestaltung, bei der die Farbe von Bauteil zu Bauteil wechselte, so etwa bei Balkonen oder Trep-
penhäusern, die von der Fassade abweichend
getüncht waren. So konnte das spannungsvolle
Spiel der Baumassenverteilung unterstrichen werden, die „ausgewogene Asymmetrie", die an die
Stelle der jahrhundertelang für das Bauen bestimmend gewesenen Symmetrie getreten war. Typisch wurden auch Fensterbänder, die die Fassade auf ganzer Breite gliederten, gläserne Vorhangfassaden oder Stützen, auf denen die Häuser über dem Boden zu schweben schienen. In
jedem Falle nutzte man die Konstruktionsweise
des Stahl- und Stahlbeton-Skelettbaus aus, der
das Tragwerk eines Hauses auf Stützen und
Querträger reduzierte, und machte diese Bautechnik zugleich nach außen hin sichtbar: Funktion und Konstruktion sollten eine Einheit bilden.

Das von Gropius entworfene Bauhaus-Domizil in
Dessau ist ein gutes Beispiel dafür: Der Komplex
besteht aus drei miteinander verbundenen Haupt-
teilen, in denen die wesentlichen Funktionen des
Gebäudes untergebracht sind. Der Werkstatttrakt,
in dem viel Licht nötig ist, besitzt eine gläserne
Vorhangfassade; Fensterbänder sind am Lehrge-
bäude zu finden. Balkone und Einzelfenster betonen dagegen die Individualität, die Aufteilung in
viele Einzelräume am Studentenwohnheim. Der
in einem über eine Straße gespannten Brücken-
riegel untergebrachte Verwaltungstrakt bildet die
Verbindung zwischen diesen Baukörpern.
Nun wäre es allerdings falsch anzunehmen, daß
sich die Form eines funktionalistischen Gebäudes
praktisch von selbst ergibt. Nach wie vor sind die
ordnende, organisierende Hand des Künstlers,
sein schöpferischer Geist notwendig, um eine

Dessau war der erste Ort, an dem die
„Bauhaus-Schule" ihr Programm neben
dem Unterricht auch in Bauten verwirklichen konnte.
Zu dem Schul- und Werkstattgebäude
mit der berühmten Vorhangfassade aus
Glas gehörte auch das „Preller-Haus",
das Appartements für die Studenten
barg: Kleine Balkone, die mit ihrer Eisen-
reling hart aus dem Block heraussta-
chen, übertrugen die Unterteilung in
kleine Wohneinheiten nach außen. Nach
dem Schulkomplex entwarf Gropius die
aus scharfkantigen Kuben gefügten
Wohnhäuser für die Bauhaus-Meister. In
den zweigeschossigen Reihenhäusern
der Siedlung Törten erprobte er die Arbeit mit vorgefertigten Elementen und
Fließfertigung auf der Baustelle. Lauben-
ganghäuser von Hannes Meyer, dem
Nachfolger von Gropius als Bauhaus-
Direktor, begrenzten die Siedlung.
Nur die genaue Beobachtung von sozialen und technischen Entwicklungen ermöglichte den Bauhäuslern, in dieser
Vielfalt auf Fragen der Konstruktion, Ferti-
gung und Nutzung zu antworten.

Bruno Taut und Martin Wagner: *Hufeisensiedlung*, Berlin-Britz, 1925-1931 (Aufnahme aus dem Jahr 1931, als das Außengelände noch nicht angelegt war)

Vom kleinen See im Zentrum der Hufeisensiedlung Britz ging für den Architekten Bruno Taut ein erster Impuls für ihre Struktur aus. Denn in der Siedlung am Rand der Großstadt sollte die Natur der Landschaft spürbar bleiben. „Wie dieser Raum zur Sonne, zum Wind und in seinen Dimensionen angelegt ist", schrieb Taut, „übt auch den größten Einfluß auf die Gefühle von Behaglichkeit, Beschaulichkeit, Stille, harmonische Ruhe, Gemütlichkeit usw. aus." Die Reihen von Einfamilienhäusern und schmalen Gärten, die strahlenförmig von der Mitte ausgreifen, schließt eine mehrgeschossige Bebauung ab. Taut, der Funktionalität, organischen Fluß und symbolische Form zusammenzubringen suchte, setzte mit der geschlossenen Struktur ein Zeichen für die Gemeinschaft der genossenschaftlichen Siedlung.

Bruno Taut und Martin Wagner: *Hufeisensiedlung*
Außenansicht eines Wohnhauses mit der typischen farbigen Fassadengestaltung.

sinnfällige, einfache, gebrauchsgerechte und damit gute Form zu finden. Oder wie es der Kunsthistoriker Fritz Baumgart formulierte: „Einen nach einmal erprobtem Schema errichteten Rasterkasten von Bürohaus unzählige Male zu wiederholen ist keine Kunst."

Mechanisierter Wohnungsbau und Großsiedlungen

Dem Rationalismus wohnte trotzdem von vornherein die Gefahr der exzessiven Wiederholung seiner äußeren Formen inne. Teils war sie sogar erwünscht, begeisterten sich doch gerade die rationalistischen Architekten für die in den Zwanziger Jahren vieldiskutierte Rationalisierung. Generell bestand die Überzeugung, daß die möglichst effiziente, möglichst weit von Maschinen ausgeführte Produktionsweise Glück und Wohlstand für alle schaffen könne. In jener Dekade kam hinzu, daß nur noch mit einer stark rationalisierten Bauweise der akuten Wohnungsnot beizukommen war, die durch den kriegsbedingten Stillstand der Bauwirtschaft, die ökonomische Nachkriegskrise und die von neuen Grenzen hervorgerufenen Flüchtlingsströme noch weiter gewachsen war.

Die Verwendung von Fertigteilen und Serienprodukten, die Standardisierung von Bauteilen genoß daher größten Vorrang. Mehr noch: Ganze Gebäude und darauf aufbauend ganze Siedlungen sollten serienmäßig gefertigt werden. Le Corbusier, der wohl einflußreichste Architekt und Stadtplaner der Moderne, entwarf schon um 1914 sein System „Dom-ino", bei dem der Bauherr, Architekt oder Nutzer ein standardisiertes Skelett mit Bauteilen (Wänden, Fenstern, Türen) aus dem Katalog ergänzen sollte. Bis 1922 ent-

wickelte er dann das „Citrohan"-Haus, dessen Name anspielt auf die rationalisierte Autoproduktion von Citroën.

In der „Mechanisierung des Wohnungsbaus" vor dem Zweiten Weltkrieg ging in der Praxis wohl am weitesten Ernst May, der 1924-30 Stadtbaurat von Frankfurt am Main war. Ab 1926 stellte eine Fabrik großformatige Bauteile her, aus denen ganze Siedlungen – wie z. B. von 1928-30 die Siedlung Römerstadt – errichtet wurden. Innerhalb von zehn Jahren sollte so die Wohnungsnot in der Stadt beseitigt werden. Während in Berlin kurz zuvor kleinere Versuche mit vor Ort gegossenen Platten in der Größe ganzer Wände unternommen worden waren, war die Frankfurter „Normalplatte" drei Meter lang, 1,10 Meter hoch und zwanzig Zentimeter stark. Eine revolutionäre Neuerung war auch die von Grete Schütte-Lihotzky entwickelte „Frankfurter Küche": Erstmals gehörte zu neuen Wohnungen auch eine Einbauküche. Sie war einerseits notwendig geworden, weil die Küchenräume aus Kostengründen so klein ausgefallen waren, daß man die alten, klobigen Möbel kaum in ihr untergebracht hätte. Andererseits waren die Möbel und ihre Anordnung natürlich nicht nur im Hinblick auf größtmögliche Platzersparnis nach rationalistischen Gesichtspunkten konzipiert worden. Vielmehr ging man davon aus, daß die Hausarbeiten ganz oder größtenteils weiterhin von Frauen erledigt werden; Rationalisierung der Arbeit in der Küche sollte ihnen somit mehr Freizeit oder eine Berufstätigkeit außerhalb des Hauses ermöglichen.

Doch trotz aller Einsparungen blieben die Neubauwohnungen in Deutschland für Arbeiter meist unerschwinglich. Und die Zahl der neuen Heime reichte wegen des andauernden Zuzugs in die Städte nie aus. Dabei entstanden allein in Berlin, dem neben Frankfurt am Main zweiten Zentrum des Siedlungsbaus in der Weimarer Republik, zwischen 1924, dem Beginn der relativen wirtschaftlichen Stabilisierung, und 1931, als die Wohnungsbauprogramme in Folge der großen Depression fast völlig eingestellt wurden, rund 100 000 öffentlich geförderte Wohnungen. Wie in Frankfurt am Main dominierte dabei der Zeilenbau: Statt Blöcke, die sich an den Straßen entlangzogen und deren Raum begrenzten, wurden nun parallel zueinander angeordnete Hausreihen gebaut, die im rechten Winkel zu den Straßen standen. Die Ausrichtung der Bauten orientierte sich dabei an der günstigsten Ausnutzung des Sonnenscheins, zwischen den Zeilen blieb ausreichend Abstand, der begrünt wurde. Gleichwohl

Karl Ehn: *Karl-Marx-Hof,* Wien,
1927-29

Zwischen 1919 und 1934 engagierte
sich die sozialdemokratische Stadtverwaltung von Wien für ein großes Bau-
programm. Durch eine Luxussteuer auf
Champagner, Dienstmädchen, Automobile und eine progressive Wohnbausteu-
er konnten 64 000 Wohnungen finan-
ziert werden; die Miete für die durch-
schnittlich 40 qm große Wohnfläche
mußte lediglich Verwaltungs- und In-
standhaltungskosten decken.
Der Karl-Marx-Hof, der 1 300 Wohnungen mit Spielplätzen, Kindergärten,
Waschküchen, Ambulatorien, Bibliothek,
Postamt und Läden umfaßt, wurde zum
Symbol für die Gemeindebauten des
„Roten Wien". Gebaut aus 25 Millionen
Ziegelsteinen, galt ihm ein Arbeiterlied:
„Kleiner roter Ziegelstein baut die neue
Welt." Anfang der neunziger Jahre wur-
de die weitläufige Anlage renoviert.

kam es auch bei Dominanz des Zeilenbaus zu
ambitionierten Versuchen der Außenraumgestal-
tung durch Baumassenverteilung wie im Falle der
Hufeisensiedlung von Bruno Taut und Martin
Wagner, dem Stadtbaurat von Berlin.

In Österreich dagegen, vor allem in Wien, ging
man einen anderen Weg: Hier entstanden riesige
Blöcke wie der über einen Kilometer lange Karl-
Marx-Hof, die statt enger Hinterhöfe halböffent-
liche, begrünte Innenhöfe besaßen. Durch diese
Anordnung sollte der Gemeinsinn in den „Super-
blocks" gestärkt werden, die dann auch auf
Grund der politischen Ausrichtung vieler Bewohner als „rote Festungen" bezeichnet wurden.

Geplantes Glück

Massenwohnungsbau in diesen Dimensionen
war für den Architektenstand eine ebenso neue
Aufgabe wie für die Bauherrn. In Deutschland wie
Österreich vergaben in der Regel die Gemeinden
die Bauaufträge, entweder direkt oder indirekt
über städtische oder gewerkschaftseigene Woh-
nungsbaugesellschaften, die von der öffentlichen
Hand subventioniert wurden.

Dabei sollten die Siedlungen nur einen Vorge-
schmack auf die bevorstehenden stadtplaneri-
schen Entwicklungen geben. Anders als die Architekten früherer Zeiten wollte man sich nicht
mehr mit dem Entwurf repräsentativer Stadtanlagen begnügen. Wie Gebrauchsgegenstände sollte auch die Stadt nach rationalen, wissenschaftlichen Gesichtspunkten gestaltet werden. Nicht zufällig gab es eine starke Nähe zwischen vielen
modernen Baumeistern, die sich als Künstler mit
sozialer Verantwortung verstanden, und der politischen Linken. Man glaubte an die Planbarkeit des
Glücks, an möglichst umfassende staatliche Len-
kung, aus der bei richtiger wissenschaftlicher
Fundierung zwangsläufig eine schöne neue Welt
erwachsen müsse. Hier wie dort suchte man das
Heil in einem radikalen Neuanfang, hier wie dort
scheiterte man.

Zum Wortführer der Moderne wurde Le Corbusier, unter anderem mit der Zeitschrift *L'Esprit
Nouveau,* seinem Buch *Vers une architecture* und
verschiedenen Stadt-Planungen. Er konnte dabei
insbesondere auf das 1917 publizierte Konzept einer „Cité industrielle" zurückgreifen: Der Franzose
Tony Garnier hatte hier einen detaillierten Entwurf
für eine Industriestadt mit 35 000 Einwohnern
vorgelegt, von der Flächennutzung über ihre wirtschaftliche Unabhängigkeit bis hin zur Formgebung der einzelnen Bauten, die meist in industria-
lisierter Weise errichtet werden sollten.

Erheblichen Einfluß übte Le Corbusier über die
1928 von ihm mitbegründeten „Congrès Interna-
tionaux de l'Architecture Moderne" (CIAM) aus,
die bis 1959 elfmal stattfanden. Auf dem zweiten
CIAM-Kongress wurde 1933 die „Charta von
Athen" verabschiedet, die für die meisten modernen Architekten bis in die siebziger Jahre hinein
verbindlich blieb. Diese propagierte die Zerlegung
der Stadt, die längst kein überschaubarer Orga-
nismus mehr war, der sich um Marktplatz, Kirche,
Rathaus konzentrierte. Während ihres fortgesetz-
ten Anwachsens und der flächenmäßigen Ausdehnung hatten sich die Metropolen aufgelöst in
einzelne Agglomerationen, in ein System von
durch Verkehrsadern miteinander verbundenen
Einheiten. Nun sollte die Stadt in ihre einzelnen
Funktionsbereiche – Wohnen, Verwalten, Produktion, Konsum und Freizeit – aufgeteilt werden. Die

Grete Schütte-Lihotzky: *Frankfurter
Küche,* um 1925

Alle Funktionen auf 6 1/2 qm – der
Prototyp aller modernen Küchen.

Rohe mit dem deutschen Pavillon für die Welt-
ausstellung in Barcelona 1929 vollendet schuf.
Kurz darauf übertrug der Architekt, der 1930 die
Leitung des Bauhauses übernahm, diese Gestal-
tung beim Haus Tugendhat in Brünn auch auf ein
Wohngebäude.

Der offene Grundriß des Innen- wie Außenraums
entspricht der Stellung des Menschen in der modernen Welt: Es gibt kein starres Weltbild mehr,
kein Gesellschaftsmodell, in dem jedem ein fester
Platz zugewiesen ist. Nicht einmal mehr der Blick-
winkel auf Gebäude ist verbindlich: Gropius' Bau-
haus-Komplex etwa besitzt keine klare Vorder-
und „Schau"-Seite. Das Gebäude bietet aus verschiedenen Richtungen immer wieder ein neues
Bild. Dies ist nichts anderes als ein Ausdruck von
Pluralismus

Gegenbewegungen

Der Historismus hatte muffige, stickige, überfüllte
Innenräume hervorgebracht, mit einer Dominanz
dunkler Farben und einer auf Möbeln wie Hausfassaden überbordenden Ornamentik. Der Jugendstil hatte noch eine gewisse spielerische, romantische Note besessen. Gerade in einer Zeit
der politischen und sozialen Unsicherheit wie
den Zwanziger und Dreißiger Jahren wollten viele Menschen wenigstens zu Hause vertraute
„Gemütlichkeit" haben, bestimmt aber keine
„Wohnmaschine". Auch in den Zwanziger Jahren
baute man daher weiterhin in traditioneller Weise
oder überzog mit moderner Technik erstellte Bauten mit einem historisierenden Äußeren. Eine besondere Rolle spielte dabei der „Heimatstil", der
sich an Formen der Volkskunst, der ländlichen Architektur und regionalen Besonderheiten orientierte. Er war vor allem in den Gartenstädten oder
ländlichen Gegenden zu finden, deren architektonisches Gesicht gewahrt und bestenfalls vorsich-
tig weiterentwickelt werden sollte.

In Deutschland eskalierten ästhetische Fragen
zum Glaubenskrieg. Die politische Rechte zwang
schon 1925 das Bauhaus zum Umzug von Weimar nach Dessau, wo es 1932 wiederum geschlossen wurde. Der Versuch einer Weiterführung in Berlin scheiterte 1933 an der Macht-
übernahme der Nationalsozialisten. Ihnen erschien die Hochschule als Inbegriff dessen, was
sie „Kulturbolschewismus" nannten. Sie wandten
sich nicht nur gegen die moderne Architektur
und Kunst, sondern gegen die gesamte moderne
Welt. Ihren Anhängern versprachen sie einen
Ausstieg aus der Geschichte, ein stabiles „Tau-
sendjähriges Reich".

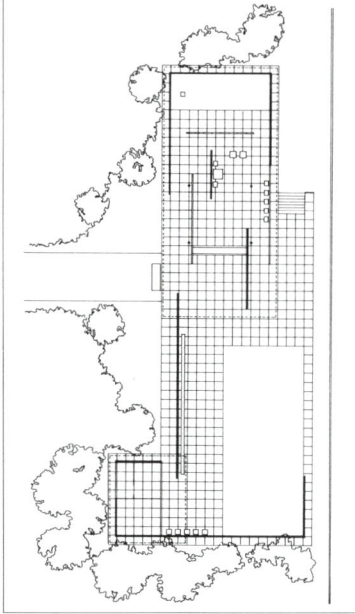

Ludwig Mies van der Rohe, *Deut-*
scher Pavillon für die Weltausstellung
in Barcelona, 1929

Wie in einem Gedicht über die Möglichkeiten der Architektur führte Ludwig
Mies van der Rohe ihr Vokabular in dem
Pavillon in Barcelona vor. Wandscheiben
aus rötlichem Marmor und schimmern-
dem Onyx, die sich unter die freige-
spannte Deckenplatte schieben, werden
zu abstrakten Ausdrucksflächen. Freige-
stellt sind die Pfeiler aus verchromten
Stahl. Das Spiel der reflektierenden Lich-
ter auf den polierten Steinen und Metal-
len kippt auf zwei Wasserbecken in die
Horizontale. Harmonisch durchdringen
sich Innen- und Außenraum. Nur als
provisorischer Bau für die Weltausstellung errichtet, wurde der Pavillon bald
zur Legende für die Klarheit des Rationalismus. Seit seiner Rekonstruktion ver-
führt der großzügige Rhythmus der Räume zur Meditation in der von Nutzung
befreiten, puren Architektur.

Umsetzung dieses Konzeptes nach dem Zweiten
Weltkrieg zeigte jedoch, daß durch die Demontage des ursprünglich gewachsenen chaotischen
Durcheinanders große Teile der Städte in einem
nie gekannten Maße verödeten, andere sogar
physisch zerstört wurden.

Offene Grundrisse für offene Gesellschaften

Kennzeichnend für die Bauten des Rationalismus
war ihr offener Grundriß – statt abgeschlossener,
viereckiger Zimmer offene, ineinander überge-
hende Räume, fließende Raumfolgen, die frei un-
terteilbar waren, da Skelettbauten ja nur Stützen
und keine tragenden Wände benötigen. Dieser
„zerfließende" Raum fand seine Fortsetzung in einer Stadt, die in Häuserzeilen und Solitäre aufgelöst worden war: ein „offener Stadtgrundriß", der
mit dem Verlauf der Straßen kaum noch etwas zu
tun hatte. „Die Aufreihung der Wohngebäude
längs der Verkehrsstraßen muß verboten werden", hatte die Charta von Athen gefordert.

Dies entsprach der Suche nach „Licht, Luft und
Sonne", wie ein bekanntes Schlagwort hieß. So
propagierte Le Corbusier 1926 die Aufstände-
rung der Häuser auf dünnen Stützen („Pilotis"):
„Die Räume werden dadurch der Erdfeuchtigkeit
entzogen; sie haben Licht und Luft; das Bauterrain
bleibt beim Garten, welcher infolgedessen unter
dem Haus durchgeht." Die Nutzung von Flach-
dächern als Dachgarten bedeuteten „für eine
Stadt die Wiedergewinnung der gesamten verbauten Fläche".

Der Rationalismus setzte auf das radikal Neue,
Nackte, auf kühle Eleganz, wie sie Mies van der

Die NS-Architektur orientierte sich an der Antike und trieb die seit der Jahrhundertwende bestehende Tendenz zu einem immer weiter vergröberten Neoklassizismus auf die Spitze. Riesige, in die Länge gezogene Bauten, meist mit Kalkstein verkleidet und streng symmetrisch, mit *rustizierten* Erdgeschossen und riesigen *Risaliten* sowie endlosen Reihungen hoher Pfeiler und Fenster, sollten eine kalte Pracht ausstrahlen und den Betrachter einschüchtern.

Nicht Dynamik und Vergänglichkeit wie beim modernen Bauen waren gefragt, sondern Statik und Dauerhaftigkeit. So spielte selbst der „Ruinenwert" der Bauten eine Rolle: Hitler ließ sich von seinem Chefarchitekten Albert Speer Zeichnungen anfertigen, die das Reichsparteitagsgelände in Nürnberg halb verfallen und überwuchert zeigten.

Die gleiche Absicht wie bei den Einzelbauten verfolgten die Nazis mit ihren Plänen zum Umbau fast aller größeren deutschen Städte. Den Höhepunkt dieser Vorhaben bildeten die Pläne für die Umgestaltung Berlins zur Reichshauptstadt „Germania": Die „Nord-Süd-Achse" – eine gigantische Prachtstraße – sollte vom größten Bahnhof der Welt über einen von Hitler entworfenen Triumphbogen bis zur „Großen Halle" führen, auf deren Kuppel in 290 Metern Höhe der NS-Adler mit der Weltkugel in seinen Klauen thronen sollte.

Soziale oder ähnliche Gesichtspunkte spielten bei dieser Form der Stadtplanung keinerlei Rolle mehr; einziges Ziel war es, eine gigantische architektonische Machtdemonstration zu inszenieren. Beim stark eingeschränkten öffentlichen Wohnungsbau berücksichtigte man allerdings die Wahrscheinlichkeit von Kriegen: So existierten Entwürfe von Häuserreihen, in denen die Treppenhäuser und jeweils ein angrenzendes Zimmer pro Wohnung als Luftschutzraum ausgebildet waren. Auch technische und gestalterische Bauvorschriften hingen mit dem Krieg zusammen: So

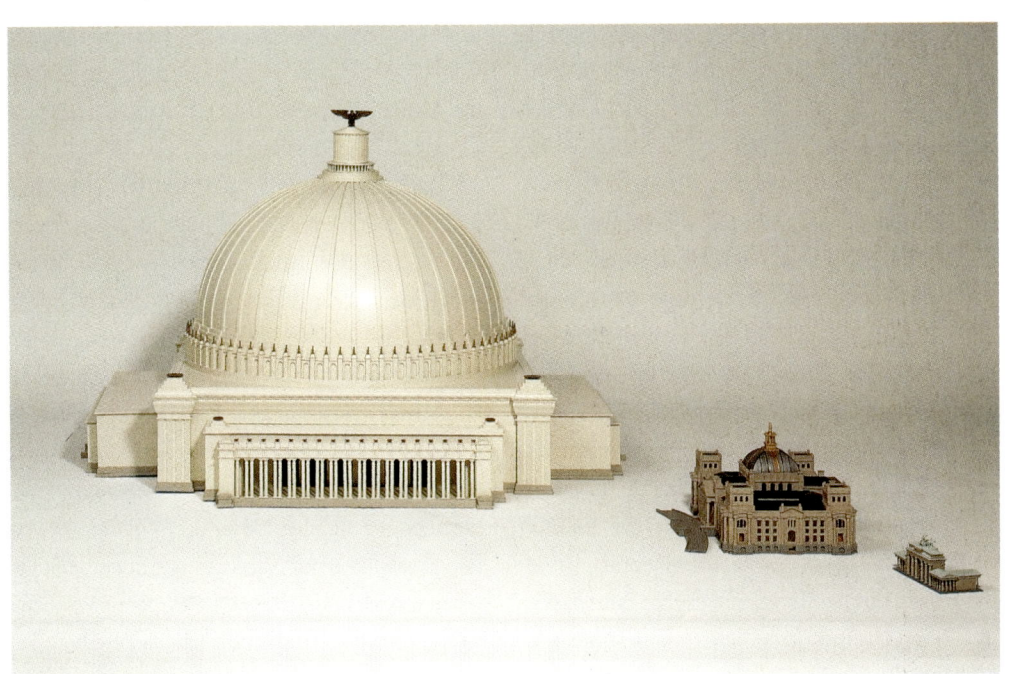

Albert Speer: *Entwurf für die „Große Halle"*, Berlin, um 1940; Modell mit Reichstag und Brandenburger Tor

Albert Speers Pläne für die Neugestaltung von Berlin sind heute zum Synonym für den Größenwahn der nationalsozialistischen Politik geworden. Die gigantischen Baupläne überstiegen die ökonomischen Ressourcen bei weitem. Speer, der 1937 zum Generalbauinspektor ernannt wurde, entwarf den Stadtgrundriß neu, skrupellos den Abriß ganzer Straßen einplanend: Der Reichsautobahnring umschloß das Kreuz einer Nord-Süd- und einer Ost-West-Achse, deren Schnittpunkt die „Große Halle" bekrönen sollte: Unter ihrer Kuppel von 250 Metern Durchmesser hätte sie 150 000 bis 180 000 Menschen Platz geboten. Diese gigantischen Dimensionen ließen Menschen zu einer anonymen Masse zusammenschrumpfen und die bestehende Architektur der Stadt – wie den Reichstag oder das Brandenburger Tor – in ihrem Schatten verschwinden.

Erik Gunnar Asplund: *Stadtbibliothek*, Stockholm, 1920-1928

Der zentrale Zylinder der Stadtbibliothek wird hufeisenförmig von drei flacheren kubischen Flügeln umschlossen. Mit seinem phantasievollen Neoklassizismus zeigt der Schwede Asplund, wie weit sich die Architektur Skandinaviens bereits in den zwanziger Jahren auf dem Weg in die Moderne befand.

wurde die Verwendung von Stahl und Stahlbeton Mitte der Dreißiger Jahre verboten, da man diese Materialien für den Bau von Waffen und Bunkern benötigte. Naturstein, der selbsttragend ist, besaß dagegen keine kriegswirtschaftliche Bedeutung. Freilich standen die Nationalsozialisten mit ihrem plumpen Neoklassizismus nicht allein. In der Sowjetunion war 1932 die Zeit der künstlerischen Avantgarde vorüber, als im Wettbewerb für den Sowjetpalast ein monumentaler, massiger und historisierender Entwurf preisgekrönt wurde. In den nächsten Jahrzehnten dominierten pompöse Wohnanlagen, „Arbeiterpaläste", von der Baumassenverteilung und Inszenierung her der Herrschaftsarchitektur der Nazis ähnlich, jedoch mit historisierender, oft pathetischer Ornamentik verbrämt („Zuckerbäckerstil").

In Italien hingegen, das schon seit 1922 eine faschistische Diktatur war, wurde kühlster Rationalismus nicht nur geduldet, sondern sogar für Parteibauten verwandt, von denen Giuseppe Terragnis „Casa del fascio" in Como (1936) der berühmteste ist. Wie etwa auch die Olivetti-Werke von Figini und Pollini in Ivrea bei Turin, zeigt der Kubus mit seiner weiten Rasterfassade, den glatten weißen Wandflächen und dem Flachdach äußerlich den gleichen Stil wie etwa Le Corbusiers Unité d'Habitation in Marseille (1947-52). Im erst mit erheblicher Verspätung industrialisierten Italien verstanden sich die Faschisten durchaus als „moderne Bewegung"; hinzu kam die Tradition der Futuristen, jener 1909 entstandenen Bewegung, die das Industriezeitalter, die Maschinen, das Tempo verherrlichte und deren Wortführer Marinetti Eisenbahnminister unter Mussolini ge-

worden war. Erst ab Mitte der dreißiger Jahre, als Italiens Faschisten immer mehr in das ideologische Fahrwasser der deutschen Nazis gerieten, wandten auch sie sich vom Rationalismus ab.

Im liberalen Skandinavien suchten Architekten dagegen nach einer Synthese zwischen der modernen Architektur und ihren regionalen Traditionen. Der bedeutendste unter ihnen, der Finne Alvar Aalto, bezeichnete den bisherigen Ansatz des rationalistischen Bauens als zu stark von einem „technischen Funktionalismus" geprägt und zu wenig von den speziellen Bedürfnissen der Menschen, die die jeweiligen Bauten nutzen. Sie gelte es bei jedem Entwurf genauestens zu untersuchen, etwa die Steuerung des Lichteinfalls in eine Bibliothek, wie sie der schwedische Architekt Erik Gunnar Asplund in Stockholm realisierte. Nach Aalto ist „Funktionalismus erst gerechtfertigt, wenn er erweitert wird und auch psychophysische Gebiete einbezieht. Dies ist der einzige Weg zur Humanisierung der Architektur", einer lange mißachteten Option.

Die Moderne geht nach Amerika

Die Architekten in den USA entwickelten zunächst keine neuen Visionen, sondern schöpften aus dem europäischen Stilfundus des Jahrhundertbeginns. So entstanden zeitgleich Bauten, die denen Speers zum Verwechseln ähnlich sahen, etwa das US-Verteidigungsministerium „Pentagon" (1941/42) oder die Münze von San Francisco (1937). Einen reinen Klassizismus zeigte der Oberste Gerichtshof, den Cass Gilbert 1935 errichtete, oder das 1932 fertiggestellte Handelsministerium, beide in Washington. In den Städten herrschte vor allem bei Wolkenkratzern und anderen Kommerzbauten das Art Déco vor: eine im Gefolge der Pariser „Exposition des Arts Décoratifs Modernes" von 1925 entstandene Stilrichtung, die man deshalb auch „Stil 1925" nennt. Art Déco, das vor allem bei der Innenarchitektur auch in Europa äußerst populär wurde, mischte die Eleganz des Rationalismus und die reinen, edlen Materialien Mies van der Rohes mit einem an „de Stijl" erinnernden Spiel mit rechteckigen Flächen. Ein Hang zur Stromlinie ließ sich ebenso finden wie eklektizistische Anleihen bei babylonischer oder altägyptischer Ornamentik. Noch waren die kühlen, kahlen, ganz auf Rechtwinkligkeit bedachten Raumgebilde und die gläsernen Vorhangfassaden eines Mies van der Rohe nicht beeindruckend oder monumental genug, als daß sie sich in der kommerziell orientierten Architektur hätten durchsetzen können.

Die visionären Ansätze der Schule von Chicago waren längst versandet und hatten in den USA kaum Nachfolger gefunden. Selbst Sullivans Schüler Frank Lloyd Wright, der vor dem Ersten Weltkrieg vor allem mit seinen „Präriehäusern" und deren offenen Grundrissen Aufsehen erregt hatte, hatte in den zwanziger Jahren kaum Nennenswertes geschaffen.

Diese Situation sollte sich erst ändern, als viele der bedeutendsten europäischen Architekten angesichts der politischen Verhältnisse in Europa, der Feindlichkeit gegenüber der modernen Architektur in Deutschland und der Sowjetunion – zwei der wichtigsten Avantgardeländer – in die USA emigrierten. Einer der ersten war der Wiener Richard Neutra, dessen Lowell Beach House von 1926 stilistisch dann auch noch recht allein auf weiter Flur stand. Neutra arbeitete in dem Büro von Frank Lloyd Wright, dessen Haus über einem Wasserfall – „Falling Water" – mit seinen asymmetrisch geschichteten glatten Betonkuben, zwischen denen Fensterbänder liegen, deutlich von den Impulsen der Immigranten inspiriert war.

Ein Amerikaner war es dann auch, der mit einem Gebäude die gesamte Entwicklung der modernen Architektur bis ins äußerste Extrem und damit praktisch zum Endpunkt trieb – just in jenem Moment, als das Neue Bauen in den meisten Ländern die unangefochtene Vorrangstellung errang. Philip Johnson reduzierte Farbe, Form und Material aufs Äußerste und errichtete 1949 in New Canaan sein „Glass House". Dabei war er deutlich von Ludwig Mies van der Rohe inspiriert, beispielsweise durch dessen zwar zuvor entworfener, doch erst etwas später gebauter „Crown Hall" in Chicago. Minimalistischer als Johnsons Entwurf mit dünnem, dunklem, rechteckigem Stahlrahmen, ganz und gar verglast, ohne Wände, nur mit einem zylindrischen Backsteinkörper, in dem die Installationen untergebracht sind, ließ sich nicht bauen – sonst wäre gar kein Haus mehr da gewesen. Noch weiter konnte man die Abkehr von allem, was in Jahrtausenden Architekturgeschichte üblich gewesen war, nicht treiben. Aber auch die Herausforderung an die Benutzer eines solchen Gebäudes hatte man bis ins Extrem gesteigert: Die Vorstellung, in einem „Glaskasten" zu leben, ist für die meisten Menschen bis heute schlicht unerträglich.

Frank Lloyd Wright, *Haus „Falling Water"*, Pennsylvania (USA), 1935-39

Weit auskragende Betonterrassen kreuzen sich über dem Wasserfall in Wrights Haus „Falling Water". Um eine möglichst große Differenzierung der Gebäudeteile zu erreichen, zerbrach Wright auch die geschlossenen Konturen des Kubus und drehte die horizontalen Ebenen gegeneinander. Machtvoll setzt sich die Architektur mit der Natur auseinander und behauptet sich mit elementarer Kraft.

Philip Johnson: *Glass House*, New Canaan, Connecticut (USA), 1949

In seinem „Glass House" trieb Philip Johnson die Entmaterialisierung der Architektur ins Extrem. Die gläsernen Außenwände, denen nur das dürre Skelett eines Stahlrahmens die Kontur eines Kubus verlieh, ließen dem Raum unter den Bäumen die größtmögliche Transparenz. Johnson hatte zuerst als Direktor der Architekturabteilung am Museum of Modern Art in New York gearbeitet und den „Internationalen Stil" in Büchern und Ausstellungen propagiert, bevor er 1940 Architektur bei Walter Gropius und dem für seine Stahlrohrmöbel bekannten Marcel Breuer zu studieren begann. Mit dem „Glass House" markierte er bei der Suche nach Durchlässigkeit und Flexibilität in der europäischen Moderne einen Schlußpunkt: Weiter ließ sich die Skelettbauweise nicht entwickeln.

In seinen nächsten Projekten arbeitete er mit Mies van der Rohe zusammen, bevor er in den sechziger Jahren eine polemische Distanz zu der Prinzipienstrenge der Moderne entwickelte.

Scheitern und Revision
der Moderne

ZWEITE HÄLFTE DES 20. JAHRHUNDERTS

ab 1945

Moderne Architektur = Freiheit

Mit dem Ende des Zweiten Weltkriegs war die Stunde der modernen Architektur gekommen. In Amerika hatten viele ihrer wichtigsten Vertreter, die in Europa direkt oder indirekt – indem man ihnen keine Aufträge oder Baugenehmigungen mehr gab – verfolgt worden waren, Zuflucht gefunden. Und Amerika, von Kriegszerstörungen verschont, war nun endgültig zum reichsten und modernsten Land der Welt geworden. Die Sowjetunion konnte zwar politisch und militärisch Paroli bieten, doch Lebensstandard und kulturelle Ausstrahlungskraft blieben dort chancenlos hinter den Vereinigten Staaten – die seit Jahrhunderten als Land der Hoffnung und der Freiheit galten – zurück.

In der Sowjetunion aber wurde zu jener Zeit kurz nach Kriegsende, als der Stalinismus noch in voller Blüte stand, ein ähnlich neoklassizistischer Baustil propagiert wie er in Nazideutschland zum Ideal erhoben worden war. Versuche, das Neue Bauen der Zwischenkriegszeit, das stark durch sozialistische Ansätze geprägt war, weiterzuführen, wurden in der Sowjetunion – einschließlich deren Satellitenstaaten – als „formalistisch", „kosmopolitisch" oder „volksfremd" unterbunden.

In der westlichen Welt erschien massige, monumentale, historisierende, kurz: nicht-moderne Architektur sowohl überholt als auch mit totalitären Ideologien verbunden. Daher kam insbesondere bei Bauten der öffentlichen Hand oder großer Unternehmen, trotz regionaler Widerstände und Abweichungen, fast nur noch die moderne Gestaltung in Frage. Der Rationalismus war mit seinen reduzierten Farben und Formen, seiner Leichtigkeit und Transparenz, Dynamik und Asymmetrie zum Symbol von Fortschritt, Freiheit und Demokratie geworden.

Der letzte Bauhaus-Leiter, Ludwig Mies van der Rohe, war 1938 aus Deutschland in die USA emigriert. Mitte der zwanziger Jahre hatte er in Berlin ein gestalterisch mutiges Monument für die „Gedenkstätte der Sozialisten" entworfen, asymmetrisch übereinandergeschichtete, verklinkerte Blöcke mit Stern, Hammer und Sichel. Nun wurde er zum ästhetisch führenden Architekten bei der Gestaltung von Geschäftshäusern. 1948-1951 konnte er in Chicago erstmals seine Vision eines ganz mit einer Glashaut überzogenen Hochhauses, die er schon rund dreißig Jahre zuvor beim Wettbewerb um ein Hochhausprojekt am Berliner Bahnhof Friedrichstraße zu Papier gebracht hatte, nahezu verwirklichen: Die Lake Shore Drive Apartments sind in zwei kastenförmigen, im rechten Winkel zueinander angeordneten Türmen untergebracht, die von einem Stahlskelett getragen werden. Ihr Äußeres besteht aus einer vorgehängten Glasfassade („curtain wall") aus vollkommen identischen Fenstern in voller Stockwerkshöhe. I-förmige Standardträger decken als hervorstehende „Sprossen" die senkrechten Montagestellen zwischen zwei Fenstern ab und sorgen, zusammen mit den an der Fassade zum Vor-

---

1946: Gründung der Vereinten Nationen (UNO).

1949: Die BRD und die DDR konstituieren sich an der Grenzlinie der Blöcke.

1950-53: Kriegerische Auseinandersetzung zwischen kommunistischem Nord- und kapitalistischem Südkorea, die durch die Supermächte entschieden wird.

1953: Arbeiteraufstand in der DDR am 17. Juni.

1956: Antistalinistischer Aufstand in Ungarn wird von sowjetischen Truppen blutig niedergeschlagen.

1957: Der erste künstliche Satellit (Sputnik) umkreist die Erde.

1959: Günter Grass schreibt die *Blechtrommel*.

1962: Kuba-Krise: Chruschtschow erklärt sich gegenüber Kennedy zur Demontage der russischen Raketen bereit. Uraufführung von Benjamin Brittens *War Requiem*.

1963: US-Präsident J. F. Kennedy wird in Dallas ermordet.

1964: Robert Stevensons Film *Mary Poppins* uraufgeführt.

1965: Beginn der Kulturrevolution in China.

1966: Aus Protest gegen den Vietnam-Krieg beginnen in den westlichen Ländern Studentenunruhen.

1967: Sechstagekrieg zwischen Israel und Syrien, Jordanien und Ägypten.

1968: Der Prager Frühling in der CSSR wird von den Truppen des Warschauer Paktes niedergewalzt.

1969: Die Amerikaner Neil Armstrong und Edwin Aldrin betreten als erste Menschen den Mond.

1975: Ende des Vietnam-Kriegs (seit 1963).

1979: Der Friedensnobelpreis wird an die katholische Ordensschwester Mutter Theresa verliehen.

1985: Michael Gorbatschow leitet als Generalsekretär der UdSSR die Perestroika ein.

1989: Öffnung der Berliner Mauer.

1990: Nach der Wiedervereinigung Deutschlands erste gesamtdeutsche Wahlen nach dem Krieg.

Potsdamer Konferenz (17.7.-2.8.1945): Churchill, Truman und Stalin in einer Verhandlungspause

„Das ist ein kleiner Schritt für einen Menschen – aber ein großer für die Menschheit": Neil Armstrong auf dem Mond.

1994: Bei den ersten freien Wahlen in Südafrika siegt die schwarze Mehrheit.

2001: Bei Terrorangriffen auf New York und Washington sterben mehr als 3000 Menschen.

2003: Krieg der USA und Großbritanniens gegen den Irak.

schein kommenden Stahlstützen, für eine senkrechte Gliederung, während die Geschoßdecken
die waagerechten Linien bilden. Im Erdgeschoß
stehen die Stützen frei; die vollständig und
großflächig verglaste Eingangshalle ist etwas
zurückgesetzt. Dadurch wird die Eigenart des
Skelettbaus, größte Massen mit ein paar Stützen
zu tragen, betont.

Dieses Gebäude ist ein radikal moderner Entwurf:
Die äußere Gestalt ist auf zwei hochkant gestellte
Kuben reduziert, die Fassade, die ja keine tragende Funktion mehr besitzt, ganz in Glas aufgelöst.
Mies schälte die reine Form frei, indem er allen
Dekor entfernte. „Less is more – weniger ist mehr"
lautet sein berühmtester Leitsatz, ein anderer „So
einfach wie möglich, koste es, was es wolle". Es
gibt nur noch gerade Linien und rechte Winkel,
keinen aufgesetzten Schmuck, keine Farben – es
sei denn die natürlichen Farben des Materials
selbst. Auch die Struktur der Fassaden ist ausschließlich von Funktion und Konstruktion bestimmt, also ganz rational: Die Rasterung ist die
des tragenden Skeletts bzw. durch die Montage
der Fenster vorgegeben; Abwechslung und Bewegung entstehen durch die Rollos und Vorhänge, mit denen die Bewohner je nach Bedarf ihre
Fenster verdecken.

Beim Seagram Building in New York, das er zusammen mit Philip Johnson entwarf, übertrug
Mies van der Rohe seine Hochhausvision erstmals auf ein Bürogebäude. Da die Grundfläche
jetzt breiter und der Baukörper höher war, entstand statt eines Turms eine hochrechteckige
Scheibe. Die Sprossen der Vorhangfassade wurden mit Bronze verkleidet, das Glas bronzefarben
getönt. Das sich ständig verändernde Muster
durch Vorhänge und Rollos, das noch das Äußere der Lake Shore Drive Apartments bestimmte,
wurde damit weitgehend getilgt: Ein gleichmäßi-
ges Rasternetz liegt über der undurchschaubaren,
spiegelnden Fassade.

Wie ein gigantischer Monolith aus einer anderen
Welt steht die rechteckige Scheibe an New Yorks
Park Avenue, von kühler Eleganz, edel, unnahbar
und erhaben – eine Wirkung, die Mies noch un-
terstützte, indem er darauf bestand, das Gebäude
aus der Fluchtlinie zurückzuziehen. Dies war angesichts des New Yorker Baurechts allerdings
auch notwendig, um es mit einer ganz geradlini-
gen Fassade, ohne Höhenstaffelung, auszustatten.
So erhielt das Gebäude einen kleinen Vorplatz,
den er als flaches, granitgepflastertes Podium mit
je einem – natürlich rechtwinkligen – Brunnen-
becken links und rechts gestaltete.

Chance zum Neubeginn

Obwohl im Westen das Neue Bauen der zwanziger Jahre ideologisch begründet wurde, hatte es
auch eine wirtschaftliche Notwendigkeit, ließen
sich doch – vor allem im Wohnungsbau – die
ökonomischen Zwänge nicht mehr leugnen.
Nach dem schlimmsten Krieg der Menschheits-
geschichte lagen weite Teile Europas und Ost-
asiens in Trümmern. War es zuvor um eine aus
sozialen wie gesundheitlichen Gründen notwendige Verbesserung der Wohnverhältnisse in den
Städten gegangen, so galt es jetzt, Millionen
Menschen in kürzester Zeit überhaupt wieder ein
Dach über dem Kopf zu geben. Viele Architekten
und Stadtplaner sahen die Verwüstungen gleichwohl mit kaum verhohlenem Wohlgefallen: Sie
hatten ja davon geträumt, die alten Städte nieder-
zureißen und neue zu bauen, nun hatten Bom-

**Ludwig Mies van der Rohe und Philip
Johnson:** *Seagram Building*, New York,
1954-58

Im Seagram Building an der Park Avenue spiegelt sich New York – und doch
wirkt die Hochhausscheibe wie eine geschlossene Form, die kaum mit der Stadt
kommuniziert. Die monochrome Fassade aus spezialgefertigten Konstruktions-
elementen aus Bronze und getönten
Thermofenstern erscheint als ruhige
Fläche, die die Addition der Geschoß-
bänder aufhebt. Das erste Geschäftshaus von Mies van der Rohe warb mit
vorbildlichen technischen Lösungen und
luxuriösen Materialien für den Bauherrn
und den Architekten. Der Platz vor dem
Eingang verlieh dem eleganten Wolkenkratzer ein visuelles Gegengewicht, das
seinem Volumen den Eindruck von
Schwere nahm.

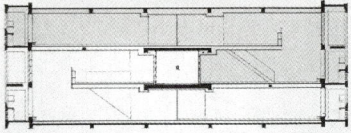

Le Corbusier: *Unité d'Habitation*, Marseilles, 1945-1952
Querschnitt durch drei Stockwerke einer Wohneinheit

Mit seinen Plänen für eine System kollektiven Wohnens wehrte sich Le Corbusier gegen die Entstädterung, oder, wie er es nannte, gegen den „Wahn des Einfamilienhauses". Statt dessen plädierte er für Wolkenkratzer als integrierte städtebauliche Einheit, die genau festgelegte Funktionen zu erfüllen und einen genau bestimmten Platz einzunehmen habe. Indem man sämtliche Gemeinschaftsdienste exakt dimensionieren könne, sei parallel der Traum von der Gartenstadt zu erfüllen, denn zu Füßen eines jeden Hochhauses bleibe genügend Raum für ausgedehnte Grünanlagen.
Auf dem Terassen-Dach der Unité sind mehrere Sporteinrichtungen sowie ein Kinderhort untergebracht; im Inneren des Gebäudes gibt es Geschäfte, einen Arzt, eine Wäscherei etc. Der Querschnitt zeigt, wie zwei Wohnungen mit Galerieebenen so ineinandergeschachtelt sind, daß in der Mitte Platz bleibt für einen innenliegenden Erschließungsgang.

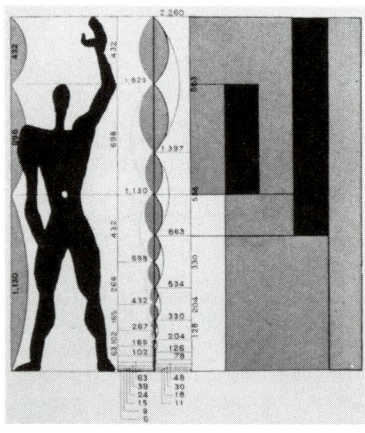

Le Corbusier: *Modulor*, Proportionslehre auf Grundlage der menschlichen Gestalt

bergeschwader und Artillerie dies erledigt – Hans Scharoun sprach sogar von einer „mechanischen Auflockerung". Überall wurden großartige Pläne vorgelegt, die Chance zur radikalen Neugestaltung der Städte zu nutzen, die alten Strukturen – Straßen wie Gebäude – auch noch zu beseitigen. Schließlich sollte nach diesem Krieg alles ganz anders und viel besser werden, und man glaubte fest an das Glück durch Planung.

Le Corbusier, der während des Krieges im von Deutschland besetzten Frankreich geblieben war, bekam nun die Chance, in Marseille seinen Traum von der „Wohneinheit" zu verwirklichen. Diesem lag der Gedanke zugrunde, daß in der modernen Epoche, in der sich soviel geändert hatte, auch das Wohnen ganz anders gestaltet werden müsse. Den notwendige Wohnraum auf geringerer Fläche zu bauen ließe mehr Freiraum entstehen, was zu einer größeren Kollektivierung des Wohnens und Lebens führen würde. Hinter der Vorstellung von der „Wohnmaschine" stand der Glaube, daß die künstlich geschaffene, vom Menschen durch und durch geplante und gestaltete Welt besser sein müsse als die natürliche und willkürlich gewachsene. Le Corbusiers Planung ging folglich bis ins Detail: Anhand seines Proportionssystems „Modulor", das eine Durchschnittsgröße des menschlichen Körpers von 1,75 m zugrunde legte und auf dem klassischen Harmoniesystem des Goldenen Schnitts beruhte, errechnete er etwa, daß die ideale Höhe von Räumen 2,26 m beträgt.

Die insgesamt 337, teils zweigeschossigen Wohnungen unterschiedlichen Zuschnitts wurden in dem riesigen Stahlbetongerüst der Marseiller Unité ineinander verschränkt, als habe man Flaschen von zwei Seiten aus in ein Weinregal geschoben. Auf halber Höhe zieht sich eine zweigeschossige Ladenstraße durch den 135 m langen Bau, außerdem entstanden ein Kindergarten, Veranstaltungräume, ein Restaurant, eine Waschküche, ein Dachgarten mit Spielplatz und Sporthalle sowie andere Gemeinschafts- und Versorgungseinrichtungen. Weitere Unités entstanden in Nantes, Berlin und Brie-La-Forêt. Doch der zukunftsweisende Standardtyp für den Wiederaufbau, nach dem die französische Regierung gesucht hatte, als sie Le Corbusier den Auftrag zur Unité d'Habitation erteilt hatte, war damit bestenfalls in der äußeren architektonischen Form gefunden: Riesige quergelegte Stahlbetonscheiben entstanden bald nicht nur in Frankreich. Auch die schweren Verschattungselemente, die in der Fassade des Marseiller Baus die Wohnungen vor der

südlichen Sonne schützen sollten, tauchten überall auf: Insbesondere in der von Le Corbusier später selbst praktizierten asymmetrischen Anordnung wurden sie, zusammen mit der farbigen Gestaltung der Balkoninnenseiten, zur Fassadenbelebung genutzt.

Architekten wie Kenzo Tange trugen Le Corbusiers Stil dieser Jahre bis nach Japan. Der Wunsch des Architekten, daß die Unité als Prototyp für ganze Ensembles derartiger Anlagen werden sollte, blieb jedoch unerfüllt. Trotz zahlloser Planungen und Wettbewerbe war kaum eine europäische Großstadt zu einer derart radikalen Umgestaltung bereit. Erst war die Not zu groß, später war der Wiederaufbau entlang der alten Straßenfluchten schon zu weit fortgeschritten. In den Stadtzentren wäre eine „großzügige" Neugestaltung mit viel Freiraum nicht finanzierbar gewesen.

Über die Neuanlage von Wohnsiedlungen hinaus, die meist Kleinstadtgröße hatten, zeigten sich fast nur hoffnungsvoll in die Zukunft blickende „Entwicklungsländer" an den grandiosen Stadtkonzepten ernsthaft interessiert. So entstand ab 1950 nach Le Corbusiers Plan Chandigarh, die auf 500 000 Einwohner ausgelegte Hauptstadt des indischen Bundesstaates Punjab. Ebenso schuf sich Brasilien, das man zu jener Zeit als „Schwellenland" kurz vor dem Erreichen der Wirtschaftskraft und des Wohlstands eines Industriestaats wähnte, ab 1957 seine neue Kapitale: Brasilia. Sie wurde mitten im dünn besiedelten Landesinneren auf einem Gebirgsplateau mit tropischem Höhenklima angelegt. Dieser Ort war zwar etwas unwirtlich, aber nach streng rationalen Kriterien ausgewählt worden: Es handelte sich um den geographischen Mittelpunkt des Staates. Hier entstand eine Reißbrettstadt, wie sie weitgehend den Ideen Le Corbusiers entsprach: in ihre Funktionen „gegliedert", Verkehrs- und Fußgängerbereiche voneinander getrennt, eine schöne neue, rein künstliche Betonwelt, in der kühl-elegante Bauten im Stil Mies van der Rohes auf weiten, leeren Flächen stehen.

Der brasilianische Architekt Oscar Niemeyer, der wesentlich für die Planung Brasilias und seiner Repräsentationsbauten verantwortlich war, bediente bei allem strengen Rationalismus aber auch das Bedürfnis nach Symbolik. So erhielt der Grundriß der Stadt die Form eines Flugzeugs – Ausdruck der Fortschrittsdynamik, mit der Brasilien vermeintlich in eine glückliche Zukunft steuerte. Das Kongreßgebäude wurde mit einem trichterförmigen Saal für die Abgeordnetenkammer und einem überkuppelten für den Senat ausgestattet, die beide auf einem Flachbau thronen, als habe man eine Schüssel einmal richtig und einmal umgedreht hingestellt. Zwischen beiden wurde als vertikaler Akzent das Hochhaus mit den Abgeordnetenbüros plaziert. Die streng auf Symmetrie ausgerichtete Lage mitten in der sechs Kilometer langen Nord-Süd-Achse, an der die Regierungs- und Kulturbauten aufgereiht sind, verstärkte noch den monumentalen Eindruck. Symbolisch wurden neben das Kongreßgebäude das Oberste Gericht und der Präsidentenpalast gestellt, so daß der „Platz der drei Gewalten" entstand. Gegen die alte Hauptstadt, das lebendige und chaotische Rio de Janeiro, hat sich Brasilia – wegen ihrer Sterilität und kalten Pracht – nie als neue Metropole durchsetzen können.

Das Ende des Fortschrittsglaubens

Ein ähnliches Bedürfnis nach Selbstdarstellung führte dazu, daß – spätestens nach dem Seagram Building – unzählige andere Unternehmen auch solch ein imposantes Gebäude haben wollten. Gegen 1960 war Mies van der Rohes extrem reduzierter, strenger Stil zum herrschenden Architekturgeschmack geworden. Was er erstmals dreißig Jahre zuvor mit dem deutschen Pavillon der Weltausstellung von Barcelona verwirklicht hatte, ahmten nun unzählige Architekten nach. Überall in der Welt entstanden Bauten, in denen sich praktisch nur gerade Linien und rechte Winkel finden ließen, weit und hell, die Fronten von oben bis unten in Glas aufgelöst und sich außen wie innen nur mit der Wirkung des unverfälschten Materials schmückend: blitzend verchromtes oder dunkel eloxiertes Metall, rauhe Ziegelwände, unlackiertes Holz, nackter Beton, polierter oder auch reliefartig rauher Naturstein. Auf Grund ihrer einfachen Skelettkonstruktion und offenen Grundrisse waren Bauten im Mies-Stil – bei im wesentlichen immer gleicher Form – endlos abwandel- und einsetzbar, ob es sich nun um Hochhäuser handelte, die dem Vorbild des Seagram Buildings folgten, oder um Flachbauten nach dem Muster der „Crown Hall" des Illinois Institute of Technology in Chicago von 1956 mit ihrem großen, offenen, stützenfreien Raum. Ganze Architektenbüros spezialisierten sich auf die Imitation dieses Stils; eines der erfolgreichsten war das von Skidmore, Owings und Merill, das schon 1952 mit dem Lever House in New York einen derartigen Bau errichtet hatte und mit dem Sears Tower in Chicago in den siebziger Jahren das höchste Bürogebäude der Welt entwarf.

Materialwirkung und „Entmaterialisierung" waren die Forderungen dieser Zeit. Wie Le Corbusier es schon in den zwanziger Jahren gezeigt hatte, stellte man die Gebäude beispielsweise auf Stelzen, so daß waagerechte Freiräume unter oder auch mitten in ihnen – als „Luftgeschosse" – entstanden. Treppen bildete man als Stahl- oder Stahlbetonträger aus, auf denen die einzelnen Stufen balancierten, Fenster erhielten ganz dünne Rahmen und wurden oft als „Schwingfester" ausgeführt, die sich durch senk- oder waagerechte Drehung um die eigene Achse öffnen ließen, Türen bestanden aus großen, rahmenlosen Glasscheiben, an denen man Scharniere, Schlösser und Griffe direkt befestigte – alles sollte leicht, transparent und ungezwungen wirken.

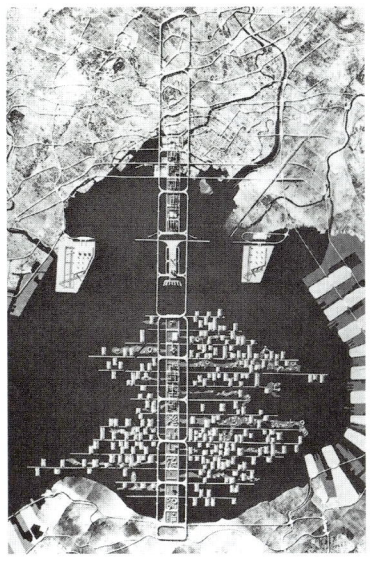

Kenzo Tange: *Plan der Überbauung der Bucht von Tokio*, 1960

Das rapide Wachstum Tokios war der Impuls für Kenzo Tanges Plan, die Stadt auf Pfählen in die Bucht hinauszubauen. Der tägliche Zusammenbruch des Verkehrs ließ ihn Schnellstraßen planen, in deren System flexible Wohneinheiten zu integrieren seien. Das Tokio-Projekt gehört zu einer Reihe programmatischer Ideen von jungen Architekten: In der „Sea City" versenkte K. Kituake Wohneinheiten für 3.000 Menschen in Zylindern; in der „Helix City" von K. Kurokawa bäumten sich Verkehrsstränge in Betonrippen auf, zwischen die Wohnzellen wie in ein Spinnennetz gespannt waren. Zu diesen utopischen Konstruktionen trieb die Architekten die Suche nach einem flexiblen System, gerüstet für zukünftige Veränderungen.

Oscar Niemeyer: *Kongreßgebäude, Senat und Verwaltungshochhaus am „Platz der drei Gewalten"*, Brasilia, 1957-1964

Einer surrealen Collage aus dem Baukasten der Revolutionsarchitektur gleicht der „Platz der drei Gewalten". Obwohl auf dem Reißbrett entworfen, prägte nicht der Rationalismus den Plan von Brasilia, sondern die symbolische Gestalt. Für die Stadtneugründung in einer entlegenen Landschaft mußten die Planer weder auf Geschichte noch auf historische Grundrisse Rücksicht nehmen. Diesen scheinbar voraussetzungslosen Neuanfang der Geschichte betont das universalistische Formvokabular des brasilianischen Architekten Oskar Niemeyer. Die Schale des Abgeordnetenhauses erinnert an einen offenen Trichter, in dem sich die Stimmen des Volkes sammeln, während die geschlossene Form der Senatskuppel für Konzentration steht. Potentiell ergänzen sich beide Formen zur Kugel, Zeichen des Vollkommenen.

Eero Saarinen: *Stütze des Trans World Airlines Flughafens*, New York, 1956-1962

Y-förmige Träger stützen die geschwungenen Dachschalen des TWA-Flughafens von Eero Saarinen: Sie rufen das Bild eines Vogels hervor, der seine Flügel gerade zum Abflug ausspannt. Gegenüber den ausgedünnten Bauten des Rationalismus gewann die Architektur Saarinens wieder individuelles Profil und Körperlichkeit. Bis in Anzeigentafeln und Abfertigungstresen hinein setzte sich der dynamische Schwung fort, der die Flug-Passagiere in eine futuristische Epoche aufbrechen ließ.

Doch häufig wurde nur die Möglichkeit genutzt, schnell und billig schmucklose Kästen zusammenzuzimmern, die oberflächlich ein modernes Aussehen hatten. Wo Mies noch teuren Onyx oder Marmor verwendet hatte, sollten mit billiger, entsprechend gemusterter Plastikfolie beklebte Spanplatten den gleichen Eindruck erzielen, und hinter den Fassaden verbargen sich keine offenen Grundrisse, sondern winzige, zellenartige Räume. Derartige Verhältnisse fanden sich inbesondere im starken finanziellen Beschränkungen unterliegenden öffentlichen Wohnungsbau. Die Pioniere des modernen Bauens hatten von Häusern geträumt, die nicht nur wie Maschinen funktionierten, sondern auch von diesen hergestellt werden sollten; wie von diesen bearbeitet sollten die glatten weißen Oberflächen der klassisch-modernen Bauten aus den zwanziger und dreißiger Jahren aussehen, einen Eindruck, den man damals oft noch in recht mühsamer Handarbeit erzeugen mußte. Doch als Häuser dann wirklich in großer Zahl aus maschinell gefertigten Einzelteilen zusammengesetzt wurden, mußte man feststellen, daß dies nicht nur zu grenzenloser Monotonie führt, sondern auch zu einer in der Verarbeitung wie der Formgebung extrem niedrigen Qualität.

Dieses Scheitern der Zukunfts- und Fortschrittseuphorie, des Glaubens an die menschliche Allmacht und ihre segensreiche Wirkung, begann man vor allem in der westlichen Welt um 1970 langsam zu erkennen. Es hatte wesentlich mit den Folgen des modernen Städtebaus zu tun, der Art und Weise, wie man viele Städte, nur bedingt abhängig vom Grad ihrer Zerstörung, nach dem Zweiten Weltkrieg neugestaltet oder mit Neubausiedlungen erweitert hatte. Eine Neubauwohnung galt damals noch als Inbegriff irdischen Glücks, und die modernen Stadtplaner und Architekten waren fest davon überzeugt, daß die neue, durch und durch geplante Stadt, autogerecht mit großen Verkehrsschneisen und Parkplätzen versehen, in ihre Funktionen „gegliedert", aufgelockert und durchgrünt, viel besser sein müßte als die alte, unwillkürlich gewachsene, chaotische und zusammengeballte.

Doch die „Entmischung" der Stadt, nach der an einer Stelle nur gewohnt, an der anderen nur gearbeitet wurde, die dritte Einkauf und Vergnügen vorbehalten war, führte zur Auflösung dessen, was im bisherigen Sinne als „Stadt" gegolten hatte. Ganze Viertel verödeten zeitweise, hinzu kam die als eintönig empfundene Architektur, die an der endlosen, uninspirierten, schematischen Nachahmung zu ersticken schien. Auf dem Höhepunkt der Mies-van-der-Rohe-Nachahmung zeigte der französische Regisseur Jacques Tati 1965 in seinem Film „Playtime" den Alptraum eines nur noch aus solchen Bauten bestehenden, autogerechten Paris, erfüllt von Verkehrslärm und dem Brummen von Klimaanlagen und Leuchtstoffröhren, als sei Le Corbusiers „Plan Voisin" aus den zwanziger Jahren Wirklichkeit geworden.

Die schnelle, billige und nachlässige Ausführung der Neubausiedlungen führte zudem schnell zu ersten Bauschäden; auch bedachte man nicht, daß sich die gemeinschaftlich genutzten Teile der Häuser wie Treppen, Fahrstühle, Eingangshallen bei der großen Zahl von Bewohnern erheblich

Félix Candela: *Entwurf für das Restaurant in Xochimilco*, Mexiko Stadt, 1957-1958

Einer achtblättrigen Blüte aus Paraboloiden gleicht das Restaurant, das Candela in die Wassergärten von Xochimilco setzte. Die Zeichnung veranschaulicht die imaginären Spannungslinien, mit denen sich die umwölbten Räume in den Außenraum schieben. Für die Schalenbauweise der schwingenden Dächer hatte Candela − Architekt, Ingenieur und Unternehmer zugleich − eine sehr ökonomische Methode entwickelt.

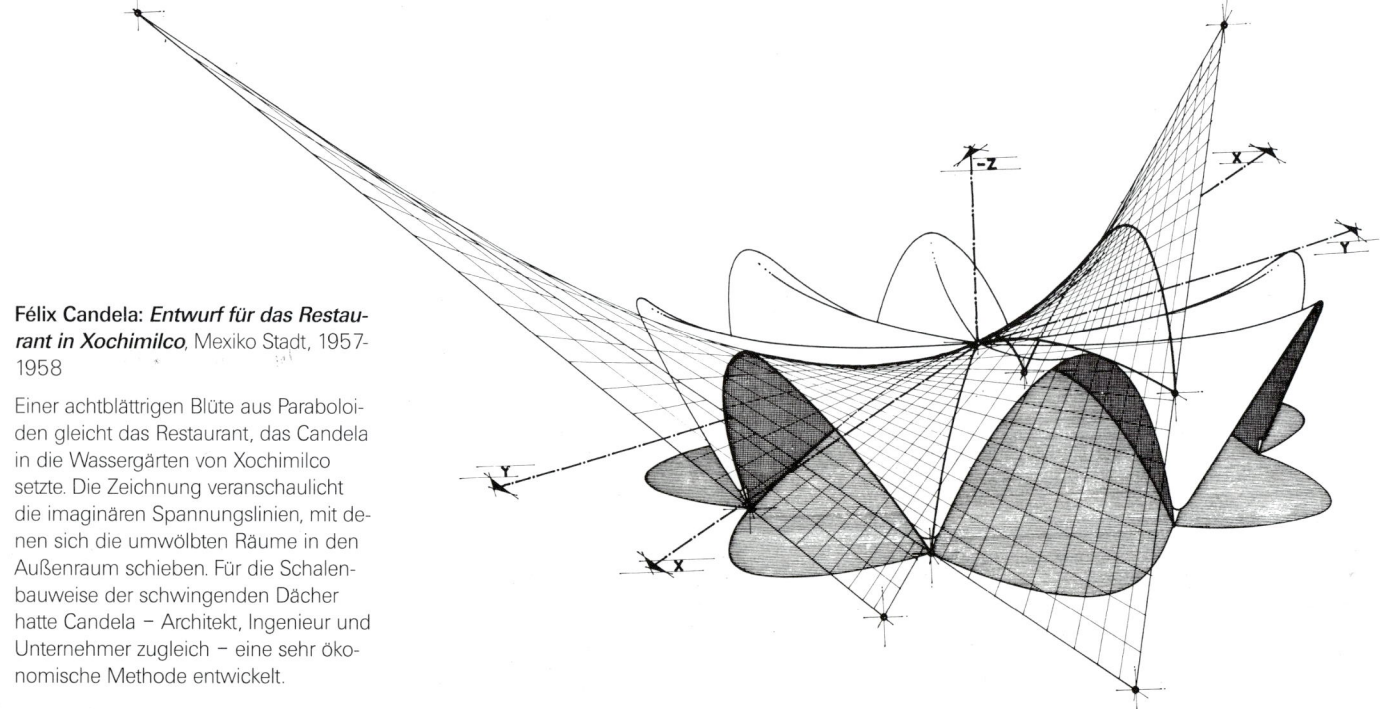

Hans Bernhard Scharoun: *Philharmonie,* 1960-63, Berlin

Drei Schwünge bestimmen die Kontur der Dachsilhouette der Philharomie. Sie zeichnen außen die Saaldecke nach, die innen den Raum des Konzertsaals prägt. Durch ein Glasdach an der Westseite dringt Tageslicht bis in das Foyer. In die gestaffelte Struktur der Parkette und die abgestufte Decke des Konzertsaals scheinen die akustischen Wellen der Musik ihre Linien eingeschrieben zu haben. Mit der Philharmonie verwirklichte Scharoun ein Raumkonzept, das ihn schon in expressiven Zeichnungen der zwanziger Jahre beschäftigt hatte. Er suchte nach einer schwungvollen Kontur, um die expansive Kraft des Raumes zu bändigen. So verstand er das kollektive Erlebnis des Musikhörens als Bündelung von Energien, denen er mit seiner Architektur Gestalt verlieh.

schneller abnutzen als bei kleineren Gebäuden. Bei den Planungen für derartige Lösungsansätze zur Behebung der Wohnungsnot träumte man in den sechziger Jahren sogar noch von der Errichtung „sogenannter „Megastrukturen": zusammenhängende Riesenbauten, die eine Stadt teilweise oder sogar ganz ersetzen sollten. Ein Beispiel, wie so etwas in der realen Wohnnutzung aussehen könnte, zeigte Moshe Safdies Anlage „Habitat" auf der Weltausstellung von Montreal 1967: kreuz und quer, bis zu elf Stockwerke hoch aufeinandergestapelte, gleichförmige Wohneinheiten. Damit war der Gipfel der Unpersönlichkeit, der rohen Gestaltung und des kalten Technikdenkens erreicht worden. Die Gegenbewegung zum radikalen rationalistischen Technikglauben, der die Abschaffung der Milchflasche als Errungenschaft feierte und den Zivilisationsgrad einer Gesellschaft an der Zahl ihrer Autos und der Maßlosigkeit ihres Energieverbrauchs messen wollte, ließ nicht lange auf sich warten. Man begann, von der „Unwirtlichkeit der Städte" zu reden, sich gegen Abriß- und Straßenbaupläne zu wehren.

Über die „Grenzen des Wachstums", die zuvor niemand auch nur für möglich gehalten hatte, referierte 1972 der Club of Rome in einer aufsehenerregenden Studie. Dem schon zuvor vor allem von Teilen der Jugend kritisierten hemmungslosen Konsumrausch entzog ein Jahr später die Ölkrise auch die ökonomische Grundlage. Nach gut zweihundert Jahren hatte die in der Aufklärung begründete Euphorie über die Segnungen des technischen Fortschritts und menschlichen Handelns ein Ende gefunden.

Damit einher ging eine gewisse Furcht vor der Zukunft und Flucht aus der Wirklichkeit. Schon Ende der sechziger Jahre hatten Esoterik und nicht minder irrationalistische politische Ideologi-

en einen Boom erlebt. Eine ästhetische Entsprechung bildeten die Vorliebe für grelle Farben und wilde Muster, die Nostalgiewelle und die Wiederentdeckung des Jugendstils.

Die Stadt des 19. Jahrhunderts erfuhr eine neue Wertschätzung. 1975 stellte man anläßlich des Europäischen Denkmalschutzjahres in Westdeutschland ernüchtert fest, daß seit 1945 mehr Baudenkmäler zerstört worden waren als während des Zweiten Weltkriegs – und dies, obwohl bis Mitte der siebziger Jahre kaum Bauten des 19. und 20. Jahrhunderts als denkmalwert galten, also keine Fabriken, Kinos, Arbeiterwohnhäuser, Bahnhöfe, sondern fast nur Schlösser, Kirchen, Rat- und Bürgerhäuser.

Als im Sommer 1972 die zwei Jahrzehnte zuvor mit großen Ambitionen errichtete Neubausiedlung von Minosu Yamasaki in St. Louis gesprengt wurde, da die Häuser weder als weiterhin vermietbar noch als sanierbar galten, wurde dies von vielen als ein Zeichen für das Ende der modernen Architektur verstanden.

SKULPTURALES BAUEN

Schwingende, schwebende, organische Formen

Angesichts dieser Erfahrungen und der Lehren aus Stadtneugründungen wie Brasilia oder Chandigarh hätten eigentlich schwere Zweifel daran aufkommen müssen, ob streng rationalistische Architektur zwangsläufig zum Ausdruck von Freiheit und Demokratie werden kann. Die „organischen" Formen, die rund, geschwungen und asymmetrisch eine freie Entfaltung symbolisieren sollten, blieben deshalb in der Nachkriegsarchitektur ebenso lebendig. Diese Richtung, die auch unter dem Begriff „Organische Architektur" gefaßt

Frank Lloyd Wright: *Guggenheim Museum*, New York, 1956-1959

Schon 1943 war der Plan für das Guggenheim-Museum entstanden, das sich über einem kreisförmigen Grundriß spiralförmig in die Höhe schraubt. Als Skulptur gewordene Architektur beeindruckt die um einen leeren Innenraum gewundene Rampe; doch zugleich konkurriert sie mit den ausgestellten Künsten um die Aufmerksamkeit des Besuchers. Dem Museumsbetrieb selbst bietet die Abfolge der gekrümmten Wandfelder nur beschränkten Spielraum. Das Motiv des aufgerollten Bandes hatte Wright schon bei dem Johnson Building in Racine, Wisconsin (1936) benutzt, das an ineinander verschachtelte Zylinder erinnerte: Eine Zufahrt erschloß den Eingang im Inneren. Seit den dreißiger Jahren lieferten Rampen und Spiralen der „Drive-In"-Kultur Amerikas an Tankstellen, Snackbars und Kinos das Aushängeschild der Mobilität. Wie die Filmrolle die Bilder am Betrachter vorbeispult, ließen diese Architekturen den Raum an ihm vorüberziehen. Im Guggenheim-Museum stilisierte Wright diese Chiffre der populären Kultur zur modernen Kunstform.

wird, griff zurück auf die Proportionslehre Platons, die bereits die Architektur der Renaissance mitbestimmt hatte. Die Wahrnehmungsfähigkeit des Menschen im Bezug auf das Gebäude sollte wieder Maßstab der Architektur werden. Zugleich wurden Gebäude nicht mehr als Solitäre behandelt, sondern mit ihrer Gestaltung eine Harmonisierung von Landschaft und Architektur angestrebt.

Das in den fünfziger Jahren vorherrschende Bemühen um Entmaterialisierung nahm bisweilen bizarre Formen an. Das berühmteste Beispiel in diesem krampfhaften Bemühen um Unverkrampftheit ist der Nierentisch, der zum Inbegriff des Fünfziger-Jahre-Geschmacks wurde.

Aber nicht nur in der Inneneinrichtung, sondern auch beim Bauen schlug sich der Wunsch nieder, der Form eine eigene Aussage zu geben, beispielsweise bei Eero Saarinens Terminal der Trans World Airlines auf dem J. F. Kennedy Airport von New York. Einen ähnlich dynamischen, bisweilen übersteigerten Symbolismus zeigt Jörn Utzons Opernhaus in Sydney: Sollten die geschwungenen Formen in New York an Flügel erinnern, so öffnen sich hier segelförmig geblähte, in der Höhe gestaffelte Schalen als Sinnbilder gesteigerter Festlichkeit.

Die Philharmonie in Berlin, das Hauptwerk von Hans Scharoun, einem der wichtigsten Vertreter des „organischen" Bauens, erinnert dagegen an ein großes Zelt. Um die Musizierfläche – von einer Bühne im herkömmlichen Sinne kann man

nicht sprechen – herum sind die Zuschauerränge in einer an Weinberge erinnernden Terrassierung angeordnet, wobei sich ihre unterschiedliche Form und Höhenstaffelung aus dem Grundriß dreier gegeneinander verdrehter Fünfecke auf unterschiedlichem Niveau ergibt. Darüber erhebt sich, zur Mitte hin ansteigend, die aus Gründen der Akustik ebenfalls abgestufte Decke; um den Saal gegen Außengeräusche abzuschirmen, ist sie dreischalig ausgeführt, zum gleichen Zweck sind die Außenwände größtenteils fensterlos. So sehr sich die äußere Gestalt aus der inneren Anordnung ergibt und diese wiederum „organisch" aus den funktionalen Erfordernissen und der Plazierung der Musik im Zentrum entwickelt wurde, so gibt sie zugleich als geschlossenes, nach innen gerichtetes „Musikzelt" den Charakter des Baus und des Geschehens in ihm wieder.

In diesem Zusammenhang spielte auch das verstärkte Bestreben eine Rolle, Bauwerke wie Skulpturen zu behandeln. Die französischen „Revolutionsarchitekten" Ledoux und Boullée konnten vergleichbare Ideen fast zweihundert Jahre zuvor noch nicht verwirklichen. Erich Mendelsohn hatte Anfang der 1920er Jahre bei seinem Einsteinturm auf eine konventionelle Mauerwerkskonstruktion zurückgreifen müssen, die dann mit einer entsprechenden Zementummantelung den Anschein einer Betonskulptur erweckte. In den fünfziger Jahren mußten die Architekten derlei Umwege nicht mehr gehen, da sie unter anderem verstärkt mit Spannbeton arbeiten konnten.

Le Corbusier: *Wallfahrtskapelle Notre-Dame-du-Haut*, Ronchamps, 1950-54

Weich wie vom Wind und Wetter geformte Dünen sind die Konturen der Wallfahrtskapelle Notre-Dame-du-Haut. Wie eine Pilzkappe auf ihrem Stiel wölbt sich das Dach über den gerundeten Wänden. Nur klein sind die äußeren Öffnungen der unregelmäßig verstreuten Fenster: Im Inneren aber weiten sie sich zu Höhlen, die in die dicke Wand eingebettet sind. Geheimnis und Intimität bestimmen die Atmosphäre, die auf den ersten Blick weit von Le Corbusiers Rationalismus entfernt zu sein scheint. Die Kirche hält der gesellschaftlichen Organisationsform der Stadt ein Bild familiärer Geborgenheit entgegen. Ein Bindeglied zwischen den reproduzierbaren Rastern der Wohnmaschinen und dem einsamen Moment der Kapelle aber findet sich in Le Corbusiers Bildern und Skulpturen, in denen er über Jahre ein Vokabular organischer Formen, mit dem er Mensch und Mechanik miteinander verzahnen konnte, entwickelte. In einer nie restlos befriedigten Suche nach der Versöhnung von Technik und Natur probierte er dort Formen aus, die als Raumstruktur noch nicht denkbar schienen.

Dieses Material, das allerdings schon 1886 patentiert worden war, trägt der Erkenntnis Rechnung, daß die feinen Haarrisse – die im Beton durch die Zugspannungen, welche die Stahleinlagen aufnehmen, entstehen – vermieden werden können, wenn man den Beton beim Bauen durch „Vorspannen" unter Druck setzt. Auf diese Weise sind nicht nur noch höhere Belastungen oder größere Spannweiten der Stahlbetonkonstruktionen möglich, sondern in der Folge vor allem auch eine größere Schlankheit und Eleganz der tragenden Glieder, dem Geschmack der fünfziger Jahre entsprechend.

Ähnlich beliebt wurde die Verwendung von Stahlbetonschalen – einfach oder doppelt gekrümmten, selbsttragenden Bauteilen, die sehr dünn, aber zugleich auch sehr steif sind und so Lasten in ganz anderer Weise abtragen können als Gewölbe, denen sie äußerlich ähneln. Sie eignen sich deshalb besonders zum Überdachen großer Hallen, wie es der italienische Architekt Pier Luigi Nervi seit den vierziger Jahren tat.

In den Fünfzigern war es jedoch wichtiger, daß ihre geschwungene, voluminöse Form auch ebenso dynamische wie bizarre und widersinnig scheinende Gestaltungen zuließ, wie sie etwa Felix Candela mit seinem Restaurant in Xochimilco in Mexiko City schuf, dem er ein hauchdünnes Dach auflegte, das in ununterbrochener Linie stark auf- und niederschwingt. Dabei kragt es an seinen höchsten Stellen noch weit aus, obwohl es nur auf winzigen Auflagern ruht.

Diesem schwebend leichten Eindruck steht die monumentalere Symbolik von Le Corbusier Wallfahrtskapelle Notre-Dame-du-Haut in Ronchamp entgegen, deren Form an eine Arche erinnert. Der Architekt nutzte hier doppelte Schalen unter anderem dazu, dem Bau mit einem scheinbar schwer lastenden Dach eine gewisse Erdgebundenheit und Abgeschlossenheit zu verleihen.

Für die Realisierung der Forderung, ein Gebäude als Skulptur zu begreifen, liefert Frank Lloyd Wright mit der revolutionären Spiralrampe, die in seinem New Yorker Guggenheim-Museum die Ausstellungfläche bildet, ebenfalls ein herausragendes Beispiel.

Die auffällige Gestaltung, die sich aus dem organischen Bauen, dem dynamischen Symbolismus und der Behandlung des Hauses als Skulptur ergab, wurde aber oft auch zum Selbstzweck. Ein Bau wie Saarinens TWA-Terminal sicherte beispielsweise dem Unternehmen einen hohen Wiedererkennungswert, zumal die geschwungene Gebäudeform auch im Logo der Fluggesellschaft wiederkehrte.

Der Massenwohnungsbau, der meist mit äußerst beschränkten finanziellen Mitteln erfolgen muß, stand – anders als zu Zeiten der klassischen Moderne zwischen den Weltkriegen – nicht mehr im Zentrum der Entwurfstätigkeit der Architekten. Aufsehen erregten vor allem Geschäftshäuser, noch mehr jedoch Kulturbauten wie Museen oder Konzerthäuser, die übrigens auch lukrative Honorare versprechen.

Foster Associates, Ove Arup und Partner: *Hongkong and Shanghai Bank*, Hongkong, 1979-1986

Das Innerste nach außen gestülpt: 139 Module für Technik und Installationen sind dem von acht Masten gestützten Gebäude außen angegliedert. Die Brücken, an denen die Büropakete hängen, unterteilen den Aufbau. Das High-Tech-Design dient der Bank als Markenzeichen, repräsentiert sie doch die Wirtschaftsmacht Hongkongs, deren Reichtum auf der Produktion elektronischer Fertigteile beruht.

HIGH-TECH-ARCHITEKTUR

Bauen als Ausdruck der Kommunikationsgesellschaft

Neben dem organischen Bauen entwickelte sich in den sechziger Jahren auch die Idee des Hauses als technisch organisiertem Kunstwerk. Diese sogenannte „High-Tech-Architektur" hat ihre historischen Wurzeln in Joseph Paxtons Londoner Kristallpalast von 1851 und anderen Ingenieurbauten des 19. Jahrhunderts. Doch deren Ansatz, die Formgebung aus der Erfüllung der konstruktiven Notwendigkeit und der Betonung ihres Charakters abzuleiten, führten nach dem Zweiten Weltkrieg nur wenige Architekten weiter, etwa der bereits erwähnte Nervi, der unter anderem Hallen aus vorgefertigten Betonteilen errichtete, ähnlich wie es Paxton beim Kristallpalast mit vorproduzierten Eisenteilen getan hatte.

Seit jenem Pionierbau ist die möglichst weitgehende Auflösung der Außenwände in eine Glashaut ein bestimmendes Thema der High-Tech-Architektur geblieben. Dazu gehören auch extrem dünne Membrankonstruktionen wie sie der Ingenieur Frei Otto entwickelte und beim deutschen Pavillon der Weltausstellung von Montreal 1967 zusammen mit dem Architekten Rolf Gutbrod oder 1972, noch spektakulärer, beim Münchner Olympiastadion gemeinsam mit Günter Behnisch anwandte. Dessen Zeltdachkonstruktion erinnert nicht von ungefähr an ein Spinnennetz. Otto entwickelte seine Strukturen in empirischen Versuchen: Mit Wassertropfen beträufelte Spinnennetze versteifte er mit Fixiermittel und stellte diese Gebilde dann auf den Kopf. Auch Seifenblasen inspi-

rierten ihn wegen des optimalen Verhältnisses von Material zu Membranspannung.

Der Engländer Norman Foster, ein Hauptvertreter des High-Tech-Bauens, befestigte an den auskragenden Geschoßecken des Bürogebäudes von Willis Faber & Dumas in Ipswich senkrecht längliche, schmale Glaspaneele und hängte an diese große Glasplatten, zwischen denen er die Fugen mit Silikon füllte. Da die Paneele die Glashaut zugleich aussteifen („structural glazing"), konnten die auf Grund der unregelmäßigen Grundstücksform sanft geschwungenen Fronten ohne Metallrahmen vollständig verglast werden.

Zwischen dem Wunsch nach vielfältig nutzbaren, weiten Räumen und der Betonung der technischen und konstruktiven Elemente bewegt sich auch einer der bekanntesten Bauten der High-Tech-Architektur, das Centre Pompidou in Paris. Richard Rogers und Renzo Piano verlagerten bei dem 1971-77 entstandenen Kulturzentrum die gesamte Haustechnik nach außen, zeigten Sanitärzellen, Rolltreppen, Aufzüge offen her, ganz und gar verglast oder, wie die Rohrleitungen, farblich betont. Rogers wandte die gleiche Gestaltungsweise ein weiteres Mal 1986 bei der neuen Zentrale der Versicherungsgruppe Lloyd's in London an. Das Architektenduo schuf damit technische Gebäudemaschinen, deren ganz eigene Ästhetik aus der Ambivalenz von Konstruktion und Stil entsteht.

Ein anderes Lieblingsthema der High-Tech-Architektur setzte Norman Foster in den achtziger Jahren mit dem Verwaltungsgebäude für die Hongkong and Shanghai Bank auf beispielhafte Weise um: die auffällige Veräußerlichung der Konstruk-

Günter Behnisch, Frei Otto und Wolfgang Leonhardt: *Olympiastadion,* München, 1968-1972

Schon die ersten Entwurfsskizzen für den Münchener Olympiapark spülten alles Kantige und Rechtwinklige fort: Weiche Formen ergossen sich in den Raum. Gemeinsam mit einem Landschaftsarchitekten entwickelte das Büro Behnisch auf einem stillgelegten Flugfeld ein Gelände, auf dem Architektur und Landschaft ineinanderfließen. Funktional notwendige Gebäudeteile und Sportstätten verschwanden in Geländemulden und unter der Erde. Durchlässige Gerüstkonstruktionen verwischten die Trennlinien zwischen innen und außen. Tausende von Bäumen wurden gepflanzt und ein See angelegt. Das Dach hängt an den massiven Trägern wie eine Wolke über dem Sportfeld. Während die transluzente Eindeckung die Vorstellung vom „Sport im Grünen" erlaubte, bot das Dach zugleich Regen- und Klimaschutz. Die Helligkeit lieferte zudem eine mediengerechte Voraussetzung für die Übertragung der Spiele.

tion, die möglichst vor die Fassade gestellt wird.
Bei diesem Bau gab es dafür gute Gründe: Foster
setzte das Gebäude aus über- und nebeneinan-
dergestellten „Brücken" zusammen, die „Pakete"
aus Büroetagen tragen. So war es möglich, angesichts der extremen Grundstückspreise in Hongkong das Grundstück soweit wie möglich auszu-
nutzen ohne beim Bau, der in kürzester Zeit erfolgen mußte, den Straßenverkehr zu unterbrechen.
Auch die weitere Forderung, das Erdgeschoß frei
zu lassen, konnte mit dieser Konstruktion erfüllt
werden.

Häufig tritt an die Stelle auf Grund funktionaler Erfordernisse ausgeklügelter Konstruktionen jedoch
ein konstruktiver Exhibitionismus, werden konstruktive Experimente zu zweckfreien Spielereien
um ihrer selbst willen – man spricht dann auch
von „Technizismus". So wählte Foster etwa für das
Renault-Center in Swindon (1983) eine Dachkonstruktion, die weit aufwendiger war als eigentlich
notwendig, damit aber auch besonders auffällig,
wie von dem Konzern zu Image- und Werbe-
zwecken gewünscht. Nicht zuletzt auf Grund der
aus solchen Umständlichkeiten entstehenden hohen
Kosten findet High-Tech-Architektur fast nur
bei Bürogebäuden, großen Hallen und ähnlichem
Anwendung.

Das Centre Pompidou stellte in gewisser Weise
einen Höhe- und Endpunkt des modernen Bauens dar. Die High-Tech-Tendenzen verbanden sich
Ende der sechziger, Anfang der siebziger Jahre
oft mit dem „Brutalismus" (von frz. „brut" = roh),
wie man schon Le Corbusiers Stil der fünfziger
Jahre bezeichnet hatte: Zur übermäßigen Betonung der Haustechnik (auch in den Innenräumen,

etwa mit unverkleideten Rohren im Deckenbe-
reich) kam die vermehrte Verwendung von Kiesel-
waschbeton (mit einer Oberfläche aus Kieselstei-
nen), vor allem aber von Sichtbeton, bei dem
man die Verschalungsspuren belassen hatte, was
ebenso zu einer „natürlichen" Wirkung des Kunst-
steins führen sollte wie die Witterungseinflüsse,
die bald ihre Spuren darauf hinterließen. Vereint
mit den ebenfalls schon von Le Corbusier einge-
führten wuchtigen Formen, die sich in den siebziger Jahren ebenso breiter Beliebtheit erfreuten
wie grelle Farben, führte dies zu Exzessen der
Häßlichkeit und Klobigkeit, die mit der feinen Eleganz der klassischen Moderne kaum noch etwas
zu tun hatten.

POSTMODERNE

Rückkehr zu den Stilen

Die „organisch-romantische" Architektur, die sich
mit ihren gekrümmten Flächen, weich geformten
Dächern, schiefen Stützen und Wänden und den
aus der Natur entlehnten Formen am Jugendstil
und insbesondere dem Werk Antoni Gaudís orientierte, übte zwar auf die allgemeine Entwicklung einen gewissen Einfluß aus. Bestimmender
wurde jedoch das „postmoderne" Bauen, dessen
Wurzeln bis in die sechziger Jahre zurückreichen.
Der Amerikaner Robert Venturi hatte 1960 mit
dem Altenwohnheim „Guild House" in Philadel-
phia so etwas wie den Gründungsbau der Postmoderne entworfen. Mit der symmetrischen,
mauerreichen Fassade, dem mit einer Säule betonten Eingang in der Mittelachse, einem großen
Segmentbogenfenster und einer funktionslosen

kung hatte sein Werk „Learning from Las Vegas" (Lernen von Las Vegas), entstanden zwischen 1972 und 1978, in dem er die Vorzüge trivialer, publikumsnaher Architektur feierte. Er plädierte für den „dekorierten Schuppen", den konventionellen Bau (an Stelle der modernen Orientierung an fortschrittlichsten Bautechniken), dem man Schmuckformen bis hin zur kompletten, weder mit den Funktionen noch der Konstruktion oder überhaupt dem Gebäudeinneren verbundenen Schaufassade hinzufügte – bei den gotischen Kathedralen oder den Palästen der Frührenaissance sei dies schließlich auch nicht anders gewesen. Venturi übersah dabei, wie viele andere, daß eine Wohnung nicht Las Vegas ist und sich seit dem Mittelalter oder der frühen Neuzeit manches verändert hatte, unter anderem durch die Revolution der Stahlbetonbauweise. Die Konsequenz daraus war, daß Gestaltung und Dekoration wie das so gern betriebene Spiel mit Zitaten historischer Bauten immer beliebiger wurde. Die postmodernen Architekten legten wenig mehr vor als ein wenig originäres Anti-Programm zur Moderne, bei dem sie die glorreichen vormodernen Zeiten beschworen – und dabei übersahen, daß seinerzeit Boullée oder Ledoux, die sie neben Gaudí oder Palladio zu ihren Helden erkoren hatten, vorwärts- und nicht rückwärtsgewandt waren.

Michael Graves, einer der wichtigsten Entwickler der postmodernen Formensprache, führte sein Portland Building in Portland (1979-82) beispielsweise als konventionellen Kubus aus, den er mit einer Lochfassade und ins Gigantische gesteigerten Dekor-„Zitaten" wie Girlanden, Pilaster und ähnlichem versah. Wieder lautete das Motto letztlich: „Das Haus ist fertig, welcher Stil soll nun dran?" Mit seinem Bridgeport-Center baute Richard Meier eigentlich mehrere Gebäude zugleich, die er zusammenhanglos nebeneinander stellte, als könne er sich nicht entscheiden, ob das Gebäude rund oder eckig bzw. braun, weiß oder metallisch glänzend sein sollte.

Dies alles gipfelte schließlich im Nachbau ganzer, längst verschwundener historischer Gebäude und einer direkt den Historismus des 19. Jahrhunderts kopierenden Architektur. Da man sich abermals am Massengeschmack orientierte, sank das Niveau der Gestaltung entsprechend ab: „Verstehen" kann der flüchtige oder ungebildete Betrachter auch die „dekorierten Schuppen" Venturis und anderer postmoderner Architekten nicht, so wenig wie er Rembrandts Bilder versteht; er erkennt nur etwas wieder. Kunst kann jedoch nicht allgemeinen Abstimmungen unterliegen, sonst orien-

Richard Meier & Partner: *Bridgeport Center* in Bridgeport, Connecticut, 1984-88

Das vertraute Bild der Hochhauskulisse verdichtet sich in den verschachtelten Baumassen des Bridgeport Center von Richard Meier. Wie verschluckt wirkt der mittlere Turm zwischen den beiden Eckgebäuden. Die Verkleidung mit roten Granitplatten und grauen Stahlpaneelen betont nicht nur die Gliederung des Baukörpers, sondern auch die Rückkehr zur geschlossenen Fassade in edlen Materialien. Sie verweist ebenso wie die Fensterbänder, strenge Achsen und Rechtwinkligkeit, die auf dem Dach gar skulptural überhöht wird, auf das Erbe des Rationalismus. Die Erschließung der postmodernen Architektur über ein fünfgeschossiges Atrium versucht den Verlust des öffentlichen Raumes, der dem Verkehr überlassen wurde, durch einen nach innen verlegten Kommunikationsort zu kompensieren.

Fernsehantenne als Dekor und Symbol für die Hauptbeschäftigung der Hausbewohner fanden sich hier schon viele typische Elemente dieser Architektur.

So schematisch, wie die Moderne ihre Vorgänger in Bausch und Bogen verworfen hatte, verfuhren die Wortführer postmodernen Bauens mit der modernen Architektur: Statt ausgewogener Asymmetrie Rückkehr zur klassischen Symmetrie, statt aufgelöster Wände Rückkehr zur althergebrachten „Lochfassade" mit im Laufe der Zeit immer kleiner werdenden Fenstern, statt Schmucklosigkeit oder bestenfalls aus der Konstruktion heraus entwickeltem und diese unterstreichendem Dekor aufgesetzte Verzierung.

Denn es gelte nicht „less is more", wie Mies van der Rohe erklärt hatte, sondern „less is a bore" (weniger ist langweilig), meinte Robert Venturi. In seinem Buch „Complexity and Contradiction in Architecture" (Komplexität und Widerspruch in der Architektur) unterzog er 1966 das moderne Bauen einer Generalkritik. Eine noch breitere Wir-

tiert sie sich immer nur an dem momentan bereits Anerkannten und tritt damit auf der Stelle; als die Impressionisten zum ersten Mal in Paris ausstellten, wurden sie von Besuchern wegen ihrer „irren" Bilder tätlich angegriffen. Heute erfreuen sich diese allgemeiner Beliebtheit, und Impressionistenschauen sind große Publikumserfolge.

Der Wunsch, beim flüchtigen Betrachter Zustimmung hervorzurufen, veranlaßte die postmodernen Architekten zunehmend zu einer geschmäcklerischen, gefallsüchtigen und effekthascherischen Gestaltung. Da die dienende Funktion des Architektenberufes verneint, die eigene Eitelkeit über die Erfüllung der Funktionen gestellt wurde, sind postmoderne Bauten oft hübsch anzuschauen, aber schlecht zu benutzen. Man erging sich in immer bizarreren und sinnloseren Spielereien: Zinnen auf Wohnhäusern, Treppen ins Nichts, Torbögen, die weder einen Durchgang noch eine Durchfahrt boten, Wohnräume mit schrägen Wänden oder vollkommen verschnittenen Grundrissen, die man in abstruse Gebäudegebilde gezwängt hatte. Hinzu kam ein gewisser Hang zur einschüchternden Monumentalität, etwa bei Ricardo Bofills Wohnanlagen „Les Arcades du Lac" bei Paris (1975-81) oder „Arena" in Marne-la-Vallée (1980-84). Mit letzterer wollte er ein „Versailles für das Volk" schaffen, aus Fertigteilen zusammengesetzt, mit monströsen Säulenordnungen, die sich über zehn Geschosse erstrecken und Wohnungen, deren Fenster zwischen riesigen Gesimsbändern eingezwängt werden. Die

Aldo Rossi: *Wohnhaus Kochstraße*, Berlin, 1989

Nähe des postmodernen Bauens zur stalinistischen Protzarchitektur wird hier offensichtlich.

Am italienischen Rationalismus der dreißiger Jahre, der mit Symmetrie, *stereometrischen* Formen und der endlosen Reihung gleicher Elemente schließlich in einer Art Neoklassizismus endete, orientiert sich dagegen Aldo Rossi. Gleichzeitig aber ist er jedoch dem postmodernen Denken verhaftet. So schuf er für die Biennale von Venedig 1979 das Teatro del Mondo. Wie einen Kostümfundus nutzt er dabei die Geschichte und zitiert mit Turm und Mauer Burg, Schloß und Jahrmarktsbude. Als provisorische Festarchitek-

James Stirling, Michael Wilford & Associates: Erweiterung der Staatsgalerie, Stuttgart, 1977-1984 (Terrasse mit der Glasfront der Eingangshalle)

Inspiriert ebenso von Le Corbusier wie von Schinkel, Weinbrenner und Semper entwarf der englische Architekt Stirling für den Anbau der Stuttgarter Staatsgalerie ein monumentales Gebäude, daß modern-technische mit klassizistisch-romantischer Formensprache verbindet. Obwohl die heutige deutsche Architektur ihm langweilig erscheint, ist er begeistert von der Möglichkeit, in Stuttgart mit altmodisch-verantwortungsvollen Handwerkern zusammenarbeiten zu können. Die besonders fein polierten Sandsteinflächen kontrastieren ausdrucksvoll mit den leuchtend blauen und pinkfarbenen Geländern. Die anspielungsreiche Architekturcollage arbeitet mit Versatzstücken aus sämtlichen Jahrhunderten der Baugeschichte. So scheint z. B. die riesige Rotunde im Innenhof wie geschaffen zur Aufführung antiker Dramen. Die Architekturkritik lobt deshalb besonders Stirlings Fähigkeit, Neugier zu wecken, seine Originalität, seinen Witz und seine Virtuosität mit der er der Stuttgarter Sammlung zusätzliche Präsentationsmöglichkeiten geschaffen hat.

Behnisch & Partner: *Hysolar Forschungsgebäude der Universität Stuttgart,* Stuttgart 1987

Erst war das Hysolar-Forschungsinstitut als ein temporäres Gebäude aus Containern geplant. Von dieser Idee einer Architektur auf Abruf ist das Erscheinungsbild des provisorisch Zusammengeworfenen geblieben. Inszeniert wird ein Testfall der konstruktiven Leistungsfähigkeit: Wie weit kann das einzelne Element aus der Reihe tanzen, ohne den funktionalen Zusammenhang zu brechen? Schräggestellte Gitter der Verglasung, aus dem Formverband ausbrechende Gebäudeecken und Segmente des Daches, die wie Windmühlenflügel aufklappen, erzeugen eine turbulent bewegte und gebrochene Kontur. So zersplittert der verbindliche Raum der Kommunikation in einzelne Elemente, deren Balance erst von ihren Nutzern wiederhergestellt werden kann.

Bernhard Tschumi, *Folie P7*, La Villette, Paris, 1982-1990

Die Folies, rotlackierte Pavillons, die wie eine zerbrochene Komposition aus kubischen Elementen den Parc de la Villette als Raster überziehen, beherbergen Cafés und Restaurants. Tschumi beschwört mit ihnen die Maschinenkultur der Konstruktivisten und buchstabiert Bestandteile einer architektonischen Sprache, deren Text nicht mehr zu entschlüsseln ist.

tur, die nie mehr sein wollte als Kulisse, hat sich das Theater eine poetische Leichtigkeit bewahrt. Nach Abschluß der Biennale wurde das Theater auf ein Floß geschweißt und nach Dubrovnik verschifft.

Der Schweizer Architekt Mario Botta schuf mit seinem Haus in Pregassona (1979-80) und jenem in Stabio (1980-82, auch „Casa Rotonda" genannt) stilbildende Werke der Postmoderne. Bei letzterem reißt ein senkrechter, in die Tiefe des Gebäudes reichender, verglaster Einschnitt die ansonsten fensterlose, von gestreiftem Mauerwerk geprägte Fassade auf.

Obwohl postmoderne Architektur mit dem Ende des Fortschrittsglaubens und dem Beginn des Computerzeitalters ebenso Zuflucht beim Vertrauten, Alten, Romantischen suchte wie Architektur zu Zeiten der Industrialisierung, bediente sie sich auch moderner Formelemente: Dies sind beispielsweise die Flach- oder *Sheddächer* oder die gewellte Glaswand an James Stirlings Neuer Staatsgalerie in Stuttgart. Dort lassen sich auch Natursteinverblendungen finden, High-Tech-Elemente wie ein verglaster Aufzug, Romantisch-Anekdotisches wie die Ausführung der Garagenlüftungsöffnungen als „Wanddurchbrüche", vor denen die „herausgebrochenen" Steine noch auf dem Rasen liegen, oder Bizarres wie ein „ägyptischer Grufteingang", durch den es zum Saal für Wechselausstellungen geht. Generell ist die Uneinheitlichkeit von Farben, Formen und verwendeten Materialien typisch für die Postmoderne. Insgesamt erwies sich die geistige Substanz dieses Stils jedoch als so dürftig, daß er nur eine kurze

Zeitlang bis zum Ende der achtziger Jahre für einiges Aufsehen sorgen konnte. Keine Dekade später wirkt vieles nur noch langweilig und lächerlich; den momentanen Gag, das allzu Modische sollte man sich eben in der Architektur verkneifen, da deren Produkte allein schon aus ökonomischen Gründen nicht im gleichen Tempo gewechselt werden können wie Möbel, Kleider oder Frisuren.

DEKONSTRUKTION

Eine neue Moderne?

Um 1990 wurde das postmoderne Bauen in der Aufmerksamkeit der Medien vom „Dekonstruktivismus" verdrängt – benannt nach der 1988 von Philip Johnson in New York organisierten Ausstellung „Deconstructivist Architecture", die versuchte, den neuen Stil zu etablieren. Basierend auf philosophischen Konzepten Jacques Derridas, entwickelten ihre Vertreter eine elitäre Formensprache, die die Abstraktion der Moderne ins Extrem steigert und vor allem mit der Übertreibung bekannter Motive arbeitet. Von ihren Interpreten werden sie im geistesgeschichtlichen Kontext der Moderne angesiedelt und deshalb auch als „Neue Moderne" bezeichnet.

Doch wie die Postmodernen suchen auch die Dekonstruktivisten ohne Rücksicht auf die Erfüllung der funktionalen Erfordernisse – daher diese nicht selten behindernd – eine auffällige, spektakuläre Form, die ihren Widerstand gegen Konstruktions- und Ornamentnormen ausdrückt. Das von Bernhard Tschumi für die Dekonstruktion erdachte Motto „form follows fantasy" (die Form entsteht aus der Phantasie, abgeleitet aus Sullivans berühmtem „form follows function") könnte schließlich auch als Schlachtruf der Postmoderne gegolten haben.

Als weiter Quelle der Inspiration dienten den Dekonstruktivisten die die russischen Avantgardekünstler des frühen 20. Jahrhunderts – wie die Konstruktivisten und die Suprematisten.

Aus all dem entwickelte man das Konzept der „gestörten Perfektion": Das Ganze sieht oft aus, als habe jemand mit Bauklötzchen, einem äußerst vielfältig gefüllten Modellbaukasten oder Mikadostäbchen gespielt, sei dabei aus Versehen an die Tischplatte gestoßen, so daß alles verrutschte, und dies habe dann als Modell gedient. Oft finden sich zarte, filigrane Elemente neben monströs überdimensionierten, so daß das chaotisch anmutende Gebilde labil wirkt, als würde es gleich zusammenbrechen. Die Architektur der Dekonstruktion versucht mit Hilfe all dieser Mittel, die nicht hinterfragte alltägliche Wahrnehmung von Architektur aufzustören und durch diese Verfremdung Baukunst neu und unmittelbarer als solche – nämlich als Kunst – erlebbar zu machen.

So schuf die im Irak geborene britische Architektin Zaha Hadid für die Firma Vitra in Weil am Rhein eine Feuerwache, die teilweise in den Erdboden eingesunken zu sein scheint; expressiv ragt ein weitgehend funktionsfreies Vordach als Keil in den Himmel, die mittlere der drei Stützen steht schräg, als sei sie halb umgestürzt: beides beliebte dekonstruktivistische Motive.

Ein anderes Beispiel ist das Hysolar-Institut für Solarenergie in Stuttgart, von Günter Behnisch 1987 entworfen, dessen Räume wie unordentlich übereinandergestapelt wirken: die Fläche des ersten Stocks ist gegenüber dem Erdgeschoß verdreht angeordnet, was sich in der äußeren Gestalt des Gebäudes direkt niederschlägt. Von der Oberkante des aufgelegten Glasdaches schwingt sich ein auffällig rotes, aber funktionsloses Rohr bis zum Erdboden.

Ein ähnlich phantasievolles Spiel mit den Bauelementen treibt die neue Dachkonstruktion der auf einem alten Haus errichteten Anwaltskanzlei Schuppich in Wien, 1989 von Wolf Prix und Helmut Swiczinsky, die ihr Büro COOP Himmelblau nennen, entworfen. Sie zerreißt scheinbar chaotisch und ungeordnet die alte und schiebt sich ein Stück weit über die Hausfassade hinaus. Die von den Architekten bei der Planung entwickelte Vision eines verkehrten Blitzes oder gespannten Bogens wird beeindruckend visualisiert.

Der Eindruck des provisorisch Zusammengezimmerten wird gern auch mit entsprechenden Materialien erzeugt. So verwendete der amerikanische Architekt Frank O. Gehry beim Umbau seines Hauses in Santa Monica (1978) Latten, Wellblech, Drahtgeflecht und andere billige Materialien. Auf diese Weise entstand das Bild eines Barackenbaus, der mit Zitaten spielerisch Erinnerungen hervorruft – wenngleich sie auch aus anderen Gestaltungszusammenhängen entlehnt sind.

Wie Gehry und Hadid gehört auch Bernhard Tschumi zu einer Gruppe von Architekten, die sich in den siebziger Jahren an der Londoner Architectural Association traf. Die von ihm realisierten Pavillons („Folies"), die in einem strengen Raster den Parc de la Villette am Rande von Paris überziehen, wirken unfertig oder verbogen – ihre Stahlkonstruktionen wie (Bau-)Ruinen. Wieder findet sich hier eine gewisse Lust am Zerstören, Zei-

chen für Übersättigung: Dergleichen wäre in der Nachkriegszeit undenkbar gewesen, als man auch ohne die Bemühungen von Architekten genug Zerstörtes besaß.

Mit der Strenge und Klarheit der klassischen Moderne hat all dies nichts zu tun: Strukturen werden verschleiert, Funktionen in die Formen hineingequetscht. Spektakuläre Einzelwerke bestimmen die Architekturszene.

So bleibt beispielsweise abzuwarten, ob etwa das Jüdische Museum in Berlin, 1989 von Daniel Libeskind entworfen, mit seinem verwinkelten Raumgebilde und den schrägen Wänden als Ausstellungsgebäude wirklich zu gebrauchen ist. Doch derlei ist auch nicht das Bestreben solcher Architektur: Sie wähnt sich „autonom" von Zwecken und Rücksichtnahmen, sei es auf Funktionen, sei es auf den Stadtraum oder die natürliche Umwelt bezogen (Zaha Hadid wollte für ihren 1983 bei einem Wettbewerb prämierten, dann nicht verwirklichten Entwurf des Klubs „The Peak" in Hongkong eine ganze Bergkuppe planieren lassen); bezeichnenderweise hat Libeskinds Museum unterirdisch ganz konventionelle, zusammenhängende Räume.

COOP Himmelblau: *Dachausbau für eine Rechtsanwaltskanzlei*, Wien, 1983-84

Blau und silbrig wie eine Wolke, die in der Stadt gelandet ist, schimmert der Dachausbau von COOP Himmelblau. Das stählerne Rückgrat der Konstruktion bildet einen Bogen, der die aufgerissene und vielgliedrige Struktur wieder zusammenfaßt und hinunter auf die Straße weist. Von dort kommt die Energie, der die Gruppe COOP Himmelblau, die man die Punker der Architekturszene nennen könnte, Gestalt gibt. Aus dem kritischen Kommentar des Bestehenden entwickeln sie ein Potential an tanzenden Formen und Chiffren des Chaotischen. Ihr radikaler Eingriff in das alte Haus und sein Umfeld sucht keine Versöhnung, sondern legt die Differenz der Zeitschichten offen.

James Stirling, Michael Wilford & Ass. mit Walter Nägeli: *Werksanlagen der Braun AG*, Melsungen, 1985-1992

Mit einem überzeugenden Konzept der Baukörperaufteilung sicherte sich das Architektenteam mit seinem Wettbewerbsbeitrag den Auftrag zur Realisierung der Werksanlagen für einen Pharmazieproduktehersteller. Ausgehend von Produktionsabläufen und Werksprozessen schufen sie ein Ensemble, das sich in die Landschaft markant einschmiegt. Das geschwungene Verwaltungsgebäude (hier eine Rückansicht) nimmt die Topographie der umgebenden Hügel auf; es wird durch zwei schwarze Monolithe, die Aufzüge und Treppen enthalten, erschlossen. Als grünschillernder Sockel, der mit Kupferschuppen bedeckt ist und so den Eindruck einer urzeitlichen Reptilienhaut erweckt, beherbergt dieser Gebäudeteil die Computerzentrale des Unternehmens. Eigenwillige Fenstereinschnitte unterstreichen diesen Eindruck noch. Um die Gleichmäßigkeit der Farbgebung zu erzielen, wurden die verwendeten Kupferplatten in einem kontrollierten Alterungsprozeß vorpatiniert.

Zaha Hadid: *Vitra-Feuerwehrhaus*, Weil am Rhein, 1992-93

TENDENZEN

Aus Fehlern gelernt?

Während Postmoderne und Dekonstruktivismus die Schlagzeilen beherrsch(t)en, existieren rationalistische Strömungen im Sinne der klassischen Moderne bis heute weiter. Oft wurde dabei versucht, die Auswüchse und Fehlentwicklungen zurückzunehmen und an die glanzvollen Anfänge der zwanziger Jahre, die Reinheit von Farben, Formen und Materialien anzuknüpfen. Ein Bau wie Tadao Andos „Kirche am Wasser" im japanischen Tomamu (1985-88) ist dafür ein ästhetisches Beispiel. Wie schon bei seiner Kapelle auf dem Berg Rokko in Kobe (1985-86) verwendet er Sichtbeton, der einfache Kirchenraum ist an seiner Stirnseite vollständig verglast, so daß der Blick statt auf einen Altar auf ein im Wasser stehendes Kreuz fällt. Die Strenge der Formen und des Materials prägen aber nicht nur Andos Sakralbauten; er will auch zur Askese im Alltag anhalten, schottet seine Bauten mit geschlossenen Betonmauern gegen den Lärm der Großstadt (und damit das moderne Leben) ab, baut seine Häuser ohne Wärmedämmung und Heizung.

So überlagern sich ästhetische Elemente der klassischen Moderne mit deren erzieherischem Anspruch und einer anti-modernen Wirklichkeitsflucht. Dies ist typisch für die Uneinheitlichkeit und Unübersichtlichkeit, von der die internationale Architekturentwicklung seit dem Ende der achtziger Jahre geprägt ist. Ist das moderne Zeitalter an sich mit dem Niedergang des Fortschrittsglaubens und dem Bedeutungsverlust der klassischen Industrie zu Ende gegangen, oder hat es mit dem Übergang zur Computer-, Kommunikations- und Dienstleistungsgesellschaft nur eine andere Ausprägung angenommen? Ist Mies van der Rohe modern, obwohl er nicht funktionalistisch ist? Oder ist das Moderne an seinen Bauten gerade, daß sie vielfältig und damit immer wieder anders nutzbar sind, wichtig in einer Zeit, wo die Funktion eines Gebäudes oft schneller wechselt, als seine Bausubstanz verbraucht ist? Ist es rückwärtsgewandt, an die klassische Moderne anknüpfen zu wollen? Ist der Dekonstruktivismus erst der eigentliche Beginn des modernen Bauens, wie es etwa Zaha Hadid behauptet? Oder

moderne Nutzlosigkeit, Dekoriersucht und Architekteneitelkeit hier nur in etwas gewandelter Gestalt daher? Die Vielschichtigkeit wird dadurch noch verwirrender, daß manche Architekten mehrfach ihre Gestaltungsprinzipien ändern, wie etwa Philip Johnson oder Oswald Mathias Ungers, die von einer recht strengen Moderne zur Postmoderne wechselten und dann wieder zum Rationalismus zurückkehrten.

Manche Kritiker wollen den gegenwärtigen Trend mit dem Begriff „Moderner Pluralismus" fassen, doch dieser besagt letztlich nur, daß es sich nun beim Bauen ebenso verhält wie in der populären Musik oder der Frisurenmode: Es gibt zwar ein paar Tendenzen, die besonders auffällig sind, doch immer weniger halten sich daran und tun statt dessen ganz einfach, was ihnen gefällt.

Von der Postmoderne ist zumindest die Sensibilität für die Umgebung einschließlich der vorhandenen Bebauung übrig geblieben und die Wertschätzung für die traditionelle Stadtgestalt; außerdem die Verwendung eigentlich „nicht zusammenpassender" Materialien oder Formen. Moderne Technologien werden zur Erfüllung von Aspekten umweltgerechten Bauens, etwa bei der Wärmedämmung oder dem Einsatz von Sonnenkollektoren genutzt. Und vom Dekonstruktivismus werden immer wieder einzelne Versatzstücke seiner Formensprache verwandt, obwohl sich dieser Stil insgesamt nicht durchzusetzen scheint. Generell tendiert die Architektur momentan wieder stärker zu einem recht strengen Rationalismus, der freilich all die genannten Elemente in der einen oder anderen Form in sich aufnimmt – eine „revidierte Moderne", wenn man so will.

Die Vielzahl der Bauaufgaben der letzten Jahre läßt diesen Stilpluralismus nicht nur zu, sie erfordert ihn geradezu. Allein die Masse der zu errichtenden Bauten nimmt angesichts steigender Bevölkerungszahlen und steigender Ansprüche immer stärker zu. Es muß folglich immer schneller und immer rationeller gebaut werden, und nicht jede Woche kann ein neuer Stil erfunden werden. Dazu kommen die Ansprüche einzelner Bauherren nach Exklusivität – Exklusivität für alle ist jedoch ein Widerspruch in sich. Entscheidend ist vor allem die Frage, ob die Bauten die an sie gestellten Forderungen erfüllen. Das Aussehen wird jedoch so oder so immer wieder dem anderer Bauten ähneln, ob man nun schlicht gestaltet oder schnörkelübersät. Trotz der Verwendung unzähliger stilistischer Versatzstücke muß so eine gewisse Beliebigkeit entstehen – sie gehört eben zu unserer Zeit und Gesellschaft.

Die gebaute Umwelt unterliegt längst nicht mehr dem Willen einzelner Architekten oder Planer. Auch die Funktionsentmischung der Städte, die in der Charta von Athen noch gefordert und nach dem Krieg vielerorts mit großem Aufwand betrieben worden war, bedarf inzwischen keiner staatlichen Eingriffe mehr. Sie vollzieht sich durch Marktmechanismen und ist abhängig von einzelnen Investoren und Interessenlobbyisten, die den Stadtzusammenhang auch gar nicht mehr in ihre Planungen einbeziehen können.

In Berlin, wo Krieg, nachfolgende Teilung und die Umgestaltungspläne verschiedenster politischer Systeme und Städtebauideologien nicht nur riesige Brachen mitten in der Stadt hinterlassen, sondern auch zur Verödung einstmals pulsierender Citybereiche geführt haben, versucht man seit dem Fall der Mauer intensiv, die durchmischte Stadt, wie man sie bis zur Mitte des 20. Jahrhunderts kannte, wiederherzustellen: Wohnen, Einkaufen, Vergnügen, Arbeiten in Büros und weder Lärm noch Abgase verursachende Betriebe nebeneinander. Doch dies ist offenkundig unmöglich. Die alte Urbanität und Lebendigkeit kann nicht mehr rekonstruiert werden, und wo sie noch vorhanden ist, löst sie sich wie in anderen Städten zusehends auf. Was die Pioniere des modernen Bauens einst enthusiastisch forderten, vollzieht sich längst, ohne daß es dazu eines Programms oder politischen Willens bedürfte. Denn das moderne Bauen und die moderne Stadt, die mehr ein riesiger, zergliederter Siedlungsraum als Stadt im früheren Sinne ist, entsprechen unserer modernen Zeit.

Gerkan, Marg & Partner mit H. Nienhoff: *Messehalle*, Leipzig, 1993 – 1996

Abtei Kloster, dem ein Abt oder eine Äbtissin vorsteht. Das mit dem Kloster verbundene Haus des Abtes enthält oft eine eigene *Kapelle*, manchmal auch einen gesonderten *Kreuzgang*.

Agora Griechischer Markt- und Versammlungsplatz.

Antentempel Älteste Form des griechischen Tempels mit verlängerten *Cella*-Wänden (Anten), die eine Vorhalle bilden, in deren Öffnung zwei Säulen eingestellt sind.

Aquädukt Römisch-antike Wasserleitung, bei der eine Wasserrinne offen oder verdeckt durch eine oft mehrstöckige Bogenbrücke in natürlichem Gefälle des Wassers in die Stadt fließen konnte.

Apsis In der römischen Antike: Halbkreisförmiger, überwölbter Raum, der einem übergeordneten Hauptraum an- oder eingebaut ist. In der christlichen Baukunst: Meist halbkreisförmiger Abschluß eines rechteckigen Langbaus; wichtiger Bestandteil des Kirchengebäudes.

Architrav In der antiken Kunst und in den von ihr abhängigen Baustilen der waagerechte, auf den *Säulen* aufliegende und von ihnen getragene Hauptbalken eines Tempels. Der A. trägt seinerseits den Oberbau.

Arkade Bogenstellung; ein auf Stützgliedern, d. h. auf Pfeilern oder Säulen (Arkadenstützen) ruhender Rundbogen. Die Reihung mehrerer Bögen nennt man Arkaden(-bögen). Arkaden können in einem oder mehreren Geschossen übereinander angeordnet sein (Arkadengeschoß). Die dreieckige, auf einer Spitze stehende Fläche über den Stützgliedern heißt Arkadenzwickel.

Atrium Zentraler Wohnhof des römischen Privathauses. In der frühchristlichen und mittelalterlichen Baukunst ein der Kirche vorgelagerter Hof (auch Paradies genannt).

Axialität Die Ausrichtung der Achsen in einem Bauwerk. Eine Achse ist eine gedachte Gerade, die der Länge oder der Breite nach durch einen Baukörper oder ein Bauteil gezogen werden kann.

Balustrade Ein durch Nebeneinanderreihen von kleinen Säulchen (Baluster) gebildetes Geländer.

Baptisterium Selbständiges kirchliches Bauwerk, in dem die christliche Taufe vollzogen wurde. In der Mitte befand sich ein Taufbecken (Piscina), in dem der Täufling vollständig untergetaucht wurde.

Basilika Die Markt- und Gerichtshalle des römischen Reiches; Bautypus vom Christentum übernommen. Beim christlichen Kirchenbau handelt es sich um einen mehrschiffigen Langbau mit einem Mittelschiff, das höher als die Seitenschiffe ist und eine Fensterzone (*Gaden*) aufweist.

Basis Der Fuß einer Säule oder eines Pfeilers.

Bauhütte Gemeinschaft der Bauleute und Steinmetze an einem mittelalterlichen Kirchenbau.

Bauhüttenbücher Obwohl die Zunftordnung das „Hüttengeheimnis" vorschrieb, gelangte die hochentwickelte Geometrie der gotischen Kirchenbauten im späten Mittelalter auch über den Buchdruck an die Öffentlichkeit.

Bauschule Oberbegriff für räumlich nahe und stilistisch verwandte Baukunst; meist regional zugehöriger Name (wie B. der Ile de France).

Binder Baustein, dessen Schmalseite im Mauerwerk nach außen zeigt.

Bleiverglasung Metallstreifen, mit denen die Einzelscheiben großer Glasfenster gefaßt werden; schon den Römern geläufig.

Blendarkade, Blendbogen, Blendfenster Ein der Mauer zum Zweck der Dekoration und der Gliederung vorgebauter Bogen, der keine Maueröffnung umschließt. Mehrere Blendbögen bilden eine Blendarkade.

Bogen Gewölbte Konstruktion in einer Maueröffnung oder Halle. Der B. bietet die einzige Möglichkeit, um im Steinbau größere Spannweiten zu überbrücken, da er die Last abfängt und auf Stützen verteilt. Der erste Stein des B.s ist der Anfänger, im höchsten Punkt (Scheitel) sitzt der *Schlußstein*. Die Ansichtsseite des B.s heißt Stirn, die Innenfläche Bogenlaibung und die obere Außenfläche Rücken. Die meisten B.-Formen sind aus einem Kreis oder mehreren Kreissegmenten entwickelt: Der Rundbogen entspricht einem Halbkreisbogen, der Spitzbogen wird aus zwei Kreisbögen konstruiert, die sich im Scheitel überschneiden und eine Spitze formen.

Bündelpfeiler In der gotischen Baukunst eine um einen Pfeilerkern geordnete Gruppe von kleinen und großen Dreiviertelsäulen (*Dienste*).

Campanile Der freistehende Glockenturm italienischer Kirchen.

Camposanto („Hl. Feld") Italienische Bezeichnung für Friedhof.

Cella Fensterloser Hauptraum des antiken Tempels, in dem das Götterbild stand.

Chor Ursprünglich nur für den Chorgesang der Geistlichen bestimmter, höherliegender Raumteil in christlichen Kirchen. Seit dem 8./9. Jh. wird die gesamte Verlängerung des Mittelschiffes als Chor bezeichnet.

Chorumgang Ein um den Chor herumlaufender Gang, der durch die Weiterführung der Seitenschiffe entsteht und gewöhnlich durch offene Bogenstellungen vom Chor getrennt ist.

Dachreiter Schlankes (Holz)-Türmchen auf dem First des Hauptdaches einer Kirche.

Dekor Gesamtheit aller zur Ausschmückung dienenden Gegenstände und Einzelmotive eines Bauwerks.

Dienst In der gotischen Kunst hohe Halb- oder Dreiviertelsäule an der Wand oder am *Bündelpfeiler*.

Donjon Zentraler, wehrhafter Wohnturm, bes. französischer Burgen.

Doppelchörig Kirche mit einem Ost- und einem Westchor.

Doppelturmfassade Hauptansichtsseite eines Kirchenbaus, die von einem Turmpaar begrenzt ist.

Dorisch Ältester der griechisch klassischen Stile (s. Säulenordnung).

Dreikonchenanlage, auch Klee-

blattanlage Kirche mit drei Apsiden (s. Apsis), die nach drei Richtungen weisen.

Empore Tribüne oder Galerie im Kirchenraum, die zur Vergrößerung der Bodenfläche, zur Absonderung bestimmter Gruppen der Gemeinde (z. B. Frauen), vor allem aber der Gliederung der Wand dient (s. Wandaufbau).

Emporenbasilika Basilika, die zu beiden Seiten des Mittelschiffes Emporen über den Seitenschiffen hat.

Enfilade Zimmerflucht, bei der die Türen in einer Achse liegen und eine Durchsicht durch alle Zimmer gewähren.

Fiale Schlankes, spitzes Türmchen. Typische architektonische Zierform der Gotik, die oft als Pfeileraufsatz auftritt.

First Linie, an der die Dachflächen eines Gebäudes in einem Winkel zusammenstoßen.

Freitreppe Eine außerhalb des Gebäudes angelegte Treppe ohne Dach.

Fries Waagerechter Streifen zur Gliederung, zum Schmuck und zur Belebung einer Wand. Man unterscheidet zwischen Ornamentfries und Figurenfries.

Fischgrätverband Eine Art des Mauerverfahrens, bei dem die Steine in zwei Schichten abwechselnd schräg zueinander gesetzt sind, so daß ein Fischgrätmuster entsteht.

Forum Römischer Markt- und Versammlungsplatz.

Fresko Malereitechnik, bei der mit Wasser angeriebene, kalkbeständige Farben auf frischen Kalkputz aufgetragen werden; bereits seit der Antike bekannt. Die Fresken Raffaels, Michelangelos und Tiepolos gelten als Höhepunkte dieser Kunst.

Gaden (Lichtgaden, Obergaden) Die Fensterzone im Mittelschiff der Basilika.

Galerie Nach einer Seite offener, langgestreckter Gang. 1. Repräsentativer Verbindungsgang im Schloßbau der Renaissance und des Barock. 2. Offener Laufgang an Kirchen oder Wehrbauten.

Gebälk 1. Alle zu einer Deckenkonstruktion gehörenden Balken. 2. In der Antike die Gesamtheit von *Architrav, Fries* und *Gesims*.

Gebundenes System Häufiges Grundrißschema der romanischen Basilika, das auf dem Quadrat der Vierung beruht: Einem Quadrat im Mittelschiff entsprechen je zwei Quadrate von halber Seitenlänge in den Seitenschiffen.

Geschoß, auch **Etage**, **Stockwerk** Ein durch Decken begrenzter vertikaler Abschnitt eines Gebäudes.

Gesims Ein waagerecht aus der Mauer hervorstehender Streifen, der die waagerechten Abschnitte eines Gebäudes (z. B. *Sockel*, *Geschosse*, *Dach*) gegeneinander absetzt und die senkrechten Architekturteile (z. B. *Säule*, *Pilaster*) zusammenfaßt. Das „verkröpfte" G. ist mit seinem ganzen Profil um Mauervorsprünge herumgeführt.

Gewände(-figuren) Schnittfläche, die entsteht, wenn man ein Fenster oder Portal schräg in die Mauer setzt. Das romanische und gotische G. ist oft reich verziert und mit Skulpturen (G.-figuren) ausgestattet.

Gewölbe Gekrümmte, meist aus keilförmigen Steinen zusammengesetzte Raumdecke. Tonneng.: Sein Querschnitt ist ein Halbkreis oder nur ein Kreissegment. Kreuz(grat)g.: Es entsteht, wenn zwei Tonneng. gleicher Größe sich rechtwinklig schneiden. Die Schnittstellen heißen Grate.

Gewölbeschub s. Schub.

Giebel 1. Dreieck, das die Schmalseite eines Satteldaches abschließt (s. auch Tympanon). 2. In der Renaissance und im Barock auch Bekrönung von Fenstern und Portalen.

Grat s. Gewölbe

Gruppenbau (Baugruppe) Gruppe von Gebäuden, deren Stellung aufeinander abgestimmt ist (z. B. Schloßanlage). Der mittelalterliche Gruppenbau verfuhr nach dem additiven Prinzip, in dem die notwendigen Kirchenbestandteile wahlweise gruppiert wurden; dabei gab es regional typische Verbindungen, aber auch charakteristische Einzellösungen.

Gurt(-bogen) Verstärkungsbogen, der quer zur Hauptrichtung eines Tonnengewölbes (s. Gewölbe) verläuft.

Gurtgesims Gesims, das die einzelnen Geschosse trennt.

Hallenchor Mehrschiffiger Chor, mit gleicher Höhe der einzelnen Schiffe.

Hallenkirche Langbaukirche, deren Seitenschiffe die (annähernd) gleiche Höhe des Mittelschiffes haben und mit diesem oft unter einem Dach zusammengefaßt sind.

Haram Vielsäuliger Beetsaal der arabischen Moschee, dessen Säulen zunächst aus Palmstämmen bestanden.

Illusionismus Darstellungsweise in der Malerei, die eine täuschende Nachahmung der Wirklichkeit anstrebt, indem auf der zweidimensionalen Malfläche eine dreidimensionale optische Wirkung erzeugt wird. (s. auch Scheinarchitektur).

Inkrustation Einlegearbeit von farbigen Steinen in Stein, bei der z. B. heller und dunkler Marmor wechseln.

Ionisch Zweitältester der griechisch klassischen Stile (s. Säulenordnung).

Joch Gewölbefeld, das durch *Gurte* vom benachbarten J. abgegrenzt ist. Die J.e eines Bauwerkes werden in der Richtung der Längsachse gezählt.

Kannelierung/Kanneluren Die Rillen im Schaft antiker *Säulen*.

Kapelle Kleiner, selbständiger Kultraum als An- oder Einbau in Kirchen (z. B. Taufk., Schloßk., Pfalzk.).

Kapellenkranz Um einen halbrunden oder vieleckigen *Chor* angeordnete Reihe von Kapellen, die alle auf einen Mittelpunkt gerichtet sind.

Kapitell Kopfstück der Säule oder des Pfeilers mit ornamentaler, pflanzlicher oder figürlicher Ausformung.

Kappe Eines der vier Teilstücke des Kreuzgewölbes, das aus gleich hohen rechtwinkligen überkreuzten Tonnen entsteht (s. Gewölbe). Senkrechte Einschnitte in ein Tonnengewölbe nennt man Stichkappen.

Karyatide Mädchengestalt, die mit korbähnlichem Polster auf dem Kopf als Stützglied ein *Gebälk* trägt.

Kassettendecke Decke mit kastenförmig vertieften Feldern, die mit Ornamenten, Farben oder Gemälden ausgefüllt sein können.

Kathedrale Bischofskirche einer Stadt. In Norddeutschl. Dom, in Süddeutschl. Münster genannt.

Keep Wehr- und Wohnturm der englisch-normannischen Baukunst.

Kehle Eingeschwungenes Gegenstück zu einem Stab oder Wulst. Als Zierprofil häufig an Gesimsen, Portalen und Möbeln vorkommend.

Kibla Die Richtung, in die sich jeder Moslem beim Beten zu wenden hat; das war zunächst Jerusalem, seit 624 Mekka. In der Moschee wird diese Richtung durch den *Mihrab* angezeigt.

Kompositkapitell Aus verschiedenen, ursprünglich nicht zusammengehörenden Teilen bestehendes *Kapitell*.

Königsgalerie Eine Reihe von Königsfiguren an den Fassaden gotischer Kathedralen, die wahrscheinlich die Vorfahren Christi oder aber die französischen Könige darstellen. Die K. kann über dem Portal angeordnet sein oder den oberen Abschluß einer Fassade bilden.

Kolonnade Säulenreihe mit waagrechtem *Gebälk* (*Architrav*), im Unterschied zur *Arkade*. Bekanntes Beispiel sind die Kolonnaden von Sankt Peter in Rom.

Kolossalordnung Säulenordnung, die über mehrere, meist zwei Stockwerke reicht und diese zusammenfaßt. Die K. wurde von Michelangelo und Palladio entwickelt.

Konsole Ein aus der Mauer vorspringender Tragstein (auch Kragstein), der als Basis für Balkone, Figuren und Bögen dient und oft als Zierglied geformt ist.

Korinthisch Jüngster der griechischen klassischen Stile (s. Säulenordnung).

Krabbe Kriechblume auf den Kanten gotischer Zierglieder (*Fiale*, *Wimperg*, Turmpyramide).

Kranzgesims *Gesims* als Abschluß unter dem Dach. Das K. ist häufig durch *Konsolen* gestützt, es hat die Funktion, das Regenwasser von der Wand abzuhalten.

Krepis Fundament und meist dreistufiger Unterbau des griechischen Tempels.

Kreuzgang Um einen viereckigen, offenen Hof im Kloster angelegter Gang, in dem die Kreuzprozession stattfindet.

Kreuzgratgewölbe s. Gewölbe.

Krypta In frühchristlicher Zeit Grabraum eines Märtyrers in den Katakomben. Im Mittelalter halb unterirdischer Raum unter dem Ostchor der Kirche; dient zur Aufbewahrung von Reliquien und als Grabstätte für Heilige und Würdenträger.

Lady Chapel Marienkapelle in englischen Kathedralen, meist an den Ostchor angesetzt.

Langhaus Bei einer nicht zentral angelegten Kirche der langgestreckte Bauteil zwischen Fassade und *Querhaus* oder *Chor*.

Laterne Rundes oder vieleckiges, von Fenstern durchbrochenes Türmchen über einer Decken- oder Gewölbeöffnung, meist über einer Kuppel.

Lichtgaden s. Gaden.

Lisene Ein nur wenig aus der Mauerfläche hervorstehender, senkrechter Wandstreifen ohne *Basis* und *Kapitell*, dem eine gliedernde und stützende Funktion zukommt.

Loggia Offene, gewölbte Bogenhalle oder Bogengang in oder vor einem Gebäude. Die Loggia ist häufig Bestandteil italienischer Paläste und öffentlicher Bauten der Renaissance.

Lukarne Geschoßhoher Ausbau des Daches, meist mit reicher Fensterrahmung.

Maßwerk Mit dem Zirkel konstruierter Bauschmuck der Gotik. Urspr. nur zur Aufteilung der Bogenspitze großer Fenster entwickelt, wurde das M. später auch zur Gliederung von Wandflächen verwendet.

Mastaba Ägyptischer Graboberbau der Frühzeit, der sich über einem rechteckigen Grundriß als Ziegel- oder Steinhügel erhob. Seit dem Alten Reich (2850-2052 v. Chr.) zur *Pyramide* (Königsgrab) erweitert.

Mauerwerk Konstruktion aus natürlichen oder künstlichen Steinen, entweder mit Mörtelbindung oder ohne Bindemittel (Trocken-M.).

Mauerzunge Ein aus der Mauer hervorspringendes, kurzes Mauerstück.

Mausoleum Begriff für einen monumentalen Grabbau.

Medrese Islamische Moscheeschule, die Schul- und Beträume in sich vereinigt und um einen Hof gruppiert,

Megaron Haupthalle des griechischen Wohnhauses mit Herd und Vorhalle. Das M. ist die Vorform des griechischen Tempels.

Mihrab Gebetsnische der arabischen Moschee, in welcher der Vorbeter die Gebetsrichtung anzeigt.

Minarett Gebetsturm der *Moschee*. Das M. dient dem Gebetsrufer (Muezzin) als erhöhter Standpunkt. Zunächst als Solitär entstanden, wurde es später zunehmend in die Gesamtarchitektur eingebunden, so daß z. B. auch mehrere M.e die Moschee umgeben können.

Mittelschiff Der mittlere Raum eines mehrschiffigen *Langhauses*.

Mosaik Geometrische oder figürliche Flächendekoration für Wände, Kuppeln, Fußböden. Es werden dabei bunte Glas- oder Steinstückchen in einem Mörtelbett aneinandergereiht.

Moschee/Säulenmoschee/ Kuppelmoschee Urtyp des islamischen Kultbaus. Die M. ist aus dem einfachen Gebetsplatz entstanden und erfordert keine einheitliche Bauform. Die frühen M.n hatten fast immer einen aus vielen Säulen bestehenden Arkadenhof und einen vielsäuligen Betsaal (Säulenmoschee). In Syrien und in der Türkei, wo die islamische Herrschaft anfangs noch keine eigene Architektur entfaltet hatte, wurden christliche Kuppelkirchen zu M.n umgestaltet, woraus sich im 14. Jh. die Kuppelmoscheen entwickelten.

Obelisk Hoher, rechteckiger Steinpfeiler, der sich nach oben verjüngt und in einer Pyramidenspitze endet.

Obergaden s. Gaden.

Oktogon Achteck. Bauwerk, das über dem Grundriß eines regelmäßigen Achtecks errichtet ist.

Ornament Einzelnes Verzierungsmotiv, das als geometrische, pflanzliche oder figürliche Schmuckform die Baukunst bereichert und gliedert.

Paneel Vertieftes Feld in einer Holzvertäfelung oder die gesamte, aus mehreren Feldern und Rahmungen zusammengesetzte Holzvertäfelung selbst.

Pendentif Hängezwickel, Eckzwickel. Dreieck, das vom eckigen Gebäudegrundriß zum runden Grundriß einer Kuppel überleitet.

Peripteros Griechischer Tempel, dessen *Cella* von einem Säulenkranz umgeben ist.

Peristyl Säulenhalle, die um den Hof eines antiken Wohnhauses oder Tempels herumgeführt ist.

Perpendicular Style Sonderform der englischen Hochgotik mit einer vornehmlich senkrechten Gliederung des *Stabwerks*, der Wände und Fenster.

Pfeiler Senkrechte Mauerstütze auf rechteckigem oder vieleckigem Grundriß. Der Pf. kann wie die *Säule* gegliedert sein.

Pilaster Ein senkrecht aus der Wand hervortretender Pfeiler mit *Basis* und *Kapitell*.

Portal Künstlerisch gestalteter Eingang. Vorbild des abendländischen Portals ist der römische Triumphbogen.

Portalgewände s. Gewände.

Portikus Eine von Säulen (seltener Pfeilern) getragene Vorhalle (Eingangshalle) vor der Hauptfront eines Gebäudes.

Profanbau „Ungeweihte" Architektur ohne Kultbestimmung, z. B. Schloß, Burg, Bürgerbauten (Gegensatz *Sakralbau*).

Pronaos Einseitig offener Vorraum der *Cella* des griechischen Tempels.

Pseudobasilika *Hallenkirche* mit einem überhöhten Mittelschiff, das aber keine eigene Fensterzone hat.

Pultdach Dachform mit nur einer schrägen Dachfläche.

Pylon(e) 1. Trapezförmiger, turmartiger Torbau der ägyptischen Kunst. 2. Pfeiler oder Masten, an den das Tragwerk einer Brücke oder eines Gebäudes aufgehängt wird (z. B. Olympiabauten in München).

Pyramide Grabbauten ägyptischer Pharaonen. Über einem quadratischen Grundriß errichteter Bau mit geneigten Dreiecksseiten, die sich in einer gemeinsamen Spitze treffen.

Querhaus/Querschiff Der zwischen Langhaus und Chor eingezogene ein- oder mehrschiffige Querbau. Durch das Querschiff erhält der Grundriß einer Kirche die Form des Kreuzes.

Querhausbasilika Frühchristliche *Basilika*, deren Langhaus am Ostende mit einem Querhaus abschließt, an das sich unmittelbar die *Apsis* anschließt (keine Kreuzform).

Richtungsbau Bauwerk, das auf eine bestimmte Achse oder einen anderen Bezugspunkt

(Altar) ausgerichtet ist (Gegensatz *Zentralbau*).

Rippe Die echte R. ist ein tragender Konstruktionsteil einer Decke oder eines *Gewölbes*. Erst in der Spätzeit des Gewölbebaus wurde die R. zu einem unterschiedlich ausgeformten, sichtbaren Rundstab und diente der Dekoration.

Risalit Gebäudeteil, der in seiner gesamten Höhe aus der Baufluchtlinie (Grenzlinie zu Straßen oder Plätzen) des Hauptbaukörpers vorspringt. Je nach Lage unterscheidet man in Mittelr. oder Seiten- bzw. Eckr.

Rose/Rosenfenster Mit Maßwerk geschmücktes Rundfenster in der gotischen Kathedrale.

Rosette Blütenähnliches Ornament, bei dem um einen kreisrunden Kern Blütenblätter angeordnet sind.

Rundbogen, Halbkreisbogen s. Bogen.

rundplastisch Ein aus der Bildhauerkunst entlehnter Begriff, der die allseitige Durchbildung (Gestaltung/Bearbeitung) des (Bau-)Werkes meint.

Rustika/rustiziert Eine Mauerwerksstruktur aus grob behauenen (rustizierten) Quadersteinen. Besonders häufig findet man die Rustika an Frührenaissancebauten der Toskana.

Saalkirche Kirche, deren Innenraum nicht durch Stützen unterteilt ist. Einschiffige, meist weiträumige Kirche.

Sakralbau Im Gegensatz zum *Profanbau* ein „geweihtes" Bauwerk, das kultischen Zwecken dient, z. B. Kirche, Tempel.

Satteldach (auch Giebeldach) Dachform, die aus zwei schräg gegeneinander gestellten Dachflächen besteht.

Säule Senkrechte Mauerstütze auf kreisförmigem Grundriß. Die S. ist gewöhnlich in *Basis*, *Schaft* und *Kapitell* gegliedert.

Säulengalerie Offener Laufgang mit der *Säule* als Gliederungsmotiv.

Säulenordnung Das Form- und Proportionssystem der Antike, bei dem *Säulen*, *Kapitelle*, *Architrave* und *Gesimse* so aufeinander abgestimmt sind, daß sie eine „feste" Ordnung haben. Die dorische Säule hat keine *Basis*, einen *kannelierten* Schaft und eine Platte als Kapitell. Die ionische Säule ist schlanker als

die dorische, sie hat eine Basis, einen kannelierten Schaft und ein Kapitell, das sich an beiden Enden schneckenartig zur *Volute* aufrollt. Die korinthische Säule unterscheidet sich von der ionischen durch ein reicher gestaltetes Kapitell aus Akanthusblättern und Voluten an den Ecken.

Schaft Der Stamm oder Rumpf einer *Säule*, entweder glatt oder ausgekehlt (*kanneliert*); er kann sich nach unten oder oben verjüngen, eine Schwellung (Entasis) haben oder gleichbleibend dick sein.

Schale Eine massive, krummgebogene Tragkonstruktion mit geringer Stärke und großer Spannweite.

Scheinarchitektur Durch Malerei oder Relief vorgetäuschte Architekturteile an Wänden oder Decken, die meist eine Raumerweiterung erzielen sollen (s. auch Illusionismus).

Schlußstein 1. Stein am höchsten Punkt (Scheitel) eines Bogens. 2. Auf dem Knotenpunkt von Rippen sitzender Stein, auch als Knauf ausgebildet.

Schub (Seitenschub) In der Waagerechten verlaufende Kraft innerhalb der Mauer, die durch das Gewicht von Gewölben oder Dachkonstruktionen hervorgerufen wird. Man fängt den Schub durch Verstärkung der Mauern auf (s. Strebewerk).

Seitenschiff Parallel zur Längsachse verlaufender Raumteil einer Kirche, der vom Mittelschiff durch Säulen- oder Pfeilerstellungen getrennt ist. Seitenschiffe treten in der Regel paarweise auf.

Sheddach (von engl. shed = Schuppen) Im Deutschen „Sägedach" genannte Dachform aus vielen parallelen *Satteldächern*, deren steilere Fächen verglast sind, so daß lichtreiche Räume entstehen (häufig im Museums- oder Hallenbau).

Skelettbau Bauweise aus einem Gerippe von Holz, Stein, Stahl oder Stahlbeton über einem Rastersystem. Das Skelett übernimmt alle tragenden Funktionen, es kann sichtbar bleiben (got. *Strebewerk*) oder verdeckt werden.

Sockel Der Unterbau eines Gebäudes (S.-Geschoß), einer Säule oder einer Statue.

Spitzbogen s. Bogen.

Stabkirche Skandinavische Holzkirche, deren Wände aus senkrechten Pfosten und Masten gebaut sind.

Stabwerk s. Maßwerk.

Staffelhalle Mehrschiffige Hallenkirche mit stufenförmig zur Mitte ansteigenden *Gewölben* in den einzelnen Schiffen.

Stalaktiten *Gewölbe* der islamischen Baukunst, das aus einer Vielzahl von übereinandergesetzten Einzelkörpern besteht, die wie Tropfstein herabzuhängen scheinen.

stereometrisch, Stereometrie Lehre von der Berechnung geometrischer Körper.

Strebewerk/Strebebogen/Strebepfeiler Skelettbauweise, die besonders für den gotischen Kirchenbau typisch ist. Die Strebepfeiler dienen zur Verstärkung hoher Mauern und zur Ableitung von *Schub*kräften. Sie steigen entweder an den Außenmauern empor oder sie überragen die Seitenschiffe und sind über deren Dächer hinweg durch Strebebögen verbunden. Das Strebewerk dient der Verteilung der Schubkräfte von Dach und Gewölbe.

Stukkatur Aus Stuck (Gemisch aus Gips, Kalk und Sand) hergestellte, plastische Verzierung von Bauteilen.

Stützenwechsel Wechsel von *Pfeiler* und *Säule* im Mittelschiff der romanischen Basilika, im *gebundenen System* ist er technisch bedingt.

Tambour Der zylindrische oder vieleckige Unterbau einer Kuppel, meist von Fenstern durchbrochen.

Tektonik Gegliederter Aufbau eines Gebäudes, wobei die Einzelteile technisch und formal eine künstlerische Einheit bilden.

Terrakotta Gebrannte Tonerde, aus der künstlerische Gegenstände wie z. B. Reliefs, Architekturteile, Bauplastik geformt werden.

Therme Römische Badeanlage, durch hohle Wände oder Hohlziegel im Fußboden zentral beheizt.

Tonne s. Gewölbe.

Triforium Ein schmaler, in Bogenstellung sich öffnender Laufgang unter den Fenstern von Mittelschiff, Querschiff und *Chor* des romanischen und gotischen Kirchenraumes. Das T. dient hauptsächlich der Gliederung.

Triglyphe Platte mit drei senkrechten Einkerbungen am Gebälk der *dorischen* Ordnung.

Tympanon 1. Giebelfeld des antiken Tempels. 2. Bogenfeld über dem romanischen und gotischen Portal.

Umgangschor s. Chorumgang.

Verblendung (Blende) Ein dem Mauerkörper zur Dekoration und Gliederung hinzugefügtes (vorgeblendetes) architektonisches Motiv, z. B. *Blendfenster*, *Blendarkade*.

verkröpftes Gesims s. Gesims.

Vierung Quadratischer oder rechteckiger Raum, der durch die Durchdringung von Langhaus und Querhaus im Kirchenbau entsteht.

Vierungsturm Am Außenbau auf der Vierung aufsitzender Turm.

Volute Architektonisches Glied mit spiralförmiger Einrollung, z. B. am ionischen Kapitell.

Walmdach Eine Dachform, die entsteht, wenn die Giebel des Satteldaches durch schräge Dachflächen ersetzt werden.

Wandaufbau Gliederung der Innenseiten der Mittelschiffmauer einer Basilika. Nach der Anzahl der übereinanderfolgenden Elemente gehören zum dreizonigen W. Arkade, Empore oder Triforium sowie Fenster; zum vierzonigen W. gehören Arkade, Empore, Triforium und Fenster.

Wanddienst s. Dienst.

Wandpfeilerkirche Einschiffige Kirche mit nach innen gerückten *Strebepfeilern*, zwischen denen anstelle der Seitenschiffe *Kapellen* liegen.

Werkstein Ein zu regelmäßiger Form zugehauener Naturstein, als massiver, rechteckiger Block auch Quader genannt.

Westwerk Karolingischen und frühchristlichen Kirchen im Westen vorgelegter, annähernd quadratischer Vorbau. Nach außen erscheint das Westwerk als breiter Turm, oft von zwei erhöhten Treppentürmen flankiert.

Widerlager Festes Mauerwerk, das dem seitlichen *Schub* eines Bogens oder *Gewölbes* entgegenwirkt.

Wimperg Ziergiebel gotischer Portale und Fenster. Der W. ist oft von Fialen gerahmt, mit *Krabben* besetzt und von einer Kreuzblume abgeschlossen.

Zentralbau Bauform, bei der alle Teile auf einen Mittelpunkt bezogen sind. Der Grundriß beruht auf einer geometrischen Figur (Kreis, Ellipse, Quadrat). Das römische Pantheon galt als der Höhepunkt des antiken Z.s. Der zentrale Rundbau mit Kuppel war das Ideal der Renaissancearchitektur.

Zentralperspektive Alle von der Bildebene in die Tiefe führenden Geraden (Fluchtlinien) laufen auf einen gemeinsamen Punkt (Fluchtpunkt) zu. Die konstruierte Z. und ihre theoretische Begründung ist eine Leistung der Frührenaissance.

Zikkurat Künstlicher Stufenberg mit Rampen oder Treppen, auf dem der „Wohnturm" der Gottheit stand.

Zinnen Die Zacken einer Brüstungsmauer oder einer Brustwehr. Zwischen zwei Z. liegt eine Scharte.

Zwerggalerie Ein in der Außenmauer ausgesparter Laufgang mit kleiner Bogenstellung und zierlichen Säulen. Die Z. war eine Zierform der romanischen Baukunst ohne konstruktive Eigenschaften.

ARCHITEKTENREGISTER

Fett hervorgehobene Seitenzahlen verweisen auf Abbildungen

Aalto, Hugo Henrik Alvar (1898-1976) Finnischer Architekt, dessen Bauten sich durch Funktionalität, Anpassung an den Menschen, regionsbezogene Architekturformen und durch eigene plastische Vorstellungen auszeichnen. *94*

Abbé Laugiér, Marc-Antoine (1713-1769) Französischer Jesuitenpater und Architekturtheoretiker des die Antike verherrlichenden Klassizismus. *63*

Alberti, Leon Battista (1404-1472) Italienischer Baumeister, Architekturtheoretiker, universale Persönlichkeit. In seinem Kirchenbau St. Andrea in Mantua nahm er die typische Raumform der Barockkirche vorweg. Seine „Drei Bücher über die Malerei" und die „Zehn Bücher über die Baukunst" sind grundlegende Texte der Kunsttheorie. *15, 44, 45, 49*

Anthemios von Tralleis (6. Jh. n. Chr.) Griechischer Architekt und Gelehrter. Erbaute auf Befehl des Kaisers Justitian 532-537 in Konstantinopel die Hagia Sophia, das Hauptwerk der byzantinischen Baukunst. A.v.T. verstand die Architektur als „die Anwendung der Geometrie auf feste Materie". *15*

Asplund, Gunnar (1885-1940) Bedeutender schwedischer Architekt, der unter der Verwendung von leichten Metallbauteilen, Glas und freieren Dachformen den Übergang von der klassizistischen Architekturauffassungen zur modernen Architektur vollzog. *94*

Barry, Sir Charles (1795-1860) Frühviktorianischer englischer Architekt, der auf einer dreijährigen Reise (1817-20) internationale Bauwerke studierte. Mittels seiner Skizzen entwarf er in London Stadtpaläste im Stil der Neurenaissance. Sein Hauptwerk ist das Parlamentsgebäude am Londoner Themseufer. *70, 71*

Behnisch, Günter (1922) Das bekannteste Werk aus der 1966 gegründeten Bürogemeinschaft Behnisch & Partner sind die Sportbauten des Münchener Olympiaparks. B. gehört zu den renommierten deutschen Gegenwartsarchitekten für öffentlich genutzte Bauten. *104, 108, 109*

Behrens, Peter (1868-1940) Deutscher Baumeister und Kunstgewerbler. Seit 1907 war er Architekt und künstlerischer Beirat der AEG in Berlin. Seine Fabriken zählen zu den ersten architektonisch bedeutenden Industriebauten. *84, 86*

Bernini, Gian Lorenzo (1598-1680) Baumeister und Bildhauer des italienischen Hochbarock. Zu seinen römischen Hauptwerken zählen die halbkreisförmigen Kolonnaden, die den Vorplatz der Peterskirche einfassen, und die Kirche Sant' Andrea al Quirinale. Sein Ideal war die vollkommene Verschmelzung von Architektur und Plastik zu einem bewegt-dynamischen Ganzen. *47, 54, 55, 56*

Bon, Giovanni (ca.1355-1443) **und Bartolomeo** (ca.1374-1467) Führende Bildhauer und Baumeister des frühen 15. Jh.s in Venedig. Erbauer des Stadtpalastes Ca' d' Oro (Haus aus Gold), einem Meisterwerk der Venezianischen Spätgotik. *41*

Borromini, Francesco (1599-1667) Italienischer Baumeister und Rivale *Berninis*, der durch komplizierte Raumverschränkungen und bewegte Grundrisse den römischen Spätbarock einleitete. Zu seinen Hauptwerken gehören die röm. Kirchen San Carlo alle quattro fontane und die Universitätskirche Sant' Ivo della Sapienza. *54, 55, 56*

Boullée, Etienne-Louis (1728-1799) Führender französischer Architekt des romantisch beeinflußten Klassizismus. Bedeutend waren v. a. seine „Gedankengebäude", in denen er sich für eine Baukunst der Gefühle einsetzte und dadurch großen Einfluß auf seine Zeitgenossen ausübte. *63, 64, 102, 106*

Bramante, Donato (1444-1514) Architekt der italienischen Hochrenaissance, tätig in Mailand, danach in Rom. Mit der Klarheit und harmonischen Schönheit seiner Bauten wurde er zum Vollender der Hochrenaissance. Bedeutend sind sein Grundriß für den Neubau von St. Peter und sein Rundtempel von San Pietro in Montorio in Rom. *44, 46, 48, 49*

Brunelleschi, Filippo (1377-1446) Bahnbrechender italienischer Renaissancearchitekt, der die Gesetze der Perspektive, die lineare Bewältigung des Raumes und die Anwendung klarer Proportionen als seine Hauptaufgabe betrachtete. 1420-36 erbaute er in Florenz mit neuartigen technischen Mitteln die Kuppel des Domes. *43, 44, 45, 48*

Bulfinch, Charles (1763-1844) Wohlhabender Bostoner Archi-

tekt, er unternahm eine längere Studienreise nach Europa, wo er entscheidende Anregungen fand. Seine Bauten zählten zu den würdigsten öffentlichen Gebäuden in Amerika, wo er auch am Bau des Kapitols in Washington beteiligt war. *66*

Burnham, Daniel H. (1846-1912) Nordamerikanischer Architekt, schloß sich mit J. W. Root zu einer Arbeitsgemeinschaft zusammen. 1891 erbauten die beiden den Masonic Temple, der damals das höchste Bauwerk der Welt war, und 1902 errichteten sie das Flatiron Building, den ersten New Yorker Wolkenkratzer. *78, 79*

Candela, Felix (1913–1997) Spanischer Architekt, lebt in Mexiko und zählt zu den einfallsreichsten Betoningenieuren. Einer seiner wichtigsten Bauten ist die Kirche der Wundertätigen Jungfrau in Mexiko City (1953–55), extremes Beispiel „expressionistischen" Kirchenbaus um die Jahrhundertmitte. *100, 103*

Cesariano, Cesare di Lorenzo (1483-1543) Mailänder Architekt, Maler und Schriftsteller, dessen bedeutendstes Werk seine *Vitruv*-Übersetzung und Kommentierung ist. *41*

Chicago, Schule von (Jenny, Sullivan, Burnham, Root, Adler u. a.) Richtungweisende Formensprache amerikanischer Architekten für Geschäftsbauten des 20. Jh.s. Der Stil der Schule von Chicago wurde 1884 mit der Einführung des Metallskelettbaus begründet, der den Architekten neue Möglichkeiten bot und Bauten ohne Anlehnung an einen historischen Stil entstehen ließ. *78, 79, 82, 95*

COOP Himmelblau (Wolf D. Prix, 1942; Helmut Swiczinsky, 1944) Die 1968 in Wien gegründete Architektengruppe lieferte 1976 mit dem „Wiener Supersommer" erstmals aggressive Alternativen zum gängigen Städtebau. Ihr Markenzeichen sind spannende, übersteigerte und verletzende Architekturprojekte. *109*

Cornelis Floris de Vriend (ca. 1514-1575) Antwerpener Bildhauer und Architekt, der besonders wegen seiner aufwendigen Ornamente auf sich aufmerksam machte. Sein Dekorationssystem fand in der zweiten Hälfte des 16. Jh.s als „Floris-Stil"

weite Verbreitung in den Niederlanden. *50*

Delamair, Pierre-Antoine (17./18. Jh.) Königlicher Bauführer in Paris. *56*

Dientzenhofer, Familie (17./18. Jh.) Barockbaumeisterdynastie, tätig in Franken und in Böhmen. Sie übertrugen die bewegten Raumgestaltungen italienischer Architekten (*Borromini, Guarini*) nach Deutschland und entwickelten eine herausragende Synthese italienisch-deutscher Barockbaukunst; v. a. ihre Kirchenbauten zählen zu den bedeutendsten der Zeit. *60*

Durand, Jean Nicolas Louis (1760-1834) Französischer Architekt, mehrfacher Architekturpreisträger. Bedeutung erlangte D. durch seine Stichesammlung wichtiger Pariser Bauten und als Architekturtheoretiker, als der er nachhaltigen Einfluß auf das 19. Jh. ausübte. *68*

Ehn, Karl (1884-1957) Architekt der Wiener Stadtverwaltung, in den zwanziger und frühen dreißiger Jahren verantwortlich für den kommunalen Wohnungsbau. *91*

Eiffel, Alexandre Gustave (1832-1923) Französischer Ingenieur und Unternehmer, berühmt durch den nach ihm benannten Eiffelturm, den er für die Weltausstellung 1889 in Paris mit seinen 300 m Höhe als damals höchstes Bauwerk der Welt errichtete. *76*

Fischer von Erlach, Johann Bernhard (1656-1723) Wurde nach einem längeren Studienaufenthalt in Italien zum kaiserlichen Hofarchitekten Wiens ernannt. Er begründete als erster großer Architekt eine nationale deutsche Barockbaukunst. In seinen Werken wollte er die Idee des Kaisertums sichtbar werden lassen, entsprechend eindrucksvoll und pathetisch ist sein Stil. *58*

Foster, Sir Norman Robert (1935) Britischer Architekt, Chef des Londoner Architekturbüros Foster Associates. Er gehört zu den konsequentesten Vertretern der modernen Technik, sein dominierender Bautyp ist die große, neutrale Raumhülle. *104*

Garnier, Charles (1825-1898) Französischer Architekt, bereiste Rom und Athen und gewann 1861 den Wettbewerb für die Pariser Oper. Das Bauwerk bil-

dete gleichzeitig den Rahmen eines Bühnen- und eines gesellschaftlichen Ereignisses, was auch für Garniers Bau des Casinos von Monte Carlo gilt. *72*

Gaudí, Antonio y Cornet (1852-1926) Spanischer Baumeister, der in einer Verschmelzung von spätgotischen und exotischen Formen eine Bauweise von phantastischer Eigenart schuf. Sein Hauptwerk ist die 1884 begonnene, noch unvollendete Kirche der Sagrada Familia in Barcelona. *81, 87, 106*

Gerkan, Meinhard von (1935), **Marg, Volkwin** (1936) **und Partner** 1965 gegründete Architektensozietät; gewann zahlreiche Wettbewerbe für Großbauten in der BRD. Ihr Tätigkeitsbereich geht weit über die bloße Architektur hinaus, er bezieht die vollständige Generalplanung samt Ingenieurberechnungen und Verkehrswegen mit ein. *111*

Gibbs, James (1682-1754) Der einflußreichste Kirchenbauer Londons im frühen 18. Jh. hatte in Rom Architektur und Malerei studiert und dort seinen Formenschatz entwickelt. Die Kirche St. Martin-in-the-Fields gilt als sein Hauptwerk und wurde häufig nachgeahmt. *61*

Gilly, Friedrich (1772-1800) Großer Baumeister des deutschen Klassizismus, Lehrer an der Berliner Bauakademie. Seine besten Werke sind Entwürfe geblieben; klare räumliche Grundformen bestimmen sein Werk. *68, 69*

Golosov, Ilya (1883-1945) Russischer Architekt des Konstruktivismus und Akademieprofessor. Historische Traditionen und das neue sozialistische Selbstverständnis wollte er in seinen Bauten verbinden. *85*

Gropius, Walter (1883-1969) Architekt und Begründer des „Bauhauses". Seine Bauweise ist gekennzeichnet durch eine klare, zweckmäßige Formgebung. Als Kunsterzieher forderte er eine für Künstler und Handwerker gleiche Grundausbildung in Form, Farbe und Beschaffenheit des Materials. *84, 86, 88, 89, 92, 95*

Guarini, Guarino (1624-1683) Italienischer Baumeister des Spätbarock. Er führte den Kirchenraum zum Höhepunkt seiner mathematischen Experimente. Seine Raumgebilde durchdringen sich und verwischen jede Klarheit der Konstruktion. *53, 59, 60*

Guimard, Hector (1867-1942) Lehrer an der École des Arts Décoratifs in Paris, französischer Jugendstilarchitekt. Er verwendete auf phantasievolle Art Metall, Fayence und Glasziegel. *82*

Hadid, Zaha (1950) Im Irak geborene britische Architektin, beeinflußt vom russischen Konstruktivismus. Sie entwirft bautechnisch höchst komplizierte Architektur in teilweise exzentrischen Perspektiven. H. zählt zur zeitgenössischen Avantgarde, ihre Projekte gelten als wegweisend für das Bauen des 21. Jahrhunderts. *109,* **110**

Hardouin-Mansart, Jules (1646-1708) Französischer Architekt am Hofe Ludwigs XIV., seit 1678 war er mit der Erweiterung von Versailles beauftragt. Hauptwerk seiner kraftvollen Gestaltungsweise im Stil des barocken Klassizismus ist der Pariser Invalidendom. *56, 57, 60*

Haussmann, Georges-Eugène Baron (1809-1891) Aus dem Elsaß stammender, rücksichtsloser Verwaltungsbeamter, der von Napoleon III. mit der Umgestaltung des Pariser Stadtbildes betraut wurde. Sein Leitmotiv waren lange, gerade Boulevards, die in runden Plätzen sternartig zusammentreffen. *74, 75*

Holl, Elias (1573-1646) Augsburger Stadtbaumeister. Aus dem Formenschatz *Palladios* und in der Abwandlung der deutschen Giebelhausfassade entwickelte er einen klassischausgewogenen Renaissancebaustil. *50,* **51**

Horta, Victor (1861-1947) Belgischer Architekt. Mit seinem Hôtel Tassel schuf er eine der kühnsten Schöpfungen der Jugendstilarchitektur und reihte sich unter die damalige Avantgarde der europäischen Architekten ein. *82*

Iktinos (5. Jh. v. Chr.) Einer der bedeutendsten griechischen Architekten seiner Zeit und Erbauer des Parthenon auf der Akropolis in Athen. *11*

Isidoros von Milet (5. Jh. n. Chr.) Mitarbeiter des *Anthemios von Tralles* beim Bau der Hagia Sophia in Konstantinopel. *15*

Jefferson, Thomas (1743-1826) Gelehrter, dritter amerikanischer Präsident und Architekt. In Europa hatte er die Villenarchitektur der römischen Antike und die Bauten Palladios studiert. Sein Jeffersons Virginia State Capitol (1796 voll.) wurde in den USA zum Vorbild für öffentliche Gebäude. *66*

Johnson, Philip Cortelyou (1906–2005) Amerikanischer Architekt, erster Direktor der Architekturabteilung des Museum of Modern Art in New York. In den dreißiger Jahren propagierte er die avantgardistische europäische Architektur in den USA. Seine Bauten zeichnen sich in zunehmendem Maße durch spektakuläre Effekte und atemberaubende „gläserne" Eleganz aus. *95, 97, 102, 108, 109*

Jones, Inigo (1573-1652) Seiner Zeit weit voraus, führte er nach einem längeren Italienaufenthalt die plötzliche Blüte der englischen Renaissancearchitektur herbei. Seine Bauten bestechen durch Vornehmheit und einen strengen Klassizismus nach dem Vorbild *Palladios*. *51*

Juan Bautista de Toledo (gest.1567) Spanischer Baumeister, zunächst als Hofarchitekt in Neapel tätig. 1563 wurde er von König Philipp II. mit dem Bau des Schlosses und Augustinerklosters El Escorial betraut. Nach seinem Tod wurde die Anlage von dessen Schüler *Juan de Herrera* fortgesetzt. *48*

Juan de Herrera (ca. 1530-1597) Schüler und Gehilfe des *Juan Bautista de Toledo*. *48*

Klenze, Leo von (1784-1864) Der Münchener Hofarchitekt Ludwigs I. hat durch seine klassizistischen und seine im Stil der italienischen Renaissance errichteten Bauten das Stadtbild entscheidend geprägt. Außerhalb Münchens ist sein bekanntestes Werk die Walhalla bei Regensburg. *64,* **67***, 69*

Labrouste, Henri (1801-1875) Französischer Architekt, der nach einem sechsjährigen Romaufenthalt in Paris ein Ausbildungsatelier eröffnete, das zum Zentrum rationaler Ideen wurde. In der architektonischen Gestaltung plädierte er konsequent für die Verwendung von Eisen. *77*

Langhans, Carl Gotthard (1732-1808) Noch zum Barockarchitekten ausgebildet, wurde er zu einem der frühesten Vertreter des deutschen Klassizismus. Nach dem Vorbild der griechischen Antike erbaute er auch sein berühmtestes noch erhaltenes Werk, das Brandenburger Tor in Berlin. *67*

Latrobe, Benjamin H. (1764-1820) Amerikanischer Architekt, der u. a. durch den Bau der Bank von Pennsylvania für eine Wiederbelebung des griechischen Klassizismus in Amerika verantwortlich war. Ab 1803 vollendete er das Kapitol in Washington. *66*

Le Corbusier, eigtl. Charles-Édouard Jeanneret (1887-1965) Einflußreicher französisch-schweizerischer Baumeister, Maler und Schriftsteller von größter Erfindungskraft. Sein Hauptanliegen galt einem neuen sachlichen Stil des Wohnbaus und dem Städtebau. Nach dem Zweiten Weltkrieg entwickelte er anhand eines komplizierten Systems (Modulor genannt) einen antirationalen Stil, dessen Hauptwerk die Wallfahrtskirche von Ronchamp ist. *11, 33, 63, 84, 88, 90, 92, 94,* **98***, 99, 100,* **103***, 105, 107*

Ledoux, Claude-Nicolas (1736-1806) Hauptvertreter der französischen „Revolutionsarchitektur". Grundformen seiner Bauweise sind geometrische Körper, die nicht miteinander verschmelzen, sondern sich als starre Blöcke auf ausdrucksvolle Weise durchdringen. *63, 64, 66, 102, 106*

Lenné, Peter Josef (1789-1866) Deutscher Gartenarchitekt, der nach Lehrjahren in Frankreich zum Generaldirektor der Schlösser und Gärten in Potsdam und Berlin ernannt wurde, wo er die berühmten Landschaftsgärten anlegte (Schloßpark Sanssouci). *68, 74*

Lenôtre, André (1613-1700) Einer der größten Gartenbauarchitekten; er gilt als Begründer der geometrischen Gartenanlage. Für Ludwig XIV. schuf er sein Meisterwerk, den riesigen Schloßpark von Versailles. *57*

Leonardo da Vinci (1452-1519) Universalgelehrter der italienischen Renaissance; in seiner Person verbinden sich Künstler und Wissenschaftler in genialer Weise. L. hat eine Vielzahl von Entwürfen hinterlassen, so lieferte er z. B. ein Modell für die Kuppel des Mailänder Domes. Sein Interesse für den Zentralbau beeinflußte die Architektur *Bramantes*. *41, 44, 47, 50*

Levau, Louis (1612-1670) Französischer Barockarchitekt. Mit anderen Künstlern schuf er in Versailles den Stil „Louis-quatorze" und setzte die barocke Vielfalt eindrucksvoll in Szene. 1657 erhielt er den Auftrag für sein Meisterwerk, das Landschloß Vaux-le-Vicomte. *57*

Lissitzky, El (1890-1941) Russischer Maler und Architekt des Konstruktivismus. Seine abstrakten Kompositionen sind aus einfachen geometrischen Formen aufgebaut, aus denen er räumliche Gebilde entwickelt. *85*

Lodoli, Carlo (1690-1761) Venezianischer Geistlicher und Architekturtheoretiker. Seine klassizistischen und funktionalistischen Ideen fanden große Verbreitung unter seinen Zeitgenossen. *63*

Loos, Adolf (1870-1933) Der österreichische Baumeister widmete sich v. a. der Produktgestaltung (Design) und funktionalen Wohnbauten. In seinen Schriften bekämpfte er heftig den Wiener Jugendstil und äußerte bahnbrechende Gedanken für die nachfolgende Architektengeneration. *83*

Maderna, Carlo (1556-1629) Der bedeutende Vertreter des römischen Frühbarocks schuf als Hauptwerk das Langhaus von St. Peter mit Vorhalle und Fassade. Mit dem Fassadenentwurf der römischen Kirche Santa Susanna entwickelte Maderna seinen individuellen, klaren, stark bewegten Stil. *52, 55*

Malewitsch, Kasimir (1878-1935) Russischer Maler und einer der Begründer der abstrakten Malerei, der aus dem Kontext der Geometrie die Beschränkung auf die reine Form anstrebte. In seinem am Bauhaus veröffentlichten Werk „Die gegenstandslose Welt" (1927) formulierte er seine richtungweisenden Thesen. *85*

Marinetti, Filippo Tommaso (1876-1944) Italienischer Schriftsteller, gründete 1908 mit weiteren Künstlern und Intellektuellen die Bewegung des Futurismus, die den völligen Bruch mit der Tradition proklamierte. Charakteristisch sind das Leitmotiv der Dynamik und die Simultanität der Bewegung. *85*

Maurice de Sully (gest. 1196) Seit 1160 Erzbischof von Paris, legte er 1163 als einflußreicher geistlicher Bauherr den Grundstein für den Neubau von Notre-Dame in Paris. *34*

May, Ernst (1886-1970) 1925-30 leitete er als Stadtbaurat in Frankfurt/M. die sozialen Wohnungsbauprogramme. In seinen Städtebau- und Wohnungsbauprojekten verknüpfte er das Prinzip der englischen Trabantenstadt mit der Formensprache des rationalistischen Neuen Bauens. *90*

Meier, Richard (1934) Gehört zu den populärsten zeitgenössischen Architekten Amerikas, bedeutender Vertreter der puristischen Formenwelt der Moderne. Mit seinen Bauten vollzog er eine logische und konsequente Weiterentwicklung der modernen Architektur. ***106***

Mendelsohn, Erich (1887-1953) Seine kühnen Ideen einer bildhauerisch verstandenen Architektur wurden in den zwanziger Jahren vom Expressionismus beeinflußt; Leitidee war die Stromlinienform. In späteren Jahren betonte er die Konstruktion seiner Bauten und vereinfachte die Formen. ***87***, *102*

Meyer, Adolf (1881-1929) Deutscher Architekt, Mitarbeiter von *W. Gropius*, Lehrer am Bauhaus, danach Stadtbaurat in Frankfurt/M. Seine Architektur kennzeichnet ein geometrisch-rationaler Stil. *84*, ***86***

Michelangelo Buonarotti (1475-1564) Bildhauer, Dichter, Architekt, Inbegriff des genialen Künstlers. In seinen beiden letzten Jahrzehnten beschäftigte er sich in Rom zunehmend mit architektonischen Plänen (Neugestaltung des Kapitolsplatzes, Vollendung des Palazzo Farnese, seit 1547 Bauleitung der Peterskirche). M. hat nicht „Räume" geschaffen, sondern Wände und Flächen modelliert. *42*, *44*, *46*, ***47***

Mies van der Rohe, Ludwig (1886-1969) Zunächst in Deutschland tätig, ab 1938 in den USA. Seine Bauten sind geprägt durch kubische Ordnung, strenge Maß- und Proportionsregeln und perfekte Präzision der Details. M.v.d.R. gehörte zu den einflußreichsten Architekten des 20. Jh.s. seine Gestaltungstendenzen wurden vielfach nachgeahmt. *82, 84, 86,* ***92***, *94, 95, 96,* ***97***, *98, 106, 110*

Morris, William (1834-1896) Britischer Theologe, der sich der Architektur zuwandte. Unzufrieden mit dem Baustil und Einrichtungsstil seiner Zeit, gründete er eine eigene Firma, durch die er zum Wegbereiter einer modernen Formgebung wurde (Arts and Crafts Movement). *82*

Muggenast, Josef (1680-1741) Der Vetter und Schüler *Prandtauers* wurde dessen Nachfolger als Bauherr von Stift Melk. Seine Originalität bewies M. beim Umbau des Benediktinerstifts Altenburg, wo er eine der schönsten Barockbibliotheken erbaute. ***59***

Neumann, Balthasar (1687-1753) Der Ingenieur und Baumeister erbaute als Hofarchitekt der Familie Schönborn sein Hauptwerk, die fürstbischöfliche Residenz in Würzburg. Seine architektonischen Leitideen waren das freischwebende Gewölbe und der bewegte, rhythmische Raum. Seine Kirchenbauten bestechen durch komplizierte Raumdurchdringungen. *59,* ***60***

Neutra, Richard Josef (1892-1970) Österreichischer Architekt, arbeitete unter *Loos* und mit *Mendelsohn*. 1923 wanderte er in die USA aus und verbreitete dort die modernen Baugedanken der europäischen Architekten. *95*

Niemeyer, Oskar Soares Filho (1907) Brasilianischer Architekt, seit 1957 aktiv an der Gründung und Gestaltung von Brasilia, der neuen Hauptstadt Brasiliens, beteiligt. *98, 99*

Odo von Metz, Magister (7./8. Jh. n. Chr.) Baumeister der Aachener Palastkapelle (Weihe 800). Das achteckige Bauwerk ist der erste große, vollständig gewölbte Steinbau nördlich der Alpen. *22*

Oud, Jacobus Johannes Pieter (1890-1963) Er war 1918-33 Stadtbaumeister von Rotterdam und leitete den Wohnungsbau. O. ist ein Hauptvertreter der modernen Baukunst in Holland, mit dem Ziel, nach strengen, klaren Entwürfen schön und zugleich nützlich zu bauen. Mitbegründer der Künstlergruppe De Stijl. *88, 89*

Palladio, Andrea (1508-1580) Bedeutendster Architekt und Architekturtheoretiker der italienischen Spätrenaissance, mit großer Wirkung auf die Nachwelt. Aus dem Studium der Antike entwickelte er seinen Sinn für eine symmetrische Bauweise und besonders für die Harmonie der Proportionen. *49, 50, 51, 61, 66, 106*

Paxton, Sir Joseph (1801-1865) Urspr. Gärtner, legte er 1850-51 den Entwurf eines Ausstellungsgebäudes aus Glas und Eisen für die Londoner Weltausstellung vor. Dieser „Kristallpalast" wurde epochemachend; erstmals wurden Bauteile in Serienproduktion gefertigt und am Bauplatz montiert. ***75***, *104*

Piano, Renzo (1937) Italienischer Architekt, dessen Bauten sich durch die ästhetische Qualität, Benutzerfreundlichkeit und die technologisch bestimmte Architektur auszeichnen. Zusammen mit *Rogers* baute er 1971-77 das Pariser Kulturzentrum Centre Pompidou. 1992 gewann P. den Wettbewerb um den Neubau des Daimler-Benz-Konzerns am Potsdamer Platz in Berlin. *104,* ***105***

Pierre de Montereau (gest.1267) Baumeister von Notre-Dame in Paris. Auch die hochgotischen Arbeiten in der Abteikirche von Saint-Denis (beg. 1231) werden ihm zugeschrieben. *31, 34*

Prandtauer, Jakob (1660-1726) Bedeutender deutscher Barockbaumeister. Sein Hauptwerk ist das Stift Melk. Prandtauer nützte alle Vorteile, um die ungewöhnliche Lage des Klosters über der Donau mit barocker Pracht zu verbinden. ***59***

Rietveld, Gerrit Thomas (1888-1964) Der selbständige Möbeltischler kam 1919 mit dem Architekten *Oud* und der holländischen Künstlergruppe De Stijl in Berührung. Er entwarf Villen, Ausstellungspavillons und Reihenhäuser von großer Schlichtheit und Eleganz, wobei er der Innenraumgestaltung immer eine zentrale Rolle zukommen ließ. ***88***

Rogers, Richard (1933) Wichtiger Verfechter der funktionalistischen Architektur; Form und Funktion stehen im Mittelpunkt seiner Bauwerke. Zusammen mit *Piano* erbaute er das Pariser Centre Pompidou. Sein Architektenbüro arbeitet auf breiter, internationaler Ebene. R. gewann in den achtziger Jahren die bedeutendsten Architekturauszeichnungen. *104,* ***105***

Rossi, Aldo (1931–1997) Kontrovers diskutierter italienischer Architekt, entwickelte eine eigene Formensprache, die in radikaler Weise auf wenige typische Elemente reduziert ist. Aus der geschichtlichen Auseinandersetzung mit dem traditionellen Städtebau leitet er seine Grundsätze und Visionen ab. *107*

Saarinen, Eero (1910-1961) Finnisch-amerikanischer Architekt, sein Vater hatte den Hauptbahnhof von Helsinki erbaut. Saarinen vereinigte in seinen Bauten Technik und eigene Ideenwelt. Der persönliche Stil einer bewegten Räumlichkeit charakterisiert seine Bauten. ***100***, *102, 103*

Sansovino (Jacopo Tatti, gen. Il Sansovino, 1486-1570) Urspr. Bildhauer, brachte die Hochrenaissance nach Venedig und wurde zum führenden Architekten der Lagunenstadt. Seine Werke verbinden Architektur und Plastik in neuer Form; *Palladio* bezeichnete Sansovinos Bibliotheksbau am Markusplatz als das vollkommenste Bauwerk der nachantiken Zeit. *46, 48, 49*

Sant'Elia, Antonio (1888-1916) Italienischer Architekt des Futurismus. Seine Entwürfe blieben unausgeführt, sie zeigen Visionen der Industrie- und Handelsmetropolen der Zukunft. *85*

Scharoun, Hans (1893-1972) Vertrat in seinen Bauten und Schriften die Idee eines „organhaften Bauens", bei dem im Innen- und Außenbau auf jede Gleichförmigkeit verzichtet werden sollte. Zahlreiche seiner Entwürfe wurden nicht umgesetzt. Mit der Philharmonie in Berlin bekrönte er sein Spätwerk. *98,* ***101***, *102*

Schinkel, Karl Friedrich (1781-1841) Berühmtester Architekt der klassizistischen Baukunst in Deutschland. Dank großer Bauaufträge (v. a. in Berlin) konnte er seinen am Vorbild der klassischen Antike und der Gotik geschulten Stil entwickeln. Seine Bauten verbinden Zweck mit harmonischer Klarheit der Form. *68, 69*

Schlüter, Andreas (ca. 1660-1714) Ausgebildet in Danzig, kam Sch. 1694 als Bildhauer nach Berlin. Nach Studienreisen durch Italien und Frankreich übernahm er in Berlin den Bau des Zeughauses und war am Umbau und Neubau des Berliner Schlosses beteiligt, an den beiden Hauptwerken des norddeutschen Barocks. *58*

Schütte-Lihotzky, Grete (1897–2000) Hat in dem vom Architekten May geleiteten Bau der „Siedlung Praunheim" in Frankfurt/M, (1926–30) die „Frankfurter Küche" entworfen, die auf Minimalausstattung gebrachte reine Funktionsküche. *90, 91*

Scott, Sir George Gilbert (1811-1878) Englischer Baumeister, spezialisiert auf Kirchen im gotischen Stil. Seine Motive entnahm er der französischen und der englischen Hochgotik. *77*

Semper, Gottfried (1803-1879) Vielgereister deutscher Architekt und Architekturprofessor. Seine Bauten sind sparsam mit historischen Bauformen gegliedert; die harmonischen Proportionen der italienischen Renaissancearchitektur waren sein Vorbild. *71, 107*

Skidmore, Owings & Merrill (SOM) 1937 gegründetes Architekturbüro, das neue Gestaltungselemente für die Bauten der amerikanischen Geschäftswelt und die entsprechende Büroorganisation entwickelte. Die Stärke von SOM liegt immer in der Fähigkeit zur originellen, formal brillanten Verarbeitung der maßgeblichen gesellschaftlichen Tendenzen. SOM hatte sich 1980 auf den weltweit ersten Platz aller Architektur- und Ingenieurbüros hochgearbeitet und entscheidende neue Maßstäbe gesetzt. *105*

Smirke, Sir Robert (1781-1867) Führender Architekt des englischen Klassizismus, der im Geist der griechischen Antike (Greek Revival) baute. Zu seinen Hauptwerken gehört das British Museum in London. *65*

Soufflot, Jacques-Germain (1709-1780) Der größte Architekt des Klassizismus in Frankreich. In Italien hatte er sich an der Antike und an *Palladio* gebildet. Er erbaute in Paris die Kirche Ste. Geneviève, seit 1791 Panthéon genannt. *64*

Speer, Albert (1905-1981) Mit der Neugestaltung des NSDAP-Hauptquartiers in Berlin (1932) erregte er Hitlers Aufmerksam-

keit. Als Generalbauinspektor für die Reichshauptstadt plante Speer eine Anzahl gigantomanischer staatlicher Bauten, die nicht realisiert wurden. *93, 94*

Stirling, James (1926-1992) Britischer Architekt, der mit seinen Bauten das prekäre Gleichgewicht von Moderne und Klassizismus herzustellen versuchte. Seine zahlreichen öffentlichen Gebäude bestechen durch funktionsgebundene, präzise Formen und durch eine nach strengen Richtlinien ausgeführte Raumaufteilung. *107, 108, 110*

Suger, Abt (ca. 1081-1151) Bedeutender Bauherr des umfassenden Neubaus des Klosters Saint- Denis bei Paris. S. hatte an der Planung und Durchführung starken Anteil; besonders bei der Ausbildung des gotischen Stils wird ihm große Wichtigkeit beigemessen. Bis ins 19. Jh. galt er als der Erfinder der gotischen Baukunst. *30, 31, 32*

Sullivan, Louis Henry (1856-1924) Amerikanischer Architekt, entwickelte am Hochhausbau die Stahlskelettbauweise weiter. Er begründete den Typus des modernen Geschäfts- und Warenhauses in den USA. Lehrer von F.L.*Wright. 79, 95, 108*

Tange, Kenzo (1913–2005) Führender japanischer Architekt, dessen Vorbild *Le Corbusier* ist. Seine Bauten sind geprägt durch dynamische, städtebauliche Methoden und ausgesprochen symbolische Formen. Er errichtete eine Anzahl öffentlicher Gebäude und wurde zu der herausragenden Persönlichkeit der modernen Bewegung und der Suche nach einer neuen japanischen Nationalarchitektur. *98, 99*

Tatlin, Wladimir J. (1885-1953) Begründer des russischen Konstruktivismus. Seine Werke bestehen aus einfachem geometrischen Formen und lehnen jeden Anklang an gegenständliche Motive ab. *85*

Taut, Bruno (1880-1938) Gehörte zu den Wegbereitern des Neuen Bauens in Deutschland. Seine Hauptleistung lag in der Reform des Wohn(siedlungs)baus und in der Stadtplanung, wo er besonders die Farbe als Gestaltungselement einsetzte. *63, 88,* **90***, 91*

Tessenow, Heinrich (1876-

1950) Deutscher Architekt und Professor in Wien, Dresden, Berlin. Er forderte Sachlichkeit, Klarheit und Schlichtheit am Bau. Seine Wohnbauten haben in Deutschland vorbildlich gewirkt. *84*

Thornton, William (1759-1828) Wanderte als Arzt von den Westindischen Inseln in die USA aus und gewann 1793 den Wettbewerb um das Kapitol in Washington. Seine Pläne wurden allerdings stark abgeändert. **66**

Tschumi, Bernhard (1944) International renommierter Architekt, dessen Leitideen unter dem Einfluß moderner Medien und der zeitgenössischen Philosophie entstanden. Er sieht seine Architekturkonzeption gemäß seinem Wirklichkeitsbild als unkontrollierbar, fragmentarisch, endlos und dekonstruktiv. Ruhm verdankt er u. a. dem Bau von La Villette, einem Wissenschafts- und Medienpark in Paris. *108, 109*

Van de Velde, Henry (1863-1957) Belgischer Architekt und Kunstgewerbler. Seine werks- und materialgerecht gestaltete Form wirkte bestimmend für die Entwicklung des Jugendstils. *81*

Venturi, Robert (1925) Amerikanischer Architekt und Architekturtheoretiker. In seinen Bauten bemüht er sich, wahrnehmungspsychologische Motive wie Vieldeutigkeit, Erinnerungsfähigkeit und Widersprüchlichkeit architektonisch umzuwandeln. In seinen Schriften analysiert er die Widersprüche der europäischen und amerikanischen Baugeschichte. *105, 106*

Vignola, Giacomo Barozzi da (1507-1573) Führender Architekt und Architekturtheoretiker in Rom nach *Michelangelos* Tod. Sein Hauptwerk ist die Kirche Il Gesù (beg.1568), mit der er die Weiterentwicklung des barocken Kirchenraums vollzog. *49, 50, 52,* **53**

Vitruv, Vitruvius Pollio Römischer Militärtechniker und Ingenieur. Er verfaßte die 10 Bücher „De architectura", das einzige aus der Antike erhaltene architekturtheoretische Werk. *9, 41, 43, 49, 50, 55, 64*

Wagner, Martin (1885-1957) 1926-33 Stadtbaurat von Berlin, wo er mit *Bruno Taut, Walter*

Gropius, Ludwig Mies van der Rohe u. a. Wohnsiedlungen und Messeanlagen baute. *90, 91*

Wagner, Otto (1841-1918) Österreichischer Architekt und Akademieprofessor, der als einer der Bahnbrecher der modernen Kunst gilt. Die künstlerische Klarheit und Sparsamkeit seiner Kompositionen hatte entscheidenden Einfluß auf die nachfolgenden Wiener Architekten. *82*

Wallot, Paul (1841-1912) Gewann 1882 den Wettbewerb um das Berliner Reichstagsgebäude, sein einziges berühmtes Bauwerk. *72,* **73**

Weinbrenner, Friedrich (1766-1826) Deutscher Baumeister, dessen Lebensaufgabe der Umgestaltung von Karlsruhe in eine klassizistische Stadt galt. Im Rahmen dieses Projektes errichtete er eine Anzahl von Bauwerken in der Stadt. *67, 107*

Wesnin, Leonid, Wladimir, Alexander (19./20. Jh.) Russiche Architekten und Ingenieure. Die Zusammenarbeit der Brüder begann 1918; beeifußt vom Konstruktivismus entwarfen sie funktionalistisch orientierte Bauten, welche das Wesen der „idealen sozialistischen" Stadt programmatisch darstellen sollten. *85*

Wren, Christopher (1632-1723) Englischer Architekt des Klassizismus. Nach dem Brand von London (1666) wurde er als königlicher Bauverwalter mit dem Wiederaufbau der Stadt betraut. Sein Hauptwerk ist die St. Pauls Cathedral, ein imposanter Kuppelbau, nach dem Vorbild der Peterskirche in Rom erbaut. *61*

Wright, Frank Lloyd (1869-1959) Berühmter amerikanischer Architekt, der den Grundsatz vertrat, Architektur müsse von innen nach außen entwickelt werden. Er schuf organische Bauten, deren Konstruktion und Materialien den Gegebenheiten der Landschaft und dem Zweck entsprachen. 1943 entstand sein Entwurf für das spiralenförmige Guggenheim-Museum in New York (1956-59). *95, 102,* **103**

Zimmermann, Dominicus (1685-1766) Süddeutscher Baumeister. Mit dem Bau der Wallfahrtskirche Wies in Oberbayern schuf er ein Hauptwerk des Barocks und Rokokos. *60*

ABBILDUNGSNACHWEIS

Der Verlag dankt den Institutionen, Archiven und Photographen für die erteilte Reproduktionsgenehmigung und die freundliche Unterstützung bei der Realisierung dieses Buches. Trotz intensiver Bemühungen konnten nicht alle Rechteinhaber ermittelt werden. Photographen mit berechtigten Ansprüchen wenden sich bitte an den Verlag.